한자문화
The Culture of Chinese Characters

한자문화

The Culture of Chinese Characters

韓鑒堂 編著
문준혜 역

역락

漢字文化

그림부호가 새겨져 있는 대문구문화(大汶口文化) 시기의 도기 (신석기시대)

우골(牛骨)에 새긴 갑골문 (상대)

귀갑(龜甲)에 새긴 갑골문 (상대)

네 마리 양 장식이 있는 사각형의 청동 술잔 (상대)

■ 중요한 명문(銘文)을 새긴 청동 이궤(利簋) (서주)

■ 금문(金文) ≪대우정명문(大禹鼎 銘文)≫ 탁본 (서주)

■ 소전으로 장식한 청동 호랑이 부절(符節) (진대)

■ 소전(小篆) ≪역산각석(嶧山刻石)≫ 탁본 (진대)

■ 행서(行書) ≪난정서(蘭亭序)≫ (동진 왕희지)

漢字文化

漢字文化

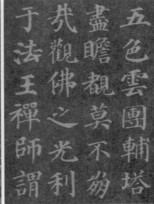

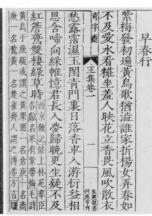

■예서(隷書) ≪서협송(西峽頌)≫
(동한)

■해서(楷書) ≪다보탑비(多寶塔碑)≫
(당대 안진경)

■송체자(宋體字)로 조판된 서적
(명대)

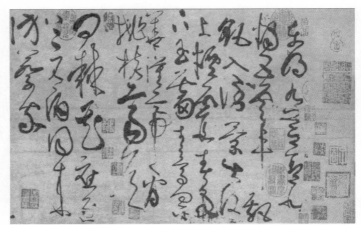

■초서(草書) ≪고시사첩(古詩四帖)≫ (당대 장욱)

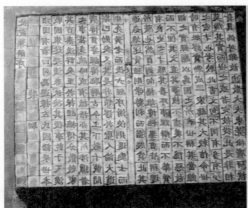

■진흙 활자 인쇄판 (송대)

■한자가 주조된 옛 동전 (송대)

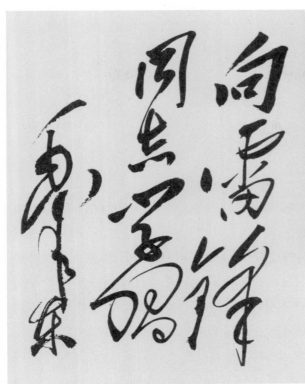

〈마(馬)〉 (현대, 한미림)

■ 초서 ≪향뢰봉동지학습(向雷鋒同志學習)≫ (현대, 모택동)

■ 2008년 북경올림픽휘장 "중국인·춤추는 북경" (현대)

■ 2008년 북경올림픽 개막식. 한자로 표기한 국명의 필획수에 따른 선수 입장 (CFP 촬영)

漢字文化

漢字文化

머리말

이 책은 북경어언대학출판사(北京語言大學出版社)의 2005년 판 ≪한자문화도설(漢字文化圖說)≫의 수정본이며, "십일오(十一五)"[1] 국가중점도서 출판프로젝트의 선정과제 중 하나이다. 이 책은 외국인을 대상으로 하는 한자문화 교육의 교재로서 중급 정도의 중국어 실력을 갖춘 외국 학생들이 사용하기에 적합하다. 그러나 한자문화를 알고자 하는 국내 독자들의 읽을거리로서도 손색이 없다.

이 책은 "한자문화 기초지식의 형상적 소개서"이다. 즉 한자에 대한 지식이 구비되어 있고, 그 안에 중국의 문화가 내재되어 있는 일종의 한자문화 지식 도해서(圖解書)라고 말할 수 있다. 이 책의 통속적이고 이해하기 쉬운 문장과 다량의 삽화, 재미있는 읽을거리는 독자들이 가벼운 마음으로 "한자왕국"에서 노닐 수 있도록 이끌어 줄 것이다. 이 책의 의의는 중국의 언어와 문자, 그리고 중국문화를 사랑하는 외국인과 국내의 독자들이 한자문화에 관한 기초적인 내용을 이해하며, 이를 통해 한자학습에 대한 흥미가 증가되고, 한자를 이해하고 사용하는 능력이 향상되는 데에 있다.

오늘날 점점 더 많은 사람들이 중국어교육에서 한자의 중요성을 인

---

1) [역자주] "十一五"는 2006부터 2010년까지 5년 동안 진행된 중화인민공화국의 경제 및 사회 발전을 위한 국가적 차원의 11번째 사업을 의미한다. "十一五"의 전체 명칭은 "中華人民共和國 國民經濟和社會發展 第十一个五年規劃綱要"이다.

식하고 있다. 중국어는 단어가 아니라 글자가 기본단위이므로, 한자교육은 중국어 어휘학습과 어법교육의 기초라고 할 수 있다. 따라서 한자와 한자교육의 중요성에 관해 더 많은 관심을 기울여야 한다. 어떤 학자들이 지적한 바와 같이, 한자의 형음의(形音義)와 글자로 단어를 구성하는 특성을 중국어교육의 중요한 내용으로 부각시킨다면, 외국인을 대상으로 하는 중국어교육(국내의 어문교육을 포함하여)은 새로운 단계로 진입할 수 있다. 그리고 한자문화에 대한 교육은 한자 및 한자와 관련된 중국문화에 대한 외국학생들의 흥미와 필요를 만족시킬 수 있을 것이다.

한자문화는 한자를 중심에 두고 여러 방면이 서로 교차하는 학문분야로서 그 내용과 범위가 넓고 심오하다. 한자문화라는 학문분야는 한자의 기원과 변화 발전, 구조, 발음 표시, 서사, 규범 등 한자에 대한 다양한 지식을 포함한다. 또 한자와 관련된 역사, 정치, 경제, 종교, 전쟁, 민속, 예술 등의 문화적 내용과 고금(古今) 중국민족의 문화양식, 행동양식, 사유양식 등을 포괄한다. 이 책은 전통적인 문자학이론과 한자문화학의 내용을 소개하려는 것이 아니다. 다만 몇 가지 중요한 지식, 즉 외국학생들의 학습과 관련된, 혹은 외국학생들이 흥미를 느끼는 한자문화 지식을 쉽고 재미있게 소개하여, 학습자들이 기초지식을 획득하는 동시에 한자를 이해하고 활용할 수 있는 실질적인 능력을 갖추고, 나아가 중국문화에 대한 기초지식을 습득할 수 있도록 하려는 것이다. 다시 말해서 한자문화에 대한 외국학생들의 이해를 높이고 한자에 대한 흥미를 고취시키는 것이 이 책의 목적이다.

이 책은 전통 문자학과 현재 정론(定論)으로 인정받고 있는 이론 관점에 근거하고, 장기간의 교육활동을 통해 얻은 필자의 경험과 교육방법을 기초로 하며, 익숙하지 않은 사물에 대한 초학자들의 일반적인

인지심리를 고려하여 편찬되었다. 또한 이 분야의 최신 연구와 고고학적 성과를 흡수하는 일에도 주의를 기울였다.

본서의 주된 관점 :

1. 한자는 중국문자라고 하는 대가족의 중요한 구성원이다.[2] 한자는 다른 곳에서 전래된 문자가 아니라 스스로 기원한 문자이다. 한자는 그림에서 기원했으며 크게 갑골문(甲骨文), 금문(金文), 소전(小篆), 예서(隸書), 해서(楷書)로의 변천 과정을 거쳤다. 그러는 동안 한자의 모양은 점차 그림에서 필획으로, 상형에서 상징으로, 복잡한 형태에서 간단한 형태로 변화했다. 간략화는 한자발전의 주된 흐름이었다.

2. 전문가들의 관점에 다소 간의 차이는 있지만, 한자는 여전히 표의(表意)체계에 속하는 문자이며 비교적 선명한 표의적 특징을 가지고 있다. 한자의 상형적 기초와 형성자 형방(形旁)의 효과가 이런 본질을 결정했다. 현대한자는 더 이상 상형문자가 아니지만, 그것의 표의 특성은 결코 바뀌지 않았다. 그리고 정도의 차이는 있지만 한자는 그 형체에 여전히 옛 상형자의 흔적을 보존하고 있다. 현대한자의 형체에서 분명히 드러나는, 혹은 은밀히 감추어진 상형요소를 찾아내는 것은 한자의 학습과 교육에 일정한 가치가 있다.

3. 한자는 살아있는 화석이다. 풍부한 정보를 담은 채 형태로 의미를 나타내는 입체적인 네모꼴의 한자에 중화민족의 몇 천 년 문명이 농축되어 있다. 중국문화의 이런 중후한 내용이 외국인을 대상으로 하는 중국어교육과 국내 어문교육에 적절하게 제시되어야 한다.

---

2) [역자주] 좁은 의미에서 중국문자는 곧 한자이지만, 넓은 의미에서 중국문자는 중국의 문자, 즉 중국에 존재하는 문자라고 할 수 있다. 중국의 소수민족 가운데 고유한 문자를 가진 민족이 있다는 것을 생각해보면, 이 문장에서 중국문자는 중국에 존재하는 모든 문자를 가리키는 것으로 이해할 수 있다.

4. 중국의 통용언어와 통용문자는 보통화(普通話)와 규범한자(規範漢字)이다. 규범한자를 쓰는 것은 정확한 한자 사용의 가장 기본적인 요구이다.

5. 한자는 일종의 예술이다.

6. 한자문화는 중국문화의 중요한 구성성분일 뿐 아니라 세계문화의 중요한 구성성분이다. 인류 문명의 진보와 발전을 촉진한 중국문화의 기능과 가치는 시간이 흐르며 더욱 선명하게 드러날 것이다. 문화 간의 교류가 증가함에 따라 "한자문화"는 외국학생과 중국학생 모두에게 필요한 보편적인 교과목이 될 것이다.

이 책은 "한자문화" 교과목의 교재로 삼기 위해 처음으로 시도된 저술인데, 필자의 경험과 학식의 한계로 인하여 오류나 부족한 점이 많다. 이에 대해 모두의 가르침을 간절히 바란다.

집필 및 수정 과정에서 필자는 여러 서적과 간행물을 참고하였다. 본문에 있는 삽화와 고문자는 필자와 한우(韓宇)가 그리거나 쓴 것이고, 몇몇 도판은 다른 책이나 간행물에서 취한 것이다. (주요 참고 서적의 목록은 책 뒤에 첨부하였다.) 안양(安陽) 은허박물원(殷墟博物苑) 관리처에 계신 이전경(李全慶) 선생님은 중국의 언어와 문자를 매우 사랑하시는 분으로, 이전의 ≪한자문화도설≫을 한 글자 한 글자 세심하게 교정해주셨다. 그의 이런 열심과 정성이 필자에게 얼마나 큰 감동을 주었는지 모른다. 필자가 몸담고 있는 학교에서 외국인에게 중국어를 교육하는 서가녕(徐家寧), 동월개(董月凱) 선생님은 본서를 수정할 수 있도록 많은 서적과 자료를 제공해 주었다. 상술한 여러 분들과 관련 서적의 저자들께 깊은 감사의 뜻을 전한다. 또 북경어언대학출판사 이중언어(二重言語) 부서의 후명(侯明) 주임과 김계도(金季濤) 선생님도 수정 과정에서

많은 도움을 주셨으며, 편집을 위해 수고를 아끼지 않으셨다. 진심으로 감사드린다. 마지막으로 많은 격려와 도움을 주신 모든 동료와 친구들에게 감사의 마음을 전한다.

한감당
2009년 12월 31일
천진사범대학(天津師範大學) 교정에서

역자 서문

한감당교수의 ≪한자문화≫는 머리말에서 밝혔듯이 한자문화 수업을 위한 교재로 기획되었다. 한자와 중국문화에 대한 기본적인 지식을 습득할 수 있도록 구성되어, 관련 수업을 진행하며 많은 도움을 받았다. 이 책에는 오랫동안 외국인들을 대상으로 한자와 중국문화를 교육해 온 저자의 노하우와 수고가 고스란히 담겨 있다. 이 책의 장점은 첫째, 풍부한 시각 자료로 독자들의 이해를 돕고 재미를 제공한다. 둘째, 한자와 중국문화에 관한 핵심 내용을 갖추고 있다. 셋째, 한자 및 중국문화와 관련된 다양한 읽을거리를 제공한다는 것으로 요약할 수 있다. 따라서 이 책은 한자 관련 수업의 교재로서 뿐 아니라, 한자와 중국문화에 대한 일반적인 지식을 함양하는 교양서로서도 손색이 없다.

그러나 이 책은 중국어를 학습하는 외국인독자가 주 대상이기 때문에 중국어 학습 경험이 없는 독자들은 다소 이해하기 어려운 부분도 있다. 이는 우리가 사용하는 한자와 현재 중국에서 사용하는 한자가 서로 다르기 때문이다. 그래서 커다란 원리는 같지만 미세한 부분에서 때때로 설명에 모순이 발생한다. 이 때문에 번역을 앞두고 고민이 깊었다. 하지만 약간의 설명을 첨가하면 중국어를 학습하지 않은 독자라도 이 책을 읽는 데 큰 무리가 없으며, 또 약간의 불편함을 감수하더라도 이 책을 통해 얻을 수 있는 것이 더 많을 거라는 생각에 도달하

게 되었다. 본 번역서에서는 기본적으로 한국에서 사용하는 한자 자형과 한국한자음을 위주로 하고, 필요한 경우 제한적으로 중국의 한자와 중국어 발음을 사용하였다. 이 때문에 책이 번잡해졌다면, 그것은 오로지 좀 더 많은 독자를 고려하고자 한 역자의 욕심 때문에 생긴 문제이니, 독자 여러분께서 널리 양해하여 주시길 간곡히 부탁드린다.

바쁘신 중에도 부족한 원고를 읽고 적지 않은 오류를 바로잡아주신 서울대 중문과의 이윤희, 김효신, 문수정 선생님과 서예를 전공하신 성균관대학교 대학원의 김윤주 선생님께 깊이 감사드린다.

아울러 번거로운 작업과 촉박한 일정에도 마음을 맞추어 주신 편집부의 박선주 선생님과 오랫동안 출간을 미루어 온 게으름을 참아주신 이대현 역락사장님께도 감사의 마음을 전한다.

역자 문준혜

차례

漢字文化

제5장 한자와 중국문화

제6장 한자 예술

1_ 한자와 한글 병기에 대하여

① 한자어는 한글(한자어) 표기를 원칙으로 하였다. 다만 단어가 아닌 한자의 자형을 설명할 때, 혹은 단어의 자형을 설명할 때는 한자(한글) 표기를 사용하였다.
② 한자어에 대한 해석이 필요한 경우에는 괄호 안에 ' : ' 기호를 표시하고 번역을 함께 실었다.

2_ 번체자와 간화자의 혼용에 대하여

① 인명과 지명 등의 고유명사 및 일반 어휘는 한국에서 사용하는 한자 자형, 번체자를 사용하였다. 그러나 중국어를 설명할 때나, 번체자를 대상으로 하면 설명에 모순이 생기는 경우, 혹은 잘못 쓴 자형을 설명하는 경우 등은 간화자를 사용하고 간화자임을 밝혔다.
② 필요한 경우 번체자 옆에 괄호로 간화자를 제시하거나, 간화자 옆에 괄호로 번체자를 제시하여 독자들의 이해를 돕고자 했다.

3_ 한국한자음과 한어병음(즉 중국어 발음표기방법)의 혼용에 대하여

① 고유명사와 일반 어휘 등은 기본적으로 한국한자음을 사용하여 표기하였다. 그러나 보기로 든 한자를 중국음으로 읽어야만 설명이 통할 때나 중국어에 대해 설명할 때는 한어병음을 사용하고, 필요한 경우에 한국한자음을 병기하였다.

제1장
한자의 기원

←←←

세상에는 크게 두 종류의 문자가 있다. 하나는 표의문자(表意文字)이고 또 다른 하나는 표음문자(表音文字)이다. 오래된 문자들은 동방의 몇몇 문명국가에서 가장 먼저 등장했다. 그것은 모두 그림에서 발전되어 나왔고 표의문자 계열에 속한다. 한자는 바로 이런 문자들 가운데 하나이다. 지금으로부터 약 7천 년에서 4천 년 전까지 중국은 차례로 신석기시대(新石器時代)[1]의 원시사회인 하모도문화(河姆渡文化),[2] 앙소문화(仰韶文化),[3] 홍산문화(紅山文化),[4] 대문구문화(大汶口文化),[5] 용산문화(龍

---

[1] 신석기시대(新石器時代) : 원시인류가 마제석기(磨製石器)를 사용하던 시대이다. 지금으로부터 약 4,000년 전에서 1만 년 전으로, 보통 "상고시기(上古時期)"라고 부른다. 이 시기에 사람들은 정착생활을 시작했다. 도기(陶器)와 원시농경이 이 시기의 주요 표지이다. 신석기시대 이전에는 더 오랫동안 타제석기(打製石器)를 사용한 구석기시대(舊石器時代)가 있었다.

[2] 하모도문화(河姆渡文化) : 장강(長江) 하류 지역의 신석기시대 문화유적. 절강성(浙江省) 여요(餘姚) 하모도촌에서 처음 발견되었다. 지금으로부터 약 5,300년 전에서 7,000년 전까지로, 모계씨족 사회였다. 하모도문화인들은 대량의 석기(石器)와 골기(骨器) 및 도기를 제작했고, 벼를 재배했으며, 돼지, 개, 물소 등을 사육했다. 그리고 목조구조의 집을 건축하고 한 곳에 정착해 살았다.

[3] 앙소문화(仰韶文化) : 황하(黃河) 중류 지역의 강대한 신석기시대 문화유적. 하남성(河南省) 면지현(澠池縣) 앙소촌에서 처음 발견되었다. 지금으로부터 약 5,000년 전에서 7,000년 전까지로, 모계씨족사회였다. 앙소문화인들은 "조(粟)"를 재배했고 가축을 길렀으며, 도기를 굽고 집을 건축하고 삼실로 천을 짰다. 앙소문화는 분포지역이 넓지만, 섬서성(陝西省)의 반파(半坡) 유형과 묘저구(廟底溝) 유형이 대표적이다. 채색도기로 유명하기 때문에 "채색도기문화"라고도 부른다. 채색도기에는 아름다운 그림이 그려져 있고, 일부에는 기하형부호가 새겨져 있다.

[4] 홍산문화(紅山文化) : 북방의 신석기시대 문화유적. 내몽고(內蒙古) 적봉(赤峰) 홍산에서 처음 발견되었다. 지금으로부터 약 5,000년 전에서 5,500년 전까지로, 주로 내몽고 동부와 요녕(遼寧) 서부 일대에 분포했다. 농업과 목축, 수렵이 두루 발달했으며, 석기와 채색도기, 옥기(玉器)가 대량으로 발견되었다. 특히 옥기를 갈아서 가공한 것으로 유명하다. 'C'자 형태의 대형 옥룡(玉龍)이 홍산문화의 표지이다. 홍산문화인들은 이미 대규모의 종교활동을 가지고 있었다.

[5] 대문구문화(大汶口文化) : 황하 중하류 지역의 신석기시대 문화유적. 산동성(山東省) 태안(泰安) 대문구에서 처음 발견되었다. 지금으로부터 약 4,500년 전에서 6,300년 전까지로, 모계씨족사회에서 부계씨족사회로 넘어가는 과도기였다. 주로 산동과 강소(江蘇) 북부 등지에 분포했다. 도기제작 수준이 비교적 높았으며, 어떤 도기 위에는 도상형 문자부호가 새겨져 있다. 후기에는 빈부가 나뉘고 계급이 생겼다.

山文化)[6] 등의 역사 시기를 거치며 모계씨족사회(母系氏族社會)[7]에서 부계씨족사회(父系氏族社會)[8]로 변화해 갔다. 몇 천 년에 걸친 이 기간 중에 사람들은 한 곳에 정착해 살며 농업과 목축업을 시작했고 가마에서 도기를 구웠으며, 그 도기 위에 의미를 나타내는 부호를 새겼다. 한자의 기원에 관한 몇 가지 오래된 전설들은 모두 이 시기에 만들어졌다.

---

6) 용산문화(龍山文化) : 황하 중하류 지역의 신석기시대 말기 문화유적. 대문구문화에서 발전되어 나왔다. 산동성(山東省) 장구(章丘) 용산진(龍山鎭)에서 처음 발견되었다. 지금으로부터 약 4,000년 전에서 4,500년 전까지로, 이미 부계씨족사회로 진입했다. 주로 산동, 하남, 섬서(陝西) 등지에 분포했고, 유물 중에 검게 빛나는 도기가 많기 때문에 "흑도문화(黑陶文化)"라고도 부른다.

7) 모계씨족사회(母系氏族社會) : 모녀간으로 세대가 계승되는 사회. 씨족에서 여성의 권력이 가장 크다. 중국의 모계씨족사회는 그 시기가 비교적 길며, 지금으로부터 약 5,000년 전에 부계씨족사회로 대체되었다.

8) 부계씨족사회(父系氏族社會) : 부자간으로 세대가 계승되는 사회. 씨족에서 남성의 권력이 가장 크다. 중국의 부계씨족사회는 대략 5,000년 전에 시작되어 1,000여 년을 지낸 후에 해체되었다. 부계씨족사회 이후에 중국은 노예사회로 진입했다.

제1절 아득히 먼 옛날의 전설

1. 복희(伏羲)의 팔괘(八卦)

복희가 팔괘를 그림

전설에 따르면 상고시대의 황하 유역에 복희라는 신기한 인물이 살았고, 그가 그린 팔괘로부터 한자가 생겨났다. 복희는 전설에 등장하는 상고시대의 제왕(帝王)이며 중국인의 선조이다. 그는 사람들에게 그물을 짜서 물고기를 잡는 방법과 가축을 기르는 방법을 가르쳤고, 사람들은 이때부터 수렵과 목축을 시작했다.

복희가 그렸다고 전해지는 팔괘는 점을 칠 때 사용하는 여덟 종류의 도상(圖像)으로, "━"과 "┅" 두 개의 부호로 구성되었다. "━"은 양(陽)을 나타내고, "┅"은 음(陰)을 나타낸다. 하나의 괘는 음양의 부호 세 개의 조합으로 이루어졌고, 모두 고유한 명칭을 가지고 있으며, 하늘과 땅, 물, 불 등 자연계에 존재하는 여덟 종류의 사물을 상징한다. 이것이 바로 팔괘이다. 팔괘의 도상은 한자의 모양과 확실히 거리가 멀어 보인다. 길고 짧은 팔괘의 횡선이 어떻게 필획이 다양하고 구조가 복

잡한 한자로 발전할 수 있었겠는
가! 따라서 숫자를 포함한 몇몇 한
자가 팔괘 부호와 비슷해 보이기는
하지만, 단지 이것 때문에 한자가 팔
괘에서 기원했다고 말할 수는 없다.

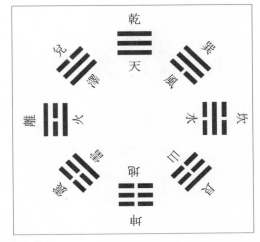

■ 팔괘도
팔괘에는 풍부한 사상적 내용과 상고시기 중국인의
지혜가 포함되어 있다.

2. 결승(結繩)

결승으로 일을 기록하는 행위는
인류사회의 보편적 현상으로, 수
천 년 혹은 만 년 이상의 역사를
가지고 있다. 역사가 오래된 세계
의 여러 민족들과 마찬가지로 상고시기의 중국인들도 결승을 이용하여 일을 기록
했다. 결승으로 일을 기록한다는 것은 새끼줄로 매듭을 만들어 기억을 돕는다는
의미이다. 큰 일을 기록할 때는 큰 매듭을 만들고 작은 일을 기록할 때는 작은 매
듭을 만들며, 일이 많으면 매듭을 많이 만들고 일이 적으면 매듭을 적게 만들었다.
그러나 이런 매듭은 기억을 도울 수는 있지만 언어를 기록하고 전파할 수는 없다.
예를 들어 어떤 사람이 결승으로 사냥한 수확물을 기록했다고 가정해 보자. 그가
만든 매듭 하나는 사슴 한 마리를 잡았다는 것인가? 아니면 멧돼지 한 마리나 산
양 한 마리를 잡았다는 것인가? 이것은 오직 매듭을 만든 사람만 알 수 있고 다른
사람은 결코 알 수가 없다. 그래서 결승으로 일을 기록하는 것은 정보 기록의 기
능이 약하고 사용 범위가 좁으며, 정보 전파의 기능은 더더욱 부족하다. 결론적으
로 말해서 끈으로 매듭을 만드는 것으로는 천태만상(千態萬象)의 한자를 만들어낼
수 없다. 그러나 문자학자들은 초기 한자 중 숫자를 나타내는 몇몇 글자들은 결승

상고시기 사람들의 수렵과 결승 기록

의 형태에서 변화되어 왔을 가능성이 있다고 말한다.

결승은 언어를 기록할 수는 없지만 실물을 이용하여 기억을 돕는 좋은 방법이다. 이 때문에 결승은 문자 출현 이전의 사회생활에서 중요한 역할을 담당했고, 또 일부 한자의 창조에도 영감을 주었다. 사람들은 일을 기록하기 위해 매듭을 만들었는데, 이것은 사람들이 문자를 발명한 목적과 꼭 같았다. 그래서 결승시대의 도래는 문자시대의 도래가 그리 멀지 않았음을 의미한다.

3. 창힐(倉頡)의 문자 창조

창힐이 문자를 만들었다는 전설은 널리 알려진 신기한 이야기이며, 한자의 기원과 관련하여 매우 가치 있는 전설이다. 고서(古書)에 다음과 같은 기록이 있다. 대략 5천 년 전에 중국인의 조상인 황제(黃帝)[1]가 황하 유역을 통일하고 거대한 화하씨족(華夏氏族)의 연맹체를 형성했다. 황제에게는 창힐이라는 사관(史官)이 있었다. 창힐은 네 개의 눈동자를 가진 신비로운 사람으로 세상 만물을 관찰하는 데 뛰어났다. 그는 위로 하늘에 별이 배열된 형상과 아래로 새와 짐승이 땅 위에 걸어 다니며 남긴 족적을 보고 영감을 얻어, 서로 다른 형상으로 사물을 구분할 수 있음

---

1) 황제(黃帝) : 상고시기의 전설상의 인물. 헌원씨(軒轅氏)라고도 부른다. 지금으로부터 약 5,000
   년 전에 황하 유역을 통일했다고 전해진다. 황제는 중화민족(中華民族)의 선조로 일컬어지며,
   황제시대는 중국문명의 발원시기라고 할 수 있다.

을 깨닫고 상형의 문자를 만들어냈다. 더 신기한 것은 창힐이 문자를 만들자 하느님이 깜짝 놀라 사람들에게 곡식을 비처럼 내려주었고, 신령과 귀신들은 문자 때문에 자기들의 비밀이 천하에 폭로될 수 있다는 걱정으로 한밤중에 소리 내어 울었다고 한다. 한자의 출현은 분명 "하늘을 놀라게 하고 귀신을 울게 할" 정도의 큰일이었던 것이다. 한자는 고대인의 생각에 매우 신성한 물건이었음에 틀림없다. 한자를 만든 창힐은 역대로 "'문자의 신"으로 숭배되었다.

▌눈이 네 개인 창힐

지금은 이런 신기한 이야기를 믿을 수 없으며, 창힐 한 사람이 한자를 창조했다고 보는 것 또한 사실에 부합하지 않는다. 왜냐하면 문자의 출현은 상당히 긴 발전과정을 거쳐야 하기 때문이다. 사실 한자는 중국인의 조상들이 오랜 기간의 사회생활 중에 집체적으로 창조한 것이다. 그러나 상고시기에

▌창힐이 문자를 만드는 그림
창힐이 문자를 만들자 하느님이 놀라고 귀신이 울었다.

정말로 창힐이라는 사람이 있었다면, 그는 아마도 문자를 정리한 학식이 깊은 사람이었을 것이다.

창힐이 문자를 만들었다는 전설은 한자의 기원을 탐색할 때 참고할만한 가치가 있는 기록이다. 이 전설은 우리에게 적어도 세 가지 내용을 알려준다. 그것은 첫

째, 황제의 시대는 중국문명의 발원시기이며, 이때에는 분명히 문자가 출현했을 것이다. 둘째, 황제의 시대에는 분명히 창힐과 같은 뛰어난 인물들이 문자를 정리하는 작업을 했을 것이다. 셋째, 창힐은 네 개의 눈으로 세상 만물을 관찰한 뒤 한자를 만들어 냈다고 하는데, 이러한 문자 제작 방식은 한자가 일종의 의미를 나타내는 시각 부호이고, 한자의 창조는 그림을 그리는 것에서부터 시작되었다는 것이다.

1. 오래된 동방의 상형문자

세상에서 가장 오래된 문자는 역사가 오래된 동방의 몇몇 왕국에서 만들어졌다. 이 문자들은 모두 그림에서 발전되어 나왔고 표의문자에 속한다. 약 5,500년 전에 티그리스강과 유프라테스강 유역(메소포타미아)의 수메르인들은 진흙판 위에 설형문자(楔形文字)를 눌러 썼고, 약 5,000년 전에 나일강 유역의 이집트인들은 파피루스 위에 신성문자(神聖文字)를 썼으며, 4,500년 전의 하라파문화 시기에 인도강 유역의 인도인들은 돌이나 도기, 혹은 상아(象牙) 위에 인장문자(印章文字)를 조각했다. 처음에 이 고문자들은 모두 상형의 표의문자였는데 애석하게도 모두 일찍이 실전되었다. 설형문자와 신성문자는 유럽학자들에 의해 차례로 해독되었지만, 일반인들은 여전히 이 문자들에 대해 잘 알지 못한다. 게다가 인도의 인장문자는 아직까지 해독되지 않았다.

▌좌 : 초기 수메르인의 설형문자
　최초의 설형문자 역시 상형부호였다.
▌중 : 고대 이집트의 상형문자
　자형의 도화성이 농후하며 매우 상형적이다.
▌우 : 상고시기 인도의 인장문자
　사각형의 작은 인장 위에 조각된 이 신비한 부호들은 상형문자임이 분명하다. 그들은 인장 위에서
　조용히 사람들의 해독을 기다리고 있다.

지금으로부터 약 5,000년 전후에 황하 유역에서 생활했던 중국인들이 도기 위에(3,000년 전에는 거북의 등과 청동기 위에) 쓴 한자 역시 상형의 표의문자였다. 그러나 한자는 상술한 세 종류의 고문자들과 달리 비교적 완전한 표의체계의 문자로 발전하여 지금까지 사용되고 있다.

동방의 이 오래된 문자들은 모두 풍격을 갖춘 상형의 표의형체로 서로 다른 대하(大河) 문명의 찬란한 빛을 드러냈다.

2. "문자의 신" 창힐

중국인들은 역대로 한자를 만든 창힐을 추앙하며 그를 "문자의 신"이라고 불렀다.

황제의 시대에 사람들은 결승으로 일을 기록했다고 한다. 당시에 창힐은 황제의 사관이었다. 언제인가 황제가 염제(炎帝)와 국경선을 담판짓게 되었을 때, 창힐은 황제에게 결승을 이용하여 중요한 자료를 제공했다. 그런데 나중에는 창힐도 그 결승의 의미가 무엇인지 분명히 말할 수 없게 되었다. 그 결과 담판에서 패배한 황제는 매우 진노했고, 창힐은 더 좋은 기록 방법을 찾겠다고 결심하고 황궁을 떠나 각지를 떠돌았다.

몇 년이 지나 산골짜기에 거주하던 창힐은 여전히 고심하며 좋은 방법을 찾고 있었다. 큰 눈이 내린 어느 날, 새벽에 일어난 창힐은 산닭 두 마리가 눈 위에서 먹이를 찾으며 남긴 뚜렷한 발자국을 보고 있었다. 그런데 갑자기 숲에서 사슴 한 마리가 뛰어나와 눈 위에 또 다른 발자국을 남겼다. 창힐은 이들의 발자국에 매료되었고, 이들이 남긴 발자국이 서로 다르다는 사실을 알아차렸다. 발톱으로 찍은 것 같은 발자국은 닭의 것이었고, 발굽으로 찍은 것 같은 발자국은 사슴의 것이었다. 창힐은 흥분하여 방법을 찾았노라고 소리 질렀다. 이후로 창힐은 날마다 해와 달과 별들을 우러러보고 새와 짐승과 산천을 굽어 살펴 많은 상형문자를 만들어냈다. 창힐이 문자를 만든 일은 하느님과 신령들을 놀라게 했다. ≪회남자(淮南子)≫에서는 "옛날에 창힐이 글자를 만들자 하늘이 곡식을 비처럼 내리고 귀신이 밤에 소리 내어 울었다[昔者倉頡作書, 而天雨粟, 鬼夜哭.]"고 적었다. 기록에 따르면 창힐은 일찍이 두 권의 책을 만들었는데 지금은 모두 전해지지 않는다. 현존하는 ≪창힐조적서비(倉頡鳥迹書碑)≫에는 흑색의 비석 위에 28개의 괴이한 글자가 새겨져 있다. 사람들은 이것이 창힐이 만든 상형문자의 원형이라고 생각한다.

　민간의 전설은 창힐이 110세까지 살았다고 전한다. 창힐은 죽은 뒤에 황제의 능에서 멀지 않은 황룡산(黃龍山) 아래에 묻혔다. 그곳은 창힐의 고향으로 오늘날의 섬서성(陝西省) 백수현(白水縣) 사관향(史官鄕)이다. 한대(漢代)에 이곳에 창힐의 사당이 세워진 이래로 대대로 추가 건설되며 지금에 이르고 있다. 현재 창힐의 사당에는 70칸의 방이 있고 천년이 넘은 측백나무가 무성하며, 묘 안에는 동한(東漢) 때 제작된 ≪창힐묘비(倉頡墓碑)≫가 있다. 이 석비 위에는 예서(隸書)로 24행의 글자가 새겨져 있는데, 뚜렷하게 보이는 글자는 그리 많지 않다. 현재는 서안(西安)의 비림(碑林)에 전시되어 있다.

　이밖에 산동성 아현(阿縣, 양곡(陽谷) 경내)과 수광현(壽光縣)에도 창힐의 사당이 있다. 이로부터 사람들이 창힐을 얼마나 숭배하고 존경했는지 알 수 있다.

1 빈 칸에 알맞은 단어를 적으시오.

1. 세상에는 크게 두 종류의 문자가 있다. 하나는 _____이고 또 다른 하나는 _____이다. 한자는 _____에 속한다.

2. 상고시기에 _____라는 이름을 가진 신기한 인물이 있었다. 전설에 따르면 그는 점을 칠 때 사용하는 도형인 _____를 그렸고, 그로부터 한자가 만들어졌다.

3. 결승으로 일을 기록하는 것은 사람들의 _____을 도울 수 있지만, _____를 기록하거나 전파할 수는 없다.

4. 창힐은 아마도 상고시기에 문자를 _____한 학식이 깊은 사람일 것이다.

5. 창힐은 4개의 눈을 가지고 있었다고 하는데, 이것은 한자가 일종의 의미를 나타내는 _____ 부호이며, 한자의 창조는 _____으로부터 시작되었음을 말해준다.

2 다음 중 잘못된 설명은 무엇인가? (   )

A. 한자의 기원에 관한 오래된 전설들은 모두 신석기시대에 만들어졌다.

B. 팔괘는 한자의 형체와 거리가 멀다. 이 때문에 필획이 다양하고 구조가 복잡한 한자가 팔괘로부터 발전해왔다고 말할 수 없다.

C. 일을 기록하기 위해 만든 매듭은 사람들이 모두 알아볼 수 있는 기호이다.

D. 창힐이 문자를 만들었다는 전설은 널리 전해지는 가치 있는 전설이다.

3 아래에 제시된 단어를 설명하시오.

결승(結繩)

4 다음 질문에 답하시오.

1. 팔괘와 결승이 한자의 기원이라고 말할 수 있는가? 이에 대해 자신의 생각을 말해보시오.

2. 한자는 황제의 사관인 창힐 한 사람이 창조했다는 전설이 있다. 이에 대해 자신의 생각을 말해보시오.

3. 창힐이 한자를 만들었다는 전설은 무엇을 시사하는가?

제2절 그림에서 기원한 한자

역사가 오래된 세계 각 민족의 문자는 처음에 모두 그림에서 시작되었다. 처음 문자를 만들 때 중국인들은 도형으로 의미를 표현하는 방법을 선택했다. 한자의 창조는 바로 그림을 그리는 것에서 시작된 것이다. 중국에서 출현한 최초의 문자는 "원시도형문자(元始圖形文字)"이다.

1. 오래된 암각화(巖刻畵)와 채색도기(彩色陶器) 위의 그림

1) 오래된 암각화

암각화는 인류가 남긴 가장 오래된 그림이며, 문자가 출현하기 이전의 가장 중요한 역사자료이다. 수 천 년 전, 심지어는 만 년 전에 바위 위에 새기거나 그린 그림들은 상고시대 사람들의 사회생활과 원시사회의 모습을 재현한 것이다. 원시 암각화가 나타내는 것은 대부분 동식물, 채집과 수렵, 방목(放牧), 제사, 성교 등의 활동 장면들인데, 화법(畵法)이 매우 간결하고 세련되었으며 질박하면서 생동적이다. 많은 작품들이 놀라운 수준을 과시하며 석기시대 원시사회의 높은 예술적 성취를 보여준다. 지금까지 전 세계적으로 120여 개 지역에서 암각화가 발견되었다. 그 수 백 개의 거대한 바위 위에 2천 만 개에 달하는 도상과 부호가 전시되어 있다. 유명한 스페인의 알타미라 동굴벽화와 프랑스의 라스코 동굴벽화 및 중국의 내몽고(內蒙古), 영하(寧夏), 신강(新疆), 청해(靑海), 광서(廣西), 운남(雲南),

▌운남(雲南) 창원(滄源)의 암각화 ≪무답방목전쟁
도(舞踏放牧戰爭圖)≫ (신석기시대)

강소(江蘇) 등지의 암각화는 모두 그 옛날의 신비한 원시세계를 생생하게 드러내고 있다.

암각화는 예술적인 형상으로 모종의 의미를 표현한 것이다. 그렇지만 언어와 무관하기 때문에 당연히 독음(讀音)이 없다. 게다가 암각화는 산 절벽 혹은 동굴 속 바위 위에 그려졌기 때문에 정보를 전달하는 부호가 되지 못한다. 따라서 당연히 문자라고 말할 수 없다. 그러나 암각화가 자연계의 사물과 인류의 활동을 묘사한 것은 도형으로 의미를 나타낸 것이며, 사실상 일을 기록한 것이다. 주목해야 할 것은 중국의 많은 암각화들이 이미 도안화·부호화되었고, 그 중 어떤 도상은 훗날의 한자와 매우 유사하다는 점이다. 중국의 암각화는 문자는 아니지만, 그것의 표의성과 도안화는 후대 문자의 형성에 중요한 의의를 가지며, 상형문자의 생산에 일정한 영감을 주었다.

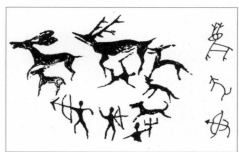

▌좌 : 내몽고(內蒙古) 음산(陰山)의 암각화 ≪위렵(圍獵)≫ (신석기시대)
　오른쪽에 있는 것은 고한자(古漢字) '鹿(록)', '犬(견)', '射(사)'이다.
▌우 : 상고시기 중국의 암각화 도상
　여러 곳에서 수집한 이 암각화 도상들은 한자 '牛(우)', '犬(견)', '羊(양)', '牧(목)', '鳥(조)', '人(인)', '射(사)', '亦(역)', '舞(무)', '美(미)', '女(여)', '面(면)', '日(일)', '木(목)', '宀(면)', '車(거)'의 초기 형태와 유사하다.

▌대맥지(大麥地)의 암각화 도상

최근에 영하(寧夏) 중위시(中衛市) 대맥지의 암석 위에서 상고시기의 암각화가 무더기로 발견되었다. 그 가운데 도안화·부호화된 도상은 무려 1,500여 개에 달하며, 어떤 것들은 도형문자와 비슷하여 문자학자들의 이목을 끌고 있다. 대맥지의 암각화 도상부호는 한자 기원 연구의 중요한 자료로서, 2005년에 이미 4권으로 구성된 대형의 화보 ≪대맥지암화(大麥地巖畫)≫가 간행되었다.

2) 오래된 채색도기 위의 그림

중국은 일찍이 도기를 제작한 고대의 문명국가 가운데 하나이다. 5, 6천 년 전인 앙소문화시기에 사람들은 채색도기를 굽고, 그 위에 그림과 무늬를 그렸다. 황하 유역의 반파유적지와 마가요유적지(馬家窯遺蹟地)[1] 등의 채색도기에는 대량의 그림과 도안 무늬가 그려져 있다. 예술적인 형상으로 도기를 아름답게 만든 이 무늬들은 질박하고 꾸밈이 없고 생동감과 재미가 있으며, 매우 강한 장식성을 가지고 있는 등 고대인의 회화 재능을 유감없이 보여주었다. 그러나 이것들은 암각화와 마찬가지로 그림일 뿐 어떤 부호를 형성한 것이 아니며, 언어와 무관하므로 독음도 가지고 있지 않다. 그래서 이들은 문자가 아니라 상고시기의 훌륭한 예술작품이다. 그러나 오래된 암각화와 마찬가지로 채색도기 위에 그려진 그림의 표의성과

---

1) 마가요유적지(馬家窯遺蹟地) : 마가요문화는 황하 상류 지역의 신석기시대 문화유적지이다. 감숙(甘肅) 임조현(臨洮縣) 마가요(馬家窯)에서 처음 발견되었다. 연대는 지금으로부터 약 4,000년에서 5,000년 전까지로, 일찍이 "감숙의 앙소문화"라고 불렸다. 채색도기의 제작 수준이 원시사회 가운데 최고이다. 일부 도기에는 기하형부호가 새겨져 있다.

도안화는 상형문자의 출현을 위한 좋은 준비가 되었다. 학자들은 몇몇 한자가 채색도기의 무늬에서 변화 발전되어 왔다고 주장한다.

▌좌 : 정교하고 아름다운 무늬가 그려진 채색도기 단지 (마가요문화시기)
정교하고 아름다운 물결무늬는 5,000년 전에 감숙(甘肅) 지역에 살았던 상고인들이 황하를 보고 묘사한 것이다.
▌우 : 황새와 물고기, 도끼가 그려진 채색도기 항아리 (앙소문화시기)
이 채색도기 위의 그림은 원시씨족사회의 전쟁을 생생하게 기록하였다. 새를 토템으로 하는 씨족이 물고기를 토템으로 하는 씨족을 싸워 이긴 것인데, (돌도끼는 씨족 권력의 상징이다) 새와 물고기, 도끼의 도안화된 조형에 주의할 필요가 있다.

2. 도기 위에 새겨진 부호

상고시기의 중국인들은 도기 위에 대량의 부호를 새겼다. 이 부호들은 기하형(幾何形)부호와 도상형(圖像形)부호의 두 종류로 나눌 수 있다.

1) 기하형부호

고고학자들은 황하 중류 지역의 앙소문화유적지에서 도기 위에 새겨진 많은 기하형부호를 발견했다. 5, 6천 년 전에 새겨진 이 부호들은 매우 간단하고 추상적이어서 어떤 의미를 나타내는지 정확히 알 수 없다. 이 때문에 이것들은 문자라고 말하기 어렵다. 그러나 이 부호들이 중복되어 나타난다는 사실은 이것이 일종의 목적을 가진 새김이며, 당시에는 분명히 기록의 용도로 사용되었음을 알려준다. 예를 들어 서안의 반파유적지에서는 도기의 주둥이 가장자리에서 많은 부호가 발견되었고, 그 중 많은 부호들은 여러 도기에 중복 출현하였다. 이 부호들은 서안의 강채유적지와 하남의 이리두유적지의 도기에서도 발견되었다. 우리는 이 기하형부호들이 선형(線形) 구조로 의미를 표현한다는 사실에 주목해야 한다. 이것은 후대의 한자와 일치하는 특징이기 때문에 매우 중요한 의미를 가진다. 선형 구조의 기하형부호는 틀림없이 한자의 형성에 영향을 미쳤고, 그 중 어떤 부호는 한자의 전신(前身)일 것이다.[2]

▌반파 도기의 기하형부호   ▌이리두 도기의 기하형부호

2) 도상형부호

한자는 그림에서 기원했다. 지금으로부터 5,000년 전에 산동성 태안 부근의 대

---

2) 간단한 추상적인 선을 그리는 것은 도상을 그리는 것보다 쉽다. 그래서 어떤 학자는 먼저 간단한 지사자에서 문자가 탄생했다고 주장했다. 기하형부호가 한자의 기원에 끼친 작용은 중시할 만한 가치가 있다.

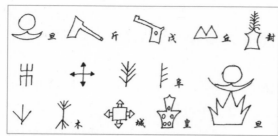

■ 대문구문화의 도상형부호

문구 일대에서 생활했던 사람들은 도기 위에 그림과 비슷한 부호를 새겨놓았다. 이것이 바로 대문구문화의 도기 위에 새겨진 도상형부호이다. 이 부호들은 모두 도기의 주둥이 가장자리 아래에 단독으로 새겨졌다. 수량은 그리 많지 않지만 기하형부호와는 달리 도형으로 의미를 표현했고, 모양이 후대의 갑골문과 비슷하여 사람들이 보고 그 의미를 알 수 있다. 특히 이 부호들은 900km 밖에 있는 절강성(浙江省)의 옛 문화유적지와 안휘(安徽), 강소(江蘇) 등지에서도 발견되었다. 이것은 사람들이 대문구문화의 부호를 공동으

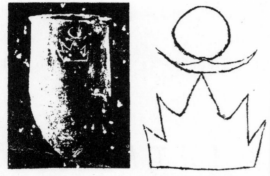

■ 대문구문화의 도기 술잔과 도기 술잔 위의 '旦(단)'자
'旦'자 부호는 대문구 일대의 사람들이 태산의 일출을 보고 묘사했을 가능성이 높다.

로 사용했음을 말해준다. 따라서 이들은 일종의 정보 전달 기능을 가지고 있고 읽을 수 있는 그림이었을 가능성이 높다. 이 부호들은 초보적으로나마 한자의 세 가지 기본 특징인 형음의(形音義)를 갖추고 있다. 그래서 많은 문자학자들이 대문구문화의 도상형부호를 중국 최초의 문자, 즉 원시도형문자라고 생각한다.

도기 술잔 위에 새겨진 도상형부호 하나를 살펴보자. 이 부호는 아침을 묘사한 한 폭의 그림 같다. 태양이 높은 산을 넘어 구름을 뚫고 천천히 솟아오르고 있는데, 전문가들은 이것을 '旦(단)자[3]라고 주장한다. '旦'은 "아침"이라는 뜻이다. 이 '旦'자 부호는 대문구 일대의 사람들이 날마다 목격했던 태산(泰山)의 일출 광경이

고대 씨족 토템 족휘

청동기나 도기 위에 있는 이 도상들은 씨족의 토템이나 족휘라고 생각된다. 이것들은 '蛇(사)', '象(상)', '猪(저)', '牛(우)', '龍(용)', '虎(호)', '犬(견)', '鳥(조)', '羊(양)', '鹿(록)', '魚(어)', '月(월)', '日(일)', '山(산)', '火(화)', '美(미)' 등 상형한자의 초기 형태와 매우 비슷하다.

아닐까? '且' 부호가 서로 다른 지역에서 발견되었다는 것은, 이것이 정보를 전달하고 모두가 사용하며 또 독음이 있었다는 것을 의미한다. 또 다른 전문가는 이 부호가 씨족의 토템이라고 했는데, 이 견해도 믿을 만하다. 많은 도상형의 씨족 토템 혹은 족휘(族徽)가 나중에 글자로 채택되었기 때문이다.

한자의 출현까지는 매우 긴 시간이 경과하였다. 창힐이 문자를 만들었다는 옛 전설과 암각화 및 채색 도기 위에 그려진 도형, 도기에 새겨진 도상형부호 및 토템 족휘는 모두 한자의 근원이 그림이라는 것, 즉 한자는 그림에서 기원했다는 사실을 알려준다. 그 가운데 도기에 새겨진 기하형부호의 선형 구조와 도상형부호의 표의 기능은 그 뒤에 출현한 고한자의 중요한 특징이 되었다. 이렇게 보면 한자의 기원은 매우 이른 시기에 이루어졌으며, 적어도 5, 6천 년 정도의 역사를 가지고 있다고 할 수 있다.[4] 최초의 중국문자는 약 5,000년 전에 산동의 태산 아래에서 출현했지만, 이

---

3) 어떤 학자들은 "昦(호), 盟(맹), 炅(경), 炅山(경산)" 등의 글자라고 했다.

것들은 여전히 "원시도형문자 단계"에 머물러 있다. 이것들은 여전히 그림 같고 수량이 적기 때문에 근본적으로 하나의 문자체계를 형성했다고 말할 수 없다. 그러나 이 일은 한자의 출현과 발전이 먼 훗날의 이야기가 아님을 알려주고 있다.

---

4) 이러한 판단은 반파, 강채, 대문구의 도기에 새겨진 부호에 근거하여 나온 것으로, 고고학의 새로운 발견에 기반을 두고 있다. 최근에는 황하와 장강 유역의 많은 신석기유적지에서 더 이른 시기의 신비한 부호들이 발견되고 있다. 예를 들어 호북(湖北) 의창(宜昌)의 양가만(楊家灣)에서는 170여 종의 부호가 새겨진 약 6,000년 전의 도기들이 출토되었고, 하모도 유적지에서는 기하형부호가 새겨진 약간의 도기가 출토되었는데, 대략 7,000년 전의 것들이다. 또 하남 무양 가호(舞陽賈湖) 유적지에서는 부호가 새겨진 귀갑(龜甲)이 출토되었다. 부호의 형체는 갑골문의 '目(목)'자와 거의 비슷한데 놀랍게도 약 8,000년 전의 것이다. 이들 도기나 귀갑, 옥, 돌 위에 새겨진 부호는 상고시기 사람들의 생활을 기록하고 모종의 정보를 전달하며 마치 오래된 한자의 원천을 드러내고 있는 것 같다.

1. 채색도기로 유명한 앙소문화

1921년에 스웨덴의 지질학자이자 고고학자인 안데르손(Johan Gunnar Andersson)이 중국의 하남성 면지현에 도착했다. 그는 황하와 그리 멀지 않은 앙소촌에서 대량의 아름다운 채색도기와 마제석기를 발견했고, 후에 다른 곳에서도 앙소촌에서 출토된 유물들을 발견했다. 안데르손은 이 지역이 약 5,000년 전의 상고시기 중국인들이 생활했던 곳이며, 그들은 매우 풍부한 문화를 가지고 있었다고 생각했다. (현재는 지금으로부터 약 5,000년 전에서 7,000년 전까지의 시간으로 확정되었다.) 이것은 위대한 발견이었다. 안데르손은 이 문화를 "앙소문화"라고 불렀다. 앙소문화의 발견은 "중국에는 석기시대가 없었다"는 당시의 잘못된 관점을 수정했고, 이후 중국의 고고학에 중대한 영향을 미쳤다.

1954년에 중국고고학발굴팀은 섬서성 서안의 반파촌에서 전형적인 앙소문화유적지를 발견했다. 과학적인 발굴을 통해 6,000년 전 모계씨족사회의 원시촌락이 그 모습을 드러냈다. 대수로에 둘러싸인 땅 위에는 크고 작은 반지하집과 도기를 굽던 가마, 식물을 보관하던 움집, 그리고 많은 고분 구덩이가 있었다. 도기도 많이 출토되었는데, 특히 붉은색 도기 위에 검은색과 백색으로 장식한 채색도기는 대단

▌앙소문화 채색도기의 인면어(人面魚) 무늬 대야
(반파유적지 출토)

히 정교하고 아름다웠다. 전문가들은 도기의 장식 중에 물고기 무늬가 특히 많은 것에 근거하여 "물고기"가 반파인의 토템이었다고 주장한다. 도기 위에 나타난 일부 기하형부호 역시 문자학자들의 지대한 관심을 끌었다. 왜냐하면 그것들이 바로 한자의 근원일 수도 있다고 생각했기 때문이다.

앙소문화는 황하 중류 일대의 강력한 상고시대 문화이며, 시기적으로는 모계씨족사회에 속한다. 당시 사람들은 이미 정착생활을 시작했고, 농경, 채집, 수렵, 목축, 도기 제작이 그들의 주요 생산활동이었다. 앙소문화는 지역이 광대하며 2,000여 년이라는 긴 시간 동안 지속되었다. 앙소문화는 채색도기로 유명하기 때문에 "채색도기문화"라고도 불린다. 안데르손은 감숙성의 마가요, 청해성의 마창 등지에서도 약 5,000년 전에 생산된 정밀하고 아름다운 도기를 대량으로 발견했는데, 이것이 바로 "마가요문화"이다. "마가요문화"는 일찍이 "감숙의 앙소문화"로 불렸다.

2. 한자와 관계가 밀접한 대문구문화

1959년 중국고고학발굴팀은 태산 아래에 위치한 산동성 태안시 교외의 대문구 등지에서 백여 개의 고분을 발굴했는데, 거기에서 독특한 풍격을 가진 많은 문물들이 출토되었다. 이 유적지는 동서로 흐르는 대문하(大汶河)에 의해 남북으로 나뉘어 있었다. 그후 동일한 유형의 문화유적지와 고분이 산동성의 다른 지역과 강소성 북부에서도 발견되었다. 이것이 바로 대문구문화이다. 이 원시문화는 지금으로부터 약 4,500년 전에서 6,300년 전까지의 시기에 걸쳐 있는 황하 하류의 전형적인 신석기문화이다.

고고학자들은 몇 십 년 동안 대문구문화유적지에서 많은 고분과 집터, 움집을 발견했다. 그곳에서 출토된 채색도기, 홍색도기, 백색도기, 회색도기, 흑색도기는 정교하고 아름다웠다. 도기 위에 새겨진 몇몇 도상형부호들은 아마도 최초의 한자였을 것이다. 그 중 거현에서 발견된 도기 술잔 위의 '旦' 부호가 문자학자들의 지대한 관심을 끌었다. 유적지에서는 또 정밀하게 다듬어진 대량의 돌도끼와 돌끌, 골기(骨器)도 출토되었다. 중기(中期)와 말기(末期)의 묘장지는 큰 무덤과 작은 무덤으로 나뉘며, 무덤에는 수량이 일정하지 않은 돼지머리가 수장되었다. 이것은 당시에 이미 분명한 빈부격차가 있었고 사유제도가 형성되었으며, 전체 사회가 머지않아 계급사회 단계로 진입하려 했음을 알려준다. 고고학자들은 대문구문화의 초기는 모계씨족사회의 말기에 속하고, 중기와 후기에는 부계씨족사회로 진입했다고 주장한다. 대문구문화는 지금으로부터 약 4,500년 전에 산동성의 용산문화로 발전했다.

1 빈 칸에 알맞은 단어를 적으시오.

1. 한자는 _____에서 기원했다.

2. 오래된 중국의 암각화와 채색도기 위의 무늬는 비록 문자는 아니지만 후대 문자의 형성에 중요한 의의를 가지고 있다. 그것들의 _____와 _____는 상형한자의 형성에 중요한 역할을 했다.

3. 상고시기의 도기 위에 새겨진 부호는 _____부호와 _____부호의 두 종류가 있다.

4. 상고시기의 도기 위에 새겨진 기하형부호의 _____ 구조와 도상형부호의 _____ 기능은 훗날 출현한 고한자의 중요한 특징이다.

5. 중국의 가장 오래된 문자는 지금으로부터 약 5,000년 전의 _____이다. 그들은 여전히 _____ 단계에 머무르고, 문자체계를 형성하지 못했다.

2 아래의 질문에 적절한 답을 고르시오.

① 다음 설명 중 옳지 않은 것을 고르시오. (   )

   A. 한자의 창조는 그림에서 시작되었다.

   B. 오래된 암각화 위의 도상은 문자가 아니다.

   C. 앙소문화의 기하형부호는 일을 기록하는 기능이 없다.

   D. 대문구문화의 도기 위에 새겨진 도상형부호는 중국 최초의 문자이다.

② 갑골문과 형체가 비슷한 상고시기의 도상이나 부호는 무엇인가? (   )

   A. 암각화 도상

   B. 앙소문화의 도기 위에 새겨진 기하형부호

   C. 대문구문화의 도기 위에 새겨진 도상형부호

   D. 도기와 청동기 위에 새겨진 토템이나 족휘 표시

3 아래에 제시된 단어를 설명하시오.

대문구문화의 도상형부호

4 본문에 있는 대문구문화의 도상형부호 '旦'을 베껴 써 보시오.

5 다음 질문에 답하시오.
1. 오래된 암각화와 앙소문화의 채색도기 위에 그려진 그림은 문자가 아니라고 하는데, 그 이유가 무엇인지 말해보시오.
2. 오래된 암각화와 앙소문화의 채색도기 위에 그려진 그림은 한자의 출현에 어떤 의의가 있는지 말해보시오.
3. 어떤 사람은 한자의 도형 표의 단계에서 독음(讀音)이 있어 읽을 수 있는 그림은 문자이고, 독음이 없어 읽을 수 없는 그림은 그림일 뿐이라고 말하는데, 이 견해에 대한 자신의 생각을 말해보시오.
4. 상고시기의 도기 위에 그려진 부호는 한자의 출현에 어떤 의의가 있는지 설명하시오.
5. "한자는 그림에서 기원했다"는 견해에 대해 자신의 생각을 말해보시오.

제2장
한자의 변천

←←←

한자는 그림에서 기원하여 "원시도형문자 단계"를 거친 뒤, 노예제 사회였던 상대(商代)부터 차례로 "고문자(古文字) 단계"와 "금문자(今文字) 단계"를 거쳤다. 그때부터 지금까지 3천 여 년 동안 한자는 갑골문(甲骨文), 금문(金文), 소전(小篆), 예서(隷書), 해서(楷書)로의 형체 변화 과정을 겪으며 점차 그림에서 필획으로, 상형에서 상징으로, 복잡한 모양에서 간단한 모양으로 변해왔다. 간략화는 한자 발전의 주된 흐름이었다.

제1절 그림과 비슷한 고문자(古文字) 1

"고문자"는 갑골문, 금문, 소전을 가리킨다. 이들은 "고문자 단계"의 문자이며, 형체가 그림과 비슷하다는 특징을 가지고 있다.

1. 상대(商代) 갑골문

중국의 문자는 3천 여 년 전의 상대(商代)에 이미 비교적 성숙한 상태였다. 이때의 글자가 바로 갑골문이다. 갑골문은 귀갑(龜甲)과 수골(獸骨)에 새긴 문자이다. 지금까지 약 15만 편의 상대 갑골이 출토되었고, 거기에서 약 4,500여 개의 서로 다른 한자가 발견되었으며, 그 중 1,500여 개의 글자가 해독되었다. 서주(西周)시기에도 갑골문이 있었다. 갑골문은 형음의(形音義)의 결합체였고, 상형자와 지사자, 회의자가

┃상대 갑골문

있었으며, 가차자를 대량으로 사용했다. 또 중국어 단어를 기록할 수 있었고, 독음을 가지고 있었으며, 구(句)와 간단한 문장 구조를 구현했다. 이것은 갑골문이 비교적 성숙한 문자였다는 사실을 말해준다. 근 백 년 동안 갑골문에 대한 활발한 연

구는 갑골학(甲骨學)이라는 하나의 학문분야를 형성했다.

1) 갑골문의 발견

갑골문은 매우 늦게 발견되었다. 갑골문의 발견에 관해서는 오랫동안 다음과 같은 이야기가 전해졌다. 1899년 여름, 청(淸)나라의 왕의영(王懿榮)이라는 학자가 병에 걸려 한약을 지었다. 그는 약방에서 사온 "용골(龍骨)"이라는 한약재에서 문자와 비슷한 작은 부호들을 발견했다. "용골"은 사실 귀갑과 수골이었고, 그 위에 새겨진 부호는 갑골문이었다. 갑골문은 이렇게 발견되었다.

초기에는 다음과 같은 기록도 있었다. 1899년 가을, 산동(山東) 출신의 한 골동품 상인은 북경(北京)의 왕의영이 용골을 사들인다는 이야기를 듣고, 큰 용골 12편을

▋갑골문은 1899년에 발견되었다.

가지고 하남(河南)에서 북경으로 올라왔다. 왕의영은 그 큰 용골 위에 있는 부호를 보고 매우 기뻐했다. 왕의영은 고대의 문자를 좋아하는 학식 있는 사람이었다. 그는 이 부호들이 금문(金文)보다 더 오래된 문자의 일종이라고 생각하고, 글자가 새겨진 1,500개의

▌은허(殷墟)유적지에서는 이미 약 15만 편의 갑골이 출토되었다.

갑골을 구입하여 연구에 돌입했다. 왕의영은 갑골문을 발견하고 연구한 첫 번째 사람이기 때문에,[1] 사람들은 그를 "갑골문의 아버지"라고 부른다.

이 갑골 조각들은 하남성의 안양현(安陽縣) 소둔촌(小屯村) 일대에서 출토되었다. 소둔촌 일대는 "은허(殷墟)"[2]라고 불리는 상대 후기의 도성이었다. 셀 수 없이 많은 갑골 조각들이 그곳의 농민들에 의해 은허의 땅속에서 발굴되었다. 그것들은 지하에서 3천 여 년 동안이나 깊이 잠들어 있었다.

▌큰 용골을 북경으로 가지고 온 산동의 골동품상인

---

1) 최근의 연구에 의하면, 왕의영 이외에 천진(天津)의 학자 왕양(王襄)과 맹정생(孟定生)도 같은 시기인 1899년에 갑골문 더미를 발견하고 소장, 연구하였다.
2) 은허(殷墟) : 안양현의 서북쪽에 있는 소둔촌 일대. 처음에는 "은(殷)"이라고만 불렸는데, 상나라가 멸망한 뒤에 폐허가 되었기 때문에 "은허"라고 부르게 되었다. 상나라는 "은나라", "은상(殷商)", "상은(商殷)"이라고도 부른다.

2) 신기한 점복(占卜)

상나라 사람들은 왜 귀갑과 수골에 문자를 새겼을까? 그들은 매우 미신적이었다고 한다. 상나라의 왕은 풍작을 거둘 수 있을지, 비바람이 강할지, 전쟁을 하면 승리할 수 있을지, 사냥이 순조로울지, 부인이 아들을 낳을지 아니면 딸을 낳을지에 대해 갑골을 이용하여 점을 치면 천신(天神)과 조상신(祖上神)이 계시를 준다고 믿었다. 따라서 갑골문은 일종의 점을 치는 문자였고, 사람과 신령이 대화하는 문자였다.

▌좌 : 갑골을 불에 구워 점을 침 '卜'자는 갑골이 균열된 형상이고, '卜'자의 발음인 [복/bǔ]은 갑골이 파열될 때 나는 소리이다.
▌우 : 상대 사람들이 점을 치는 그림 갑골을 불에 구울 때 생기는 연기 속에서 정인은 신령에게 점을 치고자 하는 일에 대해 묻고, 신령의 계시와 보호가 임하기를 기도했다.

점을 칠 때는 먼저 갑골의 뒷면에 몇 개의 오목한 작은 구멍을 판다. 그런 다음 뜨거운 숯가마에 넣어 굽는 동시에 정인(貞人)이라고 부르는 사관(史官)이 신령에게 상나라 왕이 묻고자 하는 일에 대해 묻는다. 갑골이 열을 받으면 정면에 균열이 나타나는데, 이 균열의 형상에 근거하여 점을 친 일의 길흉을 결정한다. 길하면 그대로 행하고, 흉하면 더 이상 하지 않는다. 마지막으로 사관이 점을 친 일과 결과를 갑골 위에 칼로 새긴다. 갑골 위에 점치는 활동을 기록한 이런 종류의 글을 갑골복사(甲骨卜辭)³)라고 한다. 이것이 바로 현재 우리가 볼 수 있는 갑골문이다. 소수이기는 하지만 점치는 활동과 관계없이 단순히 일을 기록한 갑골문도 있다.

3) 갑골문의 특징

(1) 상형의 정도가 높다

갑골문은 그림과 비슷하며 상형의 정도가 높다. 이것이 갑골문의 가장 두드러진 형체상의 특징이다. 예를 들어 상형자 '日(일)'은 태양과 비슷하고, '月(월)'은 달과 비슷하며, '山(산)'은 산봉우리와 비슷하고, '水(수)'는 강물과 비슷하다. 그리고 '鹿 (록)'은 한 마리의 사슴과 비슷하다. 도형 부호로 의미를 표현할 때, 갑골문은 사물의 전형적인 특징을 부각시키는 것을 중시했다. 예를 들어 상형자인 '牛(우)'와 '羊 (양)'은 각각 머리에 난 곧은 뿔과 굽은 뿔을 그린 것이고, '鹿'과 '虎(호)'는 각각 사슴의 뿔과 호랑이의 무늬(입을 크게 벌린 호랑이는 상대 사람들에게 강렬한 인상을 남겼기 때문에 반드시 입을 벌린 모습을 그리려고 했을 것이다)를 그리려고 한 것이다. 또 '馬(마)'는 말의 목 위에 난 긴 털을 그리려고 한 것이 분명하다. 갑골문은 그림과 비슷하지만 글자를 구성하는 선의 형체는 비교적 추상적이다. 상나라 사람들이 원한 것은 감상할 만한 그림이 아니라 뜻을 나타내는 부호였기 때문이다.

▌갑골문 '鹿'자와 '虎'자 사슴의 뿔과 호랑이의 무늬 및 입의 묘사에 주의했다.

---

3) 하나의 온전한 복사(卜辭)는 전사(前辭 : 점치는 시간과 정인), 정사(貞辭 : 점쳐서 묻는 일), 점사 (占辭 : 점괘에 대한 상나라 왕의 판단), 험사(驗辭 : 적중한 결과) 등의 네 가지 내용으로 구성된다. 그러나 이 모든 것을 다 갖춘 복사는 거의 없고, 전사와 정사만 갖추고 있는 것들이 많다.

(2) 선이 가늘고 곧다

가늘고 곧은 갑골문의 필획
그 안에서 필획선의 추상적인 형체 특징을 볼 수 있다.

갑골문의 형체는 선으로 구성되었다. 귀갑과 수골은 단단하여 조각이 쉽지 않기 때문에 갑골문은 칼을 이용하여 직선으로 새겼다. 그래서 갑골문의 선은 가늘고 곧으며 꺾이는 부분도 대부분 각이 져 있어서, 질박하면서도 강경한 아름다움을 드러낸다. 선이 가늘고 곧은 것이 갑골문 필획의 두드러진 특징이다.

(3) 중국어의 기본 문장 형식을 갖추고 있다

갑골문은 읽을 수 있는 문자였을 뿐 아니라, 중국어의 기본 문장 형식을 구현하였다. 예를 들어 "王伐土方(왕벌토방 : 상나라 왕이 토방을 정벌하다)"과 같이 "주어－서술어－목적어"로 구성된 중국어의 기본 문장 형식이 보편적으로 쓰였고, 연동문(連動文)[4]도 자주 출현했다. "王其往逐鹿(왕기왕축록 : 상나라 왕이 가서 사슴을 뒤쫓았다)"에서 첫 번째 동사는 '往'이고 두 번째 동사는 '逐'이다. 또 이중목적어 구문도 출현했는데, "帝授我佑(제수아우 : 하느님께서 우리에게 보살핌을 주신다)"에서 '我'는 간접목적어이고, '佑'는 직접목적어이다. 비교적 복잡한 겸어문(兼語文)[5]과 목적어 도치 문장, 복잡한 복문 구조도 보인다.

---

4) [역자주] 한 문장에서 두개 이상의 동사가 하나의 주어를 서술할 때, 이를 연동문이라고 한다.
5) [역자주] 한 구절 안에 두 개의 서술어가 있는데 앞에 나오는 서술어의 목적어가 뒤에 나오는 서술어의 주어일 때, 이를 "겸어(兼語)"라고 하고, 겸어가 포함된 문장을 겸어문이라고 한다.

(4) 자형이 미성숙하다

최초의 문자이기 때문에 갑골문은 여전히 미성숙한 점이 많았는데, 그것은 주로 자형이 고정되지 않은 것을 말한다. 갑골문에서는 한 글자에 대해 여러 종류의 서사법이 가능했다. 또 글자의 크기가 큰 것도 있고 작은 것도 있었으며, 필획이 많은 것도 있고 적은 것도 있었다. 편방(偏旁)의 형제와 위치가 고정되지 않았고, 두 세 글자를 합해서 한 글자로 쓰는 "합문(合文)"도 많았다. 그러나 갑골문은 도형으로 의미를 나타내는 성질이 비교적 강했기 때문에, 이런 현상들이 글자의 식별에 크게 영향을 미치지는 않았다.

┃갑골문의 미성숙한 점

4) 갑골문의 역사적 가치

갑골문은 상대의 풍부한 사회생활을 기록하는 데 사용되었다. 상대의 농업, 목축업, 제사, 전쟁, 천문기상, 일상생활 등의 여러 상황들은 모두 갑골문이 알려준 것들이다. 예를 들어 은허에서 출토된 상대의 우골(牛骨)에는 과학적 가치가 높은 "壬寅貞月又食(임인정월우식 : 임인에 점을 쳤다. 월식이 있었다.)"이라는 복사(卜辭)가 새겨져 있는데, 고증에 따르면 이것은 기원전 1173년 7월 2일에 발생한 월식의 기록이다. 갑골문 중에는 월식, 일식, 큰 비, 무지개, 황사 등의 자연 현상을 기록한 것들이 많다. 갑골문에 기록된 상나라의 역사는 사마천(司馬遷)의 ≪사기(史記)≫의 기록과 거의 일치한다. 이것은 옛날에 확실히 "상"이라는 왕조가 존재했다는 사실과 ≪사기≫가 매우 믿을만한 저작임을 증명해 주었다.

황사 현상을 기록한 갑골복사의 탁본 (은허 출토)
"계묘일에 점을 쳤다. 왕이 갑골의 균열된 무늬를 보고 다음날인 갑진일에 황사가 있을 것이라고 말했다.[癸卯卜, 王占曰, 其霾, 甲辰]"

2. 서주(西周) 갑골문

근래에는 글자가 새겨진 서주시기의 갑골도 적지 않게 발견되고 있다. 1977년에 고고학자들은 섬서성(陝西省) 기산(岐山)의 주원(周原) 유적지에서 만 칠천 여 편에 달하는 서주시기의 갑골을 발견했는데, 그 가운데 190여 편에 문자가 새겨져 있었다. 주원갑골문의 특징은 육안으로 똑똑히 볼 수 없을 정도로 글자의 크기가 작다는 것이다. 이 글자들은 "중국 최초의 초소형 예술"이라고 말할 수 있을 정도로 크기가 매우 작다. 주원갑골문은 서주 초기 왕실의 여러 활동들을 기록했는데, 이런 역사적 사실을 서주의 금문(金文)에서는 기록한 적이 없다. 2008년에 고고학자들은 또 기산의 주공묘(周公廟) 유적지에서 7천 여 편의 서주시기 갑골문을 발굴했다. 그 가운데 글자가 새겨진 갑골은 688편으로 비교적 수량이 많은 편이었다. 서주 갑골문의 발견은 갑골학의 연구범위를 확대하여 "서주 갑골학"이라는 새로운 학문분야를 출현시켰다.

갑골문은 중국의 가장 오래된 문자로서 "원시도형문자 단계"를 벗어나 "고문자 단계"에 진입했으며, 언어를 기록할 수 있는 비교적 완벽한 문자체계를 형성했다.

1. 세계문화유산인 은허(殷墟)

은허는 현재 하남성 안양시의 서 북쪽 소둔촌 일대에 있다. 면적은 대략 36평방미터 정도이다. 은허는 상대 후기의 도성이었다. 은허로 도 읍을 정하기 전에 상나라 왕들은 도 성을 자주 옮겼다. 그러나 기원전 1,300년에 상나라의 20대 왕인 반경 (盤庚)이 도성을 "은(殷)"으로 옮긴 이후에는 상나라가 멸망할 때까지

■ 오늘날의 은허

도읍을 옮기지 않았다. 그래서 "은"은 중국 역사상 최초의 안정된 도성이었다. 은을 도 성으로 삼은 254년은 상나라가 가장 안정되고 가장 번영했던 시기였다. 그래서 은허는 상대 후기 사회의 마지막 영광을 드러낼 수 있었다. 이런 이유로 역사학자들은 상나라 를 은, 혹은 은상(殷商)이라고 부른다. 기원전 1,046년에 상나라가 서주에게 멸망당하면 서 이곳은 차츰 황토에 파묻히고 폐허로 변해갔다. 그래서 이 지역을 "은허"라고 부르 게 되었다.

1899년에 갑골문이 발견되고, 1928년에 중국정부가 은허에 대한 과학적인 발굴을 시작 하면서, 3천 년 동안이나 지하에 묻혀 있던 고대의 도성이 지상으로 나오게 되었다. 은허 에서는 지금까지 80여 개의 궁전과 종묘 기지, 13개의 왕릉이 발굴되었고, 풍부한 상나라 의 문물, 예를 들어 갑골문, 청동기, 옥기, 도기, 석기, 칠기, 방직품 등이 출토되었다. 은허 는 2006년 7월에 세계문화유산에 선정되었다. 국제 평가단은 "은허의 특별한 가치는 이집 트, 바빌론, 인도의 고대문명과 서로 견줄 만하다"고 평가했다.

은허유적지에는 현재 "은허박물관"이 세워져 있다.

2. 갑골복사(甲骨卜辭) 감상 : ≪복우(卜雨 : 비가 내릴지 점치다)≫

갑골 위에 새겨진 문자를 "갑골각사(甲骨刻辭)"라고 부른다. 갑골각사는 점치는 내용을 기록한 갑골복사와 사건을 기록한 기사각사(記事刻辭) 두 종류로 구분된다. 은허에서 출토된 갑골문 가운데 절대다수는 상나라 왕이 점을 치는 내용의 갑골복사이다. 갑골복사를 읽으면 상대 사회의 다양한 역사 사실을 알 수 있다. 아래는 상나라의 제23대 왕인 무정(武丁)이 비가 내릴지를 점친 복사의 탁본이다.

┃≪복우≫ 탁본 ┃≪복우≫ 해독문

[해독문] 甲辰卜, 㱿, 貞, 翌乙巳其雨?

[해석] 갑진일에 점을 쳤다. 사관인 각이 상제(上帝)에게 물었다. "내일 을사일에 비가 올까요?"

　소뼈 위에 청동칼로 새긴 이 복사는 오른쪽에서 왼쪽으로, 위에서 아래로 읽어야 한다. 중국은 고대에 간지(干支)로 연도와 날짜를 표시했다. "갑진"과 "을사"는 모두 간지로 나타낸 하루이다. '翌(익)'은 "미래의", "다음으로"라는 뜻이다. 간지의 순서에 따르면 을사일은 갑진일의 다음이다. 그래서 "翌乙巳(익을사)"는 바로 다음날인 을사일, 즉 내일을 가리킨다. '殼(각)'은 점복을 주관한 유명한 상나라 정인(史官)의 이름이다. '其(기)'는 의문의 어기를 나타내는 조사이다. '雨(우)'는 하늘에서 비가 내리는 모습과 비슷하다. 여기에서는 동사로, "비가 오다"의 뜻이다.

　중국은 오래된 농업국가이기 때문에 중국인들은 늘 비와 바람이 적당하기를 소망했다. 상나라 사람들은 매우 미신적이었고 귀신의 존재를 믿었다. 그들은 인간 세상의 모든 것은 천신(天神)이 준 것이며, 비가 내리는 일도 천신이 주관하는 것이라고 생각했다. 그래서 사람들은 천신이 그들에게 비를 내려주기를 기도했고, 풍성한 수확을 희망했다. 이 복사에 출현하는 "각"은 상나라 무정 시기의 유명한 정인이다. 그래서 이 점복의 주인이 상나라의 제23대 왕인 무정임을 알 수 있다.

　이것은 "전사(前辭 : 甲辰卜, 殼)"와 "정사(貞辭 : 貞, 翌乙巳其雨?)"만 있고 "점사(占辭)"와 "험사(驗辭)"는 없는 복사이다. ≪복우≫ 복사의 글자들은 자형이 비교적 크고 필획이 또렷하다. 또 선은 가늘고 곧으며, 새겨 쓴 것이 숙련되고 힘이 있어서 서예 예술의 측면에서도 훌륭한 미감을 가지고 있다.

3. "부호(婦好)의 수수께끼"를 풀어준 갑골문

　1976년에 고고학자들은 은허의 궁전 구역 안에서 상나라의 중형급 왕실 묘지 하나를 발견했다. 거기에서 청동기, 옥기, 골기 등의 부장물 1,928개가 출토되었고, 그 중 100여 개의 청동기 위에 "부호"라는 글자가 새겨져 있었다. 이 때문에 학자들은 이 묘지의 주인이 "부호"일 것이라고 판단했다. 그렇다면 그녀는 과연 누구이며, 또 어떻게 이렇게 높은 지위를 가지고 있었을까? 고대의 서적에는 이와 관련된 어떠한 기록도 없다. 발굴단의 단원들은 흥분하여 "우리들이 부호를 발견했다! 우리들이 부호를 발견했다!"고 소

■ 손에 청동도끼를 들고 있는 부호
은허의 부호묘 앞에 있는 석상 (현대). 청동도끼는 군권의 상징이었다.

리쳤다. "부호"라는 이름은 갑골문에 여러 번 등장한다. 대략 240개의 갑골복사에 그녀의 일이 기록되어 있다. 학자들은 이미 반세기 이상 그녀를 연구해왔고, 갑골학계에서 부호는 전설적인 인물이었다.

갑골복사는 부호가 상나라 무정왕의 부인이며, 용맹하고 아름다운 여장군이었음을 알려주었다. 그녀는 여러 차례 전쟁에 참여하여 토방(土方)과 강방(羌方) 등 20여 나라의 군대를 물리쳤다. 강방과 치른 전투에서 그녀는 13,000명을 거느리고 수 만 명의 적군을 물리쳤으며, 파방(巴方)과 치른 또 다른 전투에서는 멋진 매복전을 펼쳐 적의 군대를 전멸시켰다. 부호는 또 중요한 궁정의 제사와 점복 활동을 주관했다. 무정은 그녀를 매우 사랑했으며, 부호가 출정했을 때는 거의 매일 그녀의 건강과 안전을 위해 점을 쳤다. 그러나 부호는 몸이 쇠약해 겨우 33세의 나이로 세상을 떠났다. 무정은 매우 비통해하며 그녀를 궁전 안에 안장했다. 이 모든 일은 거의 다 갑골문이 알려준 것이다. 갑골문이 없었다면 부호의 묘를 발견했다고 해도 부호에 관한 일을 이렇게 많이 알 수 없었을 것이다. 갑골문은 "부호"라는 수수께끼를 풀어주고, 3,000년 전에 살았던 한 개인의 사랑이야기를 들려주었다.

현재 은허에는 복원된 부호의 묘실이 전시되어 있다.

1 빈 칸에 알맞은 단어를 적으시오.

1. 한자는 그림에서 기원했다. 3천 여 년 동안 한자는 ＿＿＿＿, ＿＿＿＿, ＿＿＿＿, ＿＿＿＿, ＿＿＿＿ 다섯 단계의 형체 변화를 겪었다.

2. 갑골문은 여전히 그림과 비슷하다. ＿＿＿＿은 갑골문의 가장 두드러진 형체상의 특징이다.

3. 갑골문은 의미를 표현할 때 사물의 ＿＿＿＿을 부각시키는 것을 중시했다.

4. 갑골문 필획의 뚜렷한 특징은 ＿＿＿＿이다.

5. 갑골문의 출토지는 ＿＿＿＿이며, 현재 세계문화유산으로 지정되어 있다.

2 아래의 질문에 적절한 답을 고르시오. 다음 중 잘못된 설명은 무엇인가?

① A. 갑골문은 비교적 성숙한 문자이다.

B. 갑골문은 점복문자이다.

C. 갑골문은 도기 위에 새긴 문자이다.

D. 갑골문은 귀갑이나 수골에 새긴 문자이다.

② A. 갑골문은 원시도형문자 단계의 문자이다.

B. 갑골문은 고문자단계의 문자이다.

C. 갑골문은 읽을 수 있는 부호이다.

D. 갑골문은 언어를 기록할 수 있는 비교적 완전한 문자체계이다.

3 아래에 제시된 단어를 설명하시오.

갑골문(甲骨文)　　　갑골복사(甲骨卜辭)

4 갑골문의 상형성과 필획의 특징을 이해할 수 있도록 아래에 나열한 갑골문자를 베껴 써 보시오.

（人）（女）（子）（目）（口）（耳）

（日）（月）（山）（木）（水）（馬）

（鹿）（虎）（鳥）（魚）（車）（雨）

5 다음 질문에 답하시오.

1. 갑골문은 어느 시대의 문자이며, 어떻게 발견되었는가?
2. 갑골문의 주요 특징은 무엇인가?
3. 태양은 둥글지만 갑골문의 '日'자는 거의 사각형이다. 그 이유는 무엇인가?
4. 갑골문은 여전히 미성숙한 점을 가지고 있지만, 그것이 사람들의 글자 식별 활동에 영향을 미치지 않았다. 그 이유는 무엇인가?
5. 갑골문에 대한 자신의 느낌을 말해보시오.

제2절 그림과 비슷한 고문자 2

 지금으로부터 약 5,500년 전에 동방지역은 청동기시대로 진입했다. 메소포타미아와 이집트에서 가장 먼저 청동기를 생산했고, 중국은 지금으로부터 약 3,000년 전인 상주(商周)시기에 청동기시대에 진입했다. 다양한 청동기물과 그 위에 새겨진 금문(金文)은 청동기시대의 독특하고 찬란한 영광을 드러내고 있다.

1. 금문(金文)

 상주(商周)시기에 제후와 귀족들은 제사(祭祀), 전공(戰功), 하사(下賜), 노예 매매 등과 관련된 큰일을 영원히 보존하고 기념하기 위해 청동기 위에 갑골문과 비슷한 글자를 주조하여 새겼다. 옛날 사람들은 청동을 "금(金)"이라고 불렀다. 그래서 청동기물 위에 새겨진 문자를 "금문" 또는 "종정문(鐘鼎文)"이라고 한다.

1) 지하에 묻힌 예기(禮器)

 청동기는 구리와 주석으로 주조하는데, 외관에 아름다운 청회색빛이 돌기 때문에 청동기라는 이름을 얻었다. 상주시기에는 청동기 주조 기술이 발달하여 청동기물의 종류와 조형이 매우 다양했고 장식이 정교하고 아름다웠으며 가공 솜씨도 뛰어났다. 당시의 청동기물은 주로 제후와 귀족의 제사를 위해 만든 예기였으며

▌좌 : 사모무정(司母戊鼎, 상대) 은허에서 출토되었다. 고대중국의 유물 중 가장 크고 가장 무거운 청동
정으로, 무게가 무려 875kg이나 된다. 안쪽 벽에 세 글자로 이루어진 명문이 쓰여 있다. 현재 북경의
중국국가박물관에 소장되어 있다.
▌우 : 대우정(大盂鼎, 서주) 정(鼎)의 전형적인 형상은 세 발의 둥근 솥이다. 대우정의 안쪽 벽에는 19행,
291자로 이루어진 명문이 쓰여 있다.

권력과 지위, 등급의 상징이었다. 이 때문에 지위가 높을수록 소유한 청동기도 많
았다. 예를 들면 국가의 중요한 예기로 제작된 청동정(靑銅鼎)을 국왕인 천자(天子)
는 9개 사용할 수 있었고, 귀족들은 등급에 따라 각각 7개, 5개, 3개씩 사용할 수
있었으며, 일반 백성들은 사용할 수 없었다. 제후와 귀족들은 사후에도 글자가 새
겨진 청동기를 부장품으로 함께 묻었다. 그래서 출토된 청동기에서 대량의 금문을
볼 수 있는 것이다. 청동기 위에 대량으로 문자를 새긴 것은 세계 청동기문화 중
에서 매우 독특한 현상이다.

2) 금문의 특징

상주시기의 청동기는 일찍이 한대(漢代)부터 출토되기 시작하여 지금까지 매우

많은 양이 발견되었다. 출토된 청동기에서는 3,700여 개의 서로 다른 글자가 발견되었고, 그 가운데 약 2,400개의 글자가 해독되었다. 청동 예기의 금문은 사람들에게 엄숙한 느낌을 준다.

(1) 글자체의 규범화

금문은 갑골문보다 더 규범적인 문자이다. 형체상 여전히 그림과 비슷한 부분이 있지만, 전반적으로 갑골문보다 글자의 크기가 고르고 필획선이 두꺼우며, 많은 글자들이 간략해졌다. 특히 서주 말기의 금문은 자형이 반듯하고 튼실하며, 필획이 균일하고 곧은 특징이 있다. 게다가 필획이 꺾이는 곳을 둥글게 처리하여 전체 글자가 매우 짜임새 있고 수려해 보인다. 상형의 정도도 크게 감소되었다.

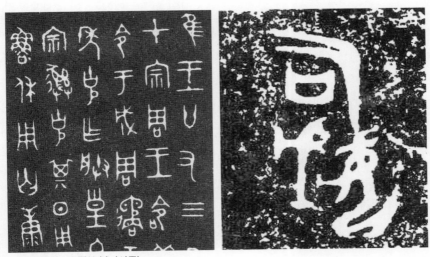

▌좌 : 소극정명문(小克鼎銘文) (서주)
▌우 : "사모무(司母戊)" 세 글자가 적힌 명문 (상대) 자형이 갑골문과 비슷하고 글자의 크기가 일정하지 않다. 필획의 양 끝이 뾰족하고 중간은 두껍다. 상대 금문의 특징을 잘 보여준다.

(2) 붓으로 쓴 효과

금문을 만들 때는 먼저 부드러운 진흙거푸집 위에 붓으로 글자를 쓴다. 그리고 나서 천천히 조각을 하고 거푸집 가운데로 청동 용액을 주입하면 청동기 위에 글자가 새겨진다. 금문은 주조하여 만들기 때문에 직접 칼로 새긴 갑골문과 달리 필획이 두껍고 붓으로 쓴 효과가 있다. 이 때문에 금문은 질박하고 꾸밈이 없는 서예의 미감을 가지고 있다. 붓으로 한자를 쓴 것은 한자의 신세계를 연 일이라고 할 수 있다.

(3) 장편 명문의 출현

우리는 청동기 위에 쓰인 금문을 "명문(銘文)"이라고 부른다. 상대의 청동기는 명문이 짧은 편이어서 겨우 몇 글자만 적힌 것이 많다. 예를 들어 <사모무정(司母戊鼎)>에는 "司母戊"라는 세 글자만 적혀 있다. 상대의 명문은 가장 긴 것도 42자에 불과하다. 그러나 서주시대가 되면 수 백 자에 달하는 긴 명문이 출현한다. 명문이 가장 긴 것으로 유명한 <모공정(毛公鼎)>에는 모두 497개의 글자가 쓰여 있으니, 그 분량이 거의 한 편의 문장에 버금간다. 두 번째로 명문이 긴 청동기물은 서주시기의 <산씨반(散氏盤)>으로, 바닥에 357개의 글자가 쓰여 있다. 지금까지 발견된 고대중국 최초의 장편 문장은 바로 서주시기의 청동기 명문이다.

(4) 이체자(異體字)와 합문(合文)

전체적으로 볼 때 금문의 형체는 간략하게 변했다. 이것은 문자의 진보이다. 그러나 갑골문과 마찬가지로 금문에도 "한 글자의 여러 형태"인 이체자와 두 개 혹은 그 이상의 글자로 구성된 "합문"이 많은 편이다. 그리고 어떤 글자는 여전히 그림과 비슷하다. 이런 현상들은 모두 금문이 그리 성숙하지 않은 문자였다는 표지이다.

▌〈모공정(毛公鼎)〉과 그 명문 (서주) 안쪽 벽에 497자의 명문이 있는데, 글자의 크기와 필획의 두께가 비교적 고르며 선이 매끄럽고 유려하다. 〈모공정〉은 성숙기 금문의 대표 작품이다. 현재 대만(臺灣)의 대북(臺北) 고궁박물관(故宮博物館)에 소장되어 있다.

▌금문의 간략화와 미성숙한 점

간략화	家 :				集 :			
이체자	取 :							
합문	五月	六百	甲子	上帝	小牛	武王	辛卯	子子孫孫

3) 명문의 역사적 가치

상대와 서주시기의 사회상황 및 역사적 사건에 관한 현재의 지식은 대부분 금문을 통해 얻은 것이다. 예를 들어 서주의 〈산씨반(散氏盤)〉 명문은 주왕(周王)의 통치 아래 있던 두 제후국(諸侯國) 간의 국토분쟁을 기록한 것으로, 고대 소송의 면

〈이궤(利簋)〉와 역사적 가치가 높은 명문 (서주)

정교하고 아름다운 〈사장반(史墻盤)〉 (서주)
대야의 안쪽 바닥에 사료적 가치가 높은 284자의 명
문이 쓰여 있다.

모를 잘 보여준다. 또 1976년에 출토된 서주 초기의 청동기 〈이궤(利簋)〉에는 주(周) 무왕(武王)이 상(商)을 멸망시킨 "목야(牧野)의 전투"1)가 하루만에 승패가 결정된 전투였다고 기록한 32자의 명문이 쓰여 있다. 이로써 "갑자일(甲子日)에 주(紂)의 병사가 패했다[甲子日, 紂兵敗]"는 ≪사기(史記)≫의 기록이 사실로 밝혀졌다.

또 서주시기의 청동대야인 〈사장반(史墻盤)〉의 안쪽에는 284자에 달하는 명문이

---

1) "목야(牧野)의 전투" : 기원전 1046년의 어느 날, 주 무왕이 군대를 이끌고 또 다른 부락과 연합하여 상나라 주왕(紂王)을 공격했다. 양측은 목야[지금의 하남(河南) 신향(新鄉)]에서 하루 종일 격렬하게 전투를 치렀다. 상나라 군대는 크게 패했고, 주나라 군대는 상나라의 도읍지를 공격해 들어갔다. 상나라의 주왕은 스스로 불을 질러 죽었고, 상나라는 멸망했다.

쓰여 있다. 이 명문은 6대 주왕(周王)의 위업을 찬양하고 <사장반> 주인의 집안 역사를 진술하는 내용으로, 서주시기의 여러 역사 상황을 기록하여 역사적 가치가 높다.

2. 소전(小篆)

갑골문과 금문, 전국문자(戰國文字)는 보통 "대전(大篆)"이라고 부른다.[2] 진시황(秦始皇)[3]은 중국을 통일한 이후에 대전보다 형체가 간략한 문자를 제정했는데, 그것이 바로 "소전"이다.

1) 소전의 확립

▌전국시기 각국의 '馬(마)'자와 '安(안)'자

	제(齊)	초(楚)	연(燕)	한(韓)	조(趙)	위(魏)	진(秦)
馬							
安							

춘추전국(春秋戰國)시기에는 문자에 많은 혼란이 생겼다. 특히 전국시기에 진입하면서 "언어는 소리를 달리하고, 문자는 형체를 달리하는[言語異聲, 文字異形]" 상황이 더 심해졌다. 그래서 같은 글자에 대해 동쪽의 제(齊), 초(楚), 연(燕), 한(韓), 조(趙),

---

2) [역자주] 저자는 넓은 의미에서 소전 이전의 고문자를 대전이라고 부른 것 같다. 그러나 일반적으로 대전은 진시황이 소전으로 문자를 통일하기 이전에 진나라에서 사용한 글자를 가리킨다.
3) 진시황(秦始皇) : 영정(嬴政, 기원전 259~210년) 기원전 221년에 중국을 통일하고 중국 역사상 첫 번째 봉건적 중앙집권국가인 진을 세웠다. 진시황은 중국의 첫 번째 황제이다.

위(魏) 여섯 나라와 서쪽의 진(秦)나라가 각기 고유한 서사법을 가지고 있었고, 일부 글자는 발음도 서로 달랐다.

기원전 221년에 진시황(秦始皇)이 중국을 통일하면서 진나라가 시작되었다. 통치상의 편의를 위해 진시황이 시행한 첫 번째 일은 전국적으로 "서동문자(書同文字)"를 시행하고, 승상(丞相)인 이사(李斯)4)에게 문자통일 작업을 주관하라고 명령한 것이었다. 이사는 사회에 널리 퍼져 있던 대전의 간화체(簡化體)를 수집하고 진나라의 대전에 기초하며, 육국(六國)의 문자 가운데 진의 문자와 모양이 다른 글자를 제거하는 동시에 각국 문자의 장점을 흡수하여, "소전"이라는 표준글자체를 만들었다. 진시황의 문자통일은 국가 권력이 처음으로 한자를 간략하게 만들고 규범화한 사건인데, 본질적으로 말하자면 전국시기의 이체자를 정리한 것이다. 이것은 중국 문자발전사에서 매우 중대한 의의를 가진다.

▌이사가 지은 ≪창힐편(倉頡編)≫은 소전의 모범본이 되어 전국으로 반포되었다.

소전은 전국적으로 유통된 표준글자체로서, 당시의 중요한 공문(公文)과 비각(碑刻)은 모두 소전으로 쓰여졌다. 진나라의 소전자는 지금도 흔히 볼 수 있다. 예를 들어 진시황이 도량형을 통일하고 전국 각지에 반포한 동조판(銅詔版)과 전국적으로 유통된 네모난 구멍이 뚫린 "진반량(秦半兩)"이라는 동전, 군대 동원용 호패, 진시황이 각지를 순회

---

4) 이사(李斯, ?~기원전 208) : 진나라의 승상이자 유명한 정치가, 서예가이다. 진시황의 문자통일 작업에 크게 공헌하였다. 이사가 소전을 제정한 것은 사실이지만, 그렇다고 소전이 이사 한 사람의 창작이라고 말할 수는 없다. 소전은 이사를 포함한 몇몇 사람들이 이미 사회에서 널리 쓰이고 있던 대전의 간화체를 수집, 정리하여 표준글자체를 만들고 전체 사회에 널리 보급한 것이다.

하며 세운 각석(刻石)⁵⁾ 위에 쓰인 글자들이 모두 진대 소전의 표준글자체이다.

■ 좌 : ≪역산각석(嶧山刻石)≫ (진대)　진대 소전의 표준글자체를 보여준다.
■ 우 : 네모난 구멍이 뚫린 동전 진반량(秦半兩)

■ 정교하고 아름다운 진대의 청동 호부(虎符)

---

5) 진나라의 각석에 쓰인 소전은 구조가 반듯하고 필획이 둥글며 풍격이 질박하여 소전 중의 으
  뜸으로 꼽힌다. 일곱 개의 진나라 각석 가운데 ≪태산각석(泰山刻石)≫과 ≪낭야대각석(琅玡臺
  刻石)≫은 진대의 원래 각석인데 이미 많은 글자가 손상되었다. ≪역산각석(嶧山刻石)≫ 등 기
  타 다섯 개의 각석은 모두 후대에 복제된 것들이다.

2) 소전의 특징

(1) 자형, 구조, 필획의 정형화

소전은 형체가 더욱 간략해졌고, 기본적으로 자형, 필획, 편방 및 편방의 위치가 고정되었다. 그 결과 동방의 육국에서 만든 대량의 이체자가 제거되었다. 갑골문과 금문에서는 한 글자에 다양한 서사법이 존재했지만, 소전에서는 하나의 서사법으로 고정된 것이다. 정제된 직사각형의 형체와 반듯하고 대칭이 되는 구조, 둥글고 균형 잡힌 필획은 소전의 형체상의 특징이다. 또 소전은 표음(表音) 편방의 사용에 주의하여 형성자가 대량으로 증가했다.

▎소전의 편방과 편방 위치의 고정

왼쪽에 위치한 편방			
오른쪽에 위치한 편방			
아래에 위치한 편방			
위에 위치한 편방			

(2) 상형 정도의 감소

소전 중에서 '鳥(鳥)'나 '馬(馬)' 같은 글자들은 여전히 상형적인 모습을 가지고 있다. 하지만 그 정도는 상당히 미약한 편이다. 이것은 소전이 더 이상 그림과 비슷하지 않다는 사실을 보여준다.

(3) 대칭적이고 우아한 자형

소전의 형체는 가지런하고 대칭적이며 필획이 둥글고 길쭉하여, 일종의 서예 곡선미를 드러낸다. 소전은 한자의 여러 서체 가운데 가장 아름다운 문자이며, "고대의 미술자"로 불린다. 사람들은 소전을 좋아하여 2천 년 동안 소전으로 인장을 새겼다. 우리는 이러한 예술을 "전각(篆刻)"이라고 부른다.

소전은 아름답지만 쓰려면 시간이 많이 걸린다는 단점이 있기 때문에 얼마 지나지 않아 바로 예서(隷書)로 대체되었다.

소전의 정형화와 이체자의 폐기, 형성자의 증가, 상형성의 상실 등은 중국의 고문자가 종착점에 다다랐다는 표지로서, 곧 새로운 문자 단계가 도래할 것임을 알려준다.

1. 금문(金文)과 "목야의 전투"

주(周)는 본래 중국의 서부 황토고원에 살던 부락으로, 상(商)의 속국이었다. 상대 말기에 주왕(紂王)의 통치가 심히 부패하자 주나라 무왕(武王)은 상나라 주왕을 토벌하기로 결심했다. 주나라 무왕은 사병 45,000명과 용맹한 군인 3,000명, 전차 300대를 이끌고 다른 부족과 연합하여 상나라의 수도 외곽에 위치한 목야에서 주왕의 십만 대군과 결전을 치렀다. 전투 중에 상나라 군대의 사병들이 끊임없이 투항하며 주나라 군대와 함께 상나라의 도성을 공격했다. 주왕은 이미 대세가 기울었음을 알고 몸에 옥의(玉衣)를 두르고 스스로 불을 질러 죽었다. 이렇게 해서 상나라가 망하고 서주가 건립되었다. 이것이 바로 그 유명한 "목야의 전투"이다.

이 전투에 대해 사마천은 ≪사기≫에서 "갑자일(甲子日)에 주왕의 병사가 패배했다"고 기록했다. 이것은 생사가 갈린 이 전투가 갑자일에 진행되었고, 하루 만에 승자와 패자가 나뉘었다고 말한 것이다. 사람들은 오랫동안 이 기록에 대해 회의적이었다. 이렇게 큰 전쟁이 어떻게 하루 만에 끝날 수 있단 말인가? 그런데 1976년에 출토된 서주의 청동기 <이궤>가 바로 이 천고의 미스터리를 풀어 주었다. <이궤>의 32자 짜리 명문이 목야의 전투는 갑자일 하루 안에 승부가 결정되었다고 증명한 것이다. 최근에 많은 고고학자들과 역사학자들의 합동연구를 통해 이 "갑자일"은 기원전 1046년 2월 5일임이 밝혀졌다.

2. 석고문(石鼓文)

대전이 소전으로 변해가는 과정에서 10개의 북 모양의 돌 위에 새겨진 문자가 사람들의 주의를 끌었다. 그것은 바로 대전에 속하는 "석고문"이다. "전(篆)"은 완만한 선으로 묘사한다는 뜻이다. 석고문은 전국시기에 진시황이 문자를 통일하기 이전의 진나라에서 제작되었다. 각각의 석고 위에는 70여 자의 시문(詩文)이 새겨져 있는데, 모두 합하여 700여 개의 글자로 진나라 국왕의 사냥 활동을 기록했다. 그러나 시간이 오래되어 현재는 300여 자만 남아 있다. 석고문은 질박하고 자연스럽고 고풍스러우면서도 힘이 있고 소박하며, 금문보다 더 붓으로 쓴 것 같은 서사효과를 가지고 있다. 석고문은 중국 서예예술의 보물로 인식되어 역대로 서예애호가들로부터 많은 사랑을 받아 왔다. 석고문을 감상하다 보면 그것이 대전이기는 하지만 오히려 후대의 소전과 비슷하다는 느낌을 받게 된다. 이것은 소전이 진시황의 문자통일 이전에 이미 출현했으며, 석고문은 대전과 소전의 중간 글자체임을

▌〈석고문〉 탁본
석고문을 보면 한자가 대전에서 소전으로 변하는 과정을 이해할 수 있다.

알려준다. 석고문은 중국의 문자발전사와 서예예술사에서 모두 독특한 지위를 차지하고 있다. 이 10개의 석고는 현재 북경의 고궁박물원(古宮博物院)에 소장되어 있다.

3. 진시황과 진각석(秦刻石)

진시황(기원전 259~210)의 성은 영(嬴)이고 이름은 정(政)이다. 처음에는 서쪽에 치우쳐 있던 진나라의 국왕이었지만, 10년 동안 차례로 동방의 육국을 물리치고 기원전 221년에 마침내 중국을 통일하여, 중국 역사상 첫 번째 봉건적 중앙집권국가인 진을 건설했다. 영정은 중국의 첫 번째 황제가 되었고, 역사가들은 그를 진시황이라고 부른다. 전국을 통일한 진시황은 기원전 219년부터 전국을 돌며 시찰을 시작했다. 몇 년 동안 우마 부대를 거느리고 7개 지방을 시찰한 진시황은 한 지역에 도착할 때마다 자신의 공덕을 칭송하는 석비를 세웠다. 비문은 승상인 이사가 소전으로 쓴 뒤에 돌에 새겨 만들었다.

■ ≪태산각석(泰山刻石)≫의 번각본 탁본
태산각석에는 겨우 10개의 글자가 남
아 있고, 현재 산동성 태안(泰安) 대묘
(岱廟)에 있다. (≪낭야대각석(琅玡臺
刻石)≫에는 80여 개의 글자가 남아
있으며, 현재 북경의 중국국가박물관
에 소장되어 있다.)

진각석에 쓰인 소전은 구조가 반듯하고 엄밀하다.
필획은 둥글고 아름다우며, 풍격은 질박하고 자연
스럽다. 이 때문에 소전의 정종(正宗)이자 진대 소
전의 표준글자체로 일컬어졌고, 소전의 시행과 규
범화에 있어 중대한 역할을 담당했다. 진각석은 한
자문화의 측면에서도 매우 중요한 유물이다. 7개의
진각석 가운데 ≪태산각석(泰山刻石)≫과 ≪낭야대
각석(琅玡臺刻石)≫은 진대에 만들어진 원래 각석인
데, 이미 많이 훼손되어 남아 있는 글자가 거의 없
다. ≪역산각석(嶧山刻石)≫, ≪회계각석(會稽刻石)≫,
≪갈석송각석(碣石頌刻石)≫ 등 5개의 원래 각석은
일찍이 없어졌고, 지금 전해지는 것은 모두 후대에
모방하여 새긴 것이다.

1 빈 칸에 알맞은 단어를 적으시오.

1. 일반적으로 금문은 상주(商周)시기에 _____ 위에 주조하여 새긴 문자를 가리킨다. 금문의 또 다른 이름은 _____이다.

2. 상주시기의 청동기는 대부분 제후와 귀족들이 제사용으로 만든 _____이다.

3. 금문은 갑골문보다 더 _____ 문자이다.

4. 고대중국에서 명문이 가장 긴 청동기는 _____이다.

5. 기원전 221년에 진시황은 전국적으로 통일된 표준글자체를 시행했는데, 이것은 _____이라고 부른다.

2 아래의 질문에 적절한 답을 고르시오. 다음 중 잘못된 설명은 무엇인가?

① A. 금문의 글자 크기는 갑골문보다 고르다.
   B. 금문의 필획은 갑골문보다 두껍다.
   C. 금문의 필획에는 붓으로 쓴 효과가 있다.
   D. 금문은 그림과 비슷하지 않다.

② A. 소전은 자형과 구조, 필획이 정형화되었다.
   B. 소전의 자형은 더욱 간략해졌고, 필획의 다소(多少)와 편방의 형체 및 위치가 기본적으로 고정되었다.
   C. 진시황이 문자를 통일하고 소전을 보급한 일은 본질적으로 말하자면 전국시기의 이체자를 정리한 것이다.
   D. 소전은 여전히 그림과 비슷하다.

3 아래에 제시된 단어를 설명하시오.

금문(金文)	소전(小篆)

4 아래에 있는 한자를 써보시오.

소전은 구조가 반듯하고 대칭적이며 필획이 둥글고 고르다. 그래서 한자의 여러 서체 가운데 가장 아름다운 문자이며, "고대의 미술자"라고 일컬어진다. 아래에 나열된 소전자를 써보고 소전 자형의 아름다움을 느껴보자.

山 (山)　丌 (天)　古 (古)　木 (木)　帀 (不)　厂 (石)

文 (文)　尚 (尚)　東 (東)　心 (心)　鳥 (鳥)　本 (本)

衣 (衣)　空 (空)　行 (行)　帝 (帝)　商 (商)　征 (征)

5 다음 질문에 답하시오.

1. 금문이 갑골문보다 더 규범적인 문자라고 말하는 이유는 무엇인가?
2. 소전의 형체상의 특징은 무엇인가?
3. 진시황의 문자통일은 한자 발전의 역사에서 어떤 의의를 가지는가?
4. 본문에서 "소전의 출현은 중국의 고문자가 이미 그 종착점에 다다랐다는 표지이다"라고 말한 이유는 무엇인가?

제3절 그림 같지 않은 금문자(今文字)

소전 이후로 한자는 "금문자 단계"에 진입했다. 금문자는 예서(隷書)와 해서(楷書)를 말한다. 예서에서부터 한자의 형체는 더 이상 그림과 비슷하지 않게 되었고, 완전한 필획과 완전한 부호로 변했다. 한자는 더 이상 상형문자가 아니며, 대량으로 증가한 형성자가 한자의 주요 구조가 되었다. 한자의 이런 중대한 변화는 중국문자의 역사에서 매우 중요한 의의를 가진다.

1. 예서(隷書)

1) 예서의 출현

진대(秦代)에는 공식 글자체로 소전이 유통되었지만, 민간에서는 이와 동시에 더 빠르고 편하게 쓸 수 있는 글자체가 유행했다. 이것이 바로 예서이다. 당시 사람들은 글자를 보통 죽간과 목간에 붓으로 썼는데, 공문서의 필사를 담당하던 도예(徒隷 : 하층 관원)들은 서사 속도를 높이기 위해 민간의 서사법에 따라 소전의 완곡하고 둥근 필획을 평평하고 곧게 쓰고 형체도 간략하게 만들었다. 이렇게 간략하게 만든 글자체는 대부분 도예들의 서사에서 유래했기 때문에 "예서" 또는 "진예(秦隷)"라고 부른다. 예서는 전서를 빨리 쓰기 위해 만든 일종의 실용글자체라고 할 수 있다. 진대의 예서는 출토된 많은 죽간과 목간에서 볼 수 있다. 예를 들어 호북성

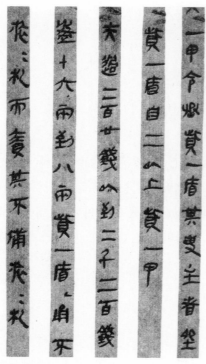

≪예기비(禮器碑)≫의 한예 (동한)
자형이 납작하게 변했고 구조가 짜임새 있으며,
크기가 일정하고 필획에 물결 기세가 있다. 곡선
의 상형 필획이 완전히 소실되어 성숙기에 들어선
예서의 특징을 보여준다.

호북 운몽 죽간의 진예 (진대)
자형이 사각형으로 변했고 필획이 곧게 변했
다. 그러나 글자의 크기가 서로 다르고, 여전
히 둥근 필획이 남아 있는 등 초기 예서의
특징을 보여준다.

(湖北省) 운몽(雲蒙)의 진나라 묘에서 출토된 죽간의 진예는 필획이 곧고 자형이 네
모형으로 변하여 소전과는 확연히 다르다. 2002년에 호남(湖南) 이야(里耶)에서 출토
된 36,000여 편의 진대 죽간은 모두 예서로 쓰였고, 소전 글자체는 발견되지 않았
다. 진예의 대량 출토는 예서가 이미 널리 유통되었고, 당시 사람들은 예서를 더
많이 썼으며, 소전은 중요한 공식 문서에만 쓰였다는 사실을 알려준다. 그래서 문

자학자들은 실제로 진대에 전국적으로 사용된 문자는 예서라고 주장한다. 그렇다면 진시황은 널리 소전을 시행하는 동시에 예서도 승인했다고 말할 수 있다.

한대(漢代)에는 중앙정부 조직부터 민간에 이르기까지 모두 예서를 사용했다. 그리하여 예서는 정식으로 한대의 통용글자체가 되었다. 한대의 예서는 "한예(漢隸)"라고 부르며 진예로부터 발전해 왔다. 오늘날에는 한대의 비각(碑刻)과 죽간, 목간, 백서(帛書) 등을 대량으로 볼 수 있는데, 그 위에 쓰인 한예는 사람의 마음을 끄는 풍채를 가지고 있으며 높은 서사 수준을 보여준다. 특히 동한의 비각에 쓰인 예서는 대단히 성숙된 최고의 성취를 보여준다.

2) 예서의 특징

예서(한예)는 소전과 뚜렷한 차이를 보인다.

(1) 자형이 장방형(長方形)에서 편방형(扁方形)으로 변했다

폭이 좁은 죽간이나 목간 위에 더 많은 글자를 쓰기 위해 소전의 장방형을 납작한 형태로 눌러 쓰게 되면서 이런 현상이 생겼다.

(2) 필획이 둥근 형태에서 곧은 형태로 변했다

죽간과 목간 위에 빠르게 쓰기 위해 소전의 완만하고 둥근 선을 곧고 평평하게 고쳐 썼고, 긴 선은 잘라서 점(點), 횡(橫), 수(竪), 별(撇), 날(捺)과 같은 필획으로 만들었다. 예를 들어 소전 "朮, 氺, 自, 有"를 예서로 쓰면 필획으로 구성된 "木, 水, 自, 有"가 된다. 붓으로 빠르게 썼기 때문에 자연히 필획에 변화가 나타나 가로획이 물결치듯 세 번 꺾이는 기세와 횡, 날, 수, 별의 마무리 부분이 위쪽으로 튀어 올라가는 현상, 별과 날이 양쪽으로 펼쳐지는 특징이 형성되었다. 활발하고 아름다운 물결 형태의 필획이 한예의 특징이다. (제3장 제3절의 1. 한자의 필획을 참고하시오.)

(3) 형체 구조가 간략하게 변했다

예서는 간략화와 변형을 통해 소전의 구조를 철저하게 변화시켰다. 예를 들어 소전에서 편방으로 쓰인 "水(수), 手(수), 心(심), 阜(부)"는 예서의 왼쪽 편방으로 쓰일 때 "氵, 扌, 忄, 阝"로 변했다. 또 소전에서는 서로 달랐던 상형의 선들이 예서에서는 동일한 부호로 변했다. 아래의 그림을 보면, '鳥(조)'의 발톱, '燕(연)'과 '魚(어)'의 꼬리, '馬(마)'의 다리가 예서에서는 모두 네 개의 점으로 변했다. 그림과 비슷했던 선이 필획으로 변한 것이다. 간략하고 규격화된 예서의 형체 구조는 한자를 더 쓰기 쉽게 만들었다.

▮ 소전과 예서의 필획 대비

	鳥	燕	魚	馬
소전	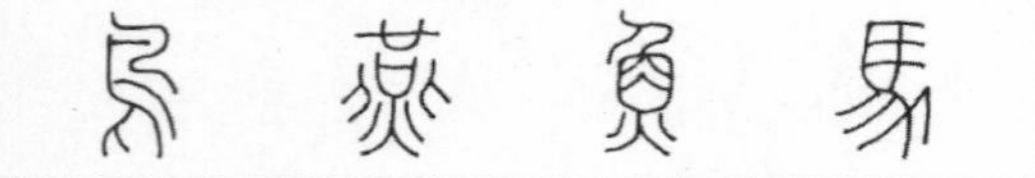			
예서	鳥	燕	魚	馬

(4) 자형이 더 이상 그림 같지 않게 되었다

예서의 필획화와 부호화는 소전에 남아 있던 약간의 상형의 선(線)조차 제거해 버렸다. 이로써 한자는 더 이상 그림과 비슷하지 않게 되었고, 마침내 필획으로 구성된 완벽한 표의부호가 되었다. 위의 도표를 보면 소전자 '鳥', '燕', '魚', '馬'에는 조금이나마 그림과 비슷한 점이 남아 있지만, 예서로 쓴 이 네 글자는 전혀 그림 같지 않다.

한자가 소전에서 예서로 변화한 것을 "예변(隸變)"이라고 한다. 예변은 한자의 형체 변화 과정에서 일어난 가장 큰 사건이다. 그것은 가장 중요한 간략화이며, 또 고문자와 금문자의 분수령이다. 예변 이후의 한자는 더 이상 그림과 비슷하지 않은 문자로 변했고, 기본적으로 형체가 고정되었다.

대전
소전
예서
대전
소전
예서

▌《삼체석경(三體石經)》의 탁본 (삼국시기)
대전이나 소전과 비교해보면 예서는 확실히 그림 같지 않다.

예변으로 인해 한자의 상형적 특징이 파괴된 것은 한자가 "고문자 단계"를 지나 "금문자 단계"로 진입했다는 표지이다.

2. 해서(楷書)

해서는 "진서(眞書)" 혹은 "정서(正書)"라고 부른다. "해서"라는 명칭은 글자 쓰기 학습의 본보기가 된다는 의미이다. 해서는 사용범위가 가장 넓고 유통시간이 가장 긴 표준글자체이다. 오늘날 사람들이 일반적으로 사용하는 글자체가 바로 해서이다.

1) 해서의 출현과 특징

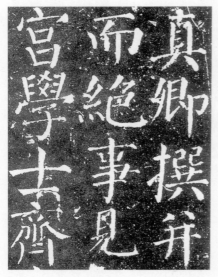

■ 해서 ≪안근예비(顔勤禮碑)≫ (당대 안진경)

해서는 동한 말기에 출현했다. 해서는 예서(한예)에서 변화되어 왔으며, 수당(隋唐)시기에 상당히 성숙한 상태로 발전했다. 전하는 말에 따르면 삼국시기에 위(魏)나라의 종요(鍾繇)가 처음으로 해서를 썼다고 한다. 그는 예서의 가로획이 물결치듯 세 번 꺾이는 현상을 고쳐서 가로는 평평하고 세로는 곧게 만들었다. 그러자 횡, 별, 날의 마무리 부분이 더 이상 위로 튀어 오르지 않게 되었고, 형체가 더욱 반듯해졌다. 이런 변화는 글쓰기를 더욱 편리하게 만들었다. 실제로 이것은 한자의 형체에 대한 일종의 간략화였다.

■ 해서와 예서 해서의 필획은 예서보다 더 곧고 평평하며 예서의 가로획이 꺾이는 현상이 없어졌다. 또 필획이 위로 튀어 오르는 현상도 나타나지 않는다. 다만 새로 갈고리 모양의 필획인 "구(鉤)"가 생겼고, 이 때문에 더 쉽게 쓸 수 있게 되었다.

예서	春江花月夜
해서	春江花月夜

해서의 출현에 따라 정사각형의 한자는 완전히 규격화되었다. 자형이 단정하고 반듯하며, 구조가 엄밀하고 고르며, 가로필획은 평평하고 세로필획은 곧은 것이

해서의 특징이다. 해서와 예서의 형체 구조는 기본적으로 서로 같다. 단지 필획의
서사에 약간의 차이가 있을 뿐이다.

2) 해서의 인쇄와 간략화

송대에 인쇄술이 발명된 이후로 해서와 해서의 변체인 송체(宋體), 방송체(仿宋體),
흑체(黑體 : 고딕체) 등이 줄곧 인쇄간행물의 주요 글자체가 되었다. 이들은 글자체
의 크기에 따라 서로 다른 자호(字號)로 나뉘어 인쇄의 수요를 만족시킨다. 인쇄체
해서의 가로필획은 평평하고 세로필획은 곧으며 또렷하고 아름답다. 또 구조가 정
연하고 균형이 잘 잡혀 있다. 인쇄체해서는 오늘날 컴퓨터에서 글자를 입력할 때
사용하는 주요 글자체이다.

▎인쇄체해서 예시

글자체	예시	설명
해체	**文字**	손으로 쓴 것 같은 해서.
송체	文字	가로필획은 평평하고 가늘며 세로필획은 곧고 굵다. 글자체가 반듯하여 가장 많이 쓰이는 인쇄체이다.
방송체	文字	가로필획과 세로필획의 굵기가 일정하며, 글자체가 단정하고 아름답다.
흑체	**文字**	필획이 두껍고 무게감이 있다. 글자체가 반듯하고 중후하여 제목을 쓸 때 자주 사용한다.

▎해서 간략화의 예시 각 조의 앞에 있는 것은 번체자 혹은 이체자이고, 뒤에 있는 것은 간화자이다.

필획의 감소 (형체의 간략화)	글자수의 감소 (이체자 정리)
億→亿 書→书 寶→宝 漢→汉	臺, 檯, 颱→台 懞, 濛, 曚→蒙 窓, 窻, 牎→窗 迴, 逥, 囬→回

오늘날 중국에서 사용하는 간화자(簡化字)는 해서를 간략하게 변화시킨 것이다. 한자는 필획의 감소(형체의 간략화)와 글자수의 감소(이체자 정리)를 통해 더욱 쓰기 편해졌다.

해서는 한자 변천의 마지막 단계의 글자체이다. 해서가 만들어진 이후로 한자는 형체가 간략하게 변한 것 외에는 그리 큰 변화가 없었다. 오늘날 중국인들이 평상시에 사용하는 한자는 필기체해서와 인쇄체해서이다.

3. 초서(草書)와 행서(行書)

예서가 통행되던 시대에 예서를 빠르게 쓰는 "초서"가 있었고, 해서가 출현한 뒤에는 또 해서를 빠르게 쓰는 "행서"가 출현했다. 초서와 행서는 각각 예서와 해서에서 변화되어 왔으며, 예서와 해서의 보조글자체이다.

▋좌 : 광초(狂草) ≪고시사첩(古詩四帖)≫ (당대 장욱)　장욱(張旭)은 초서의 거장으로, "초성(草聖)"이라는 칭송을 얻었다.

▋우 : 행서(行書) ≪난정서(蘭亭序)≫ (동진 왕희지)　당대의 모사본(摹寫本) 왕희지(王羲之)는 중국의 "서성(書聖)"이고, ≪난정서≫는 "천하제일의 행서"라고 칭송받는다.

초서는 예서(한예)를 간략하게 만들고 연결하여 쓰는 서체이다. 초서는 장초(章草), 금초(今草), 광초(狂草) 세 종류로 나누어진다. 초서는 한자의 정사각 형체를 파괴하여 선이 춤추는 듯하고 필획이 서로 연결되어 있으며, 생동적이고 기세가 느껴진다. 초서는 일반 사람들이 알아보기 어렵기 때문에 실용성은 많이 부족하지만 예술성은 매우 강하다. 초서는 일종의 서예예술이라고 할 수 있다.

행서는 해서를 빠르게 쓴 것이다. 그래서 해서만큼 반듯하지는 않지만, 그렇다고 초서만큼 자유롭지는 않아서 알아보기가 쉽다. 행서는 실용성이 강하여, 사람들이 평소에 쓰는 글자가 바로 행서이다.

▌한자의 형체 변화

	갑골문	금문	소전	예서	해서
馬(마)					馬
象(상)					象
魚(어)					魚
家(가)					家
年(년)					年

이 장을 통해 우리는 한자가 "원시 도형문자 단계"를 벗어난 뒤 상대로부터 한대에 이르기까지 갑골문, 금문, 소전을 거쳤고, 다시 예서와 해서에 이르는 형체 변화 과정을 겪었음을 알았다. 그것은 그림에서 필획으로, 상형에서 상징으로, 복잡함에서 간단함으로의 변화 과정이었다. 그 가운데 "예변"은 고문자와 금문자의 분수령이며, 한자 발전의 주된 흐름은 간략화였다.

1. 한예(漢隷)의 보물 : 거연한간(居延漢簡)

┃ 거연목간책(居延木簡册) (서한)
목간 위에 기록된 내용은 일상생활의 장
부이다. 붓으로 예서자를 빠르고 자유롭게
쓴 것을 볼 수 있다.

한대 사람들은 보통 죽간과 목간에 글자를 썼다. 1907년에 영국의 고고학자 마크 아우렐 스타인(Marc Aurel Stein, 1862~1943)은 돈황(敦煌) 북부의 황량한 사막에서 한대의 목간 700매를 발견했다. 이로부터 "서북한간(西北汗簡)" 출토의 서막이 열렸다. 1930년에는 스웨덴의 탐험가 스벤 헤딘(Sven Hedin, 1865~1952)과 중국학자들이 조직한 "중서서북과학고찰단(中瑞西北科學考察團)"이 내몽고(內蒙古) 거연지역의 대사막에서 1만 여 개의 한간을 발견했다. 중국고고발굴단은 거연에서 1972년부터 1976년까지 또 2만 여 개의 매우 많은 한간을 출토해냈다. 이처럼 많은 한간이 출토된 거연은 한간의 대명사가 되었다.

거연은 중국의 서북부인 내몽고의 어지나강(額濟納河) 유역에 위치해 있다. 2,000년 전에 서한 왕실은 그곳에 군대를 주둔시키고 둔전을 실시하며 도시를 건설했다. 거연은 또 옛 비단길의 중요한 노선이었다. 그래서 옛날에는 이곳을 "거연도(居延道)"라고 부르기도 했다. 현재 거연에는 파손되기는 했지만, 2,000년 전의 작은 성과 불탑 등의 건축물을 볼 수 있는 "흑성(黑城)유적지"가 있다. 거연한간은 대부분 붓으로 쓴 예서이며, 서한의 한문제(漢文帝)부터 동한 초기까지의 정치, 군사, 경제, 일상생활 등 각 방면의 상황을 기록하여 역사적 가치가 높다. 한간에 적힌 납작하고 생동감이 느껴지는 한예는 한대 민간의 예서 서사 수준을 보여주며, 또 글자를 쓰던 당시 사람들의 느슨함과 자유로움을 보여준다. 한예가 대량으로 쓰여 있는 한간은 예서가 한나라의 통용 글자체로서 조정에서부터 민간에 이르기까지 보편적으로 사용되었음을 증명했다. 전문가들은 거연한간의 발굴이 여전히 시작 단계에 있으며, 거연의 지하에는 아직도 출토를 기다리고 있는 대량의 한간이 있다고 말한다. 거연한간 이외에 감숙(甘肅)의 돈황한간(敦煌漢簡), 감숙의 무위한간(武威汗簡), 호남(湖南)의 장사마왕퇴한간(長沙馬王堆漢簡), 산동(山東)의 임기은작산한간(臨沂銀雀山漢簡) 등도 유명하다.

2. 예서의 규범 : ≪희평석경(熹平石經)≫

동한 희평 4년(175)에 대학자 채옹(蔡邕) 등은 "고대의 경서는 전해진 지 오래되어 문자에 착오가 많다"고 말하며 고대의 경서를 바로잡을 것을 주청하여 황제의 윤허를 얻었다. 이에 조정이 인력과 물자를 조달하고, 채옹 등은 ≪주역(周易)≫, ≪상서(尙書)≫, ≪시경(詩經)≫, ≪논어(論語)≫, ≪춘추(春秋)≫ 등 7권의 유가 경전을 예서로 서사했으며, 장인들은 46개의 석비(石碑) 위에 그것을 새겼다. 석비의 높이는 3m 정도로, 낙양(洛陽)에 있는 태학(太學 : 고대 수도에 있던 최고 학부)의 문 앞에 세워졌다. 이것이 바로 ≪희평석경≫이다. 이것은 조정에서 확정한 첫 유가 경전인데다, 또 유명한 서예가의 친필이었기 때문에 사회적으로 매우 큰 반향

▌≪희평석경≫ 잔편(殘片) (동한)
≪희평석경≫ 잔편은 이미 국보로 지정되었다. 이 삼각형 모양의 석경 잔편은 현재 북경의 국가박물관에 소장되어 있다.

을 일으켰다. 전해지는 말에 따르면 석경을 베껴 쓰기 위해 사람들이 타고 온 수레가 매일 1,000여 대가 넘어 태학으로 가는 길이 심하게 막혔다고 한다.

≪희평석경≫에 쓰인 예서는 성숙한 한예의 대표작이며, 서예예술의 측면에서도 예서의 최고작으로 일컬어진다. ≪희평석경≫은 국가의 규범 예서였다. 진대에 국가적 소

전 규범으로 7개의 진각석이 있었다면, 한대의 국가적 예서 규범은 바로 ≪희평석경≫이다. ≪희평석경≫의 원래 비석은 일찍이 없어졌고, 당대 이후로 종종 잔편(殘片)이 출토되었다. 현재 서안(西安)의 비림(碑林)과 북경의 중국국가박물관, 하남박물관(河南博物館), 낙양박물관(洛陽博物館), 상해박물관(上海博物館), 대북고궁박물관 등에 모두 잔편이 소장되어 있으며, 국외에 소장된 것도 있다.

3. 중국 최초의 해서 자전(字典) : ≪옥편(玉篇)≫

중국 남북조시기의 태학박사(太學博士) 고야왕(顧野王)은 543년에 최초로 해서 자전인 ≪옥편≫을 만들었다. ≪옥편≫은 모두 30권인데, ≪설문해자≫의 부수 배열법을 본받아 542부를 세우고 그 아래에 16,917개의 한자를 수록하여, 9,353자를 수록한 ≪설문해자≫의 글자수를 크게 넘어섰다. ≪옥편≫은 당시의 통행글자체인 해서를 수록했는데, 수록한 글자가 많고 글자 해석이 상세하며 사용하기 편리해서 매우 빠르게 전파되었다. ≪옥편≫의 출현은 해서의 지위를 더욱 공고하게 만들었다. 애석하게도 원본 ≪옥편≫은 일찍이 없어졌고, 현재 남아있는 것은 송대(宋代)에 재편된 ≪대광익회옥편(大廣益會玉篇)≫이다. 청대 말기에 일본에서 원본 ≪옥편≫의 잔권이 발견되었고, 중국은 1985년에 이 ≪원본옥편잔권(原本玉篇殘卷)≫을 영인하여 출판했다. ≪옥편≫은 고대중국어 연구의 중요 자료이며, 중국뿐 아니라 해외에까지 널리 영향을 미쳤다. 특히 일본과 한국에서는 ≪옥편≫이 거의 자전의 대명사가 될 정도였다. 일본에는 ≪왜옥편(倭玉篇)≫이 있고, 한국에는 ≪전운옥편(全韻玉篇)≫과 ≪활용옥편(活用玉篇)≫ 등이 있다.

1 빈 칸에 알맞은 단어를 적으시오.

1. 중국의 고문자는 갑골문과 _____, _____을 가리키고, 금문자는 _____와 _____를 가리킨다.

2. 예서는 고한자의 _____ 특징을 타파했는데, 이는 _____ 단계가 이미 지나갔음을 의미한다.

3. 예서는 _____ 대(代)에 이미 사용되었고, _____ 대에는 사회에서 정식으로 통용되는 글자체가 되었다.

4. 해서는 _____ 말기에 출현했는데, _____로부터 변화되어 나온 것이다. _____ 시기에는 이미 상당히 성숙된 상태였다.

5. 예서가 통행될 때 예서를 빨리 쓰는 글자체가 있었는데, 그것은 _____이다. 해서가 출현한 이후에도 해서를 빨리 쓰는 글자체가 생겼는데, 그것은 _____이다.

2 아래의 질문에 적절한 답을 고르시오. 다음 중 잘못된 설명은 무엇인가? (   )

① A. 한자의 형체는 예서에서부터 더 이상 그림과 같지 않게 되었다.
  B. 한자의 규격화는 예서에서 시작되었다.
  C. "예변"은 소전의 필획과 형체를 대규모로 간략화한 것이다.
  D. "예변"은 해서의 필획과 형체를 대규모로 간략화한 것이다.

② A. 현재 사용하는 간화자는 주로 예서에 대한 간략화이다.
  B. 현재 사용하는 간화자는 주로 해서에 대한 간략화이다.
  C. 해서와 예서의 형체 구조는 기본적으로 동일하다. 단지 필획에 약간의 차이가 있을 뿐이다.
  D. 해서는 가장 널리 사용되고 가장 오랜 기간 통용된 표준글자체이다.

3 아래에 제시된 단어를 설명하시오.

예서(隷書)	예변(隷變)

4 아래에 제시된 한자를 써보시오.

　　소전은 위아래로 긴 자형에 둥글고 균형 잡힌 필획을 가지고 있으며 구조가 반듯하고 대칭적이지만 쓰려면 비교적 많은 시간을 필요로 한다. 예서는 납작한 자형에 물결치듯 꺾이는 필획을 가지고 있지만 소전보다 훨씬 빠르게 쓸 수 있다. 아래에 나열한 소전과 예서 글자를 써보고, 두 글자체의 서로 다른 특징을 체험해보자.

소전	예서	해서	소전	예서	해서
鳥	鸟	鸟	北	北	北
文	文	文	字	字	字
天	天	天	帝	帝	帝

5 다음 질문에 답하시오.

1. 예서의 형성 과정을 말해보시오.
2. "한자는 예서에서부터 더 이상 그림과 같지 않게 되었다"고 말하는데, 글자 하나를 예로 들어 이 사실을 설명하시오.
3. 예서가 고문자와 금문자의 분수령이라고 말하는 이유는 무엇인가?
4. 해서의 필획과 형체의 기본 특징을 간단하게 설명하시오.
5. 본문에서 "간략화가 한자 발전의 주된 흐름이었다"고 한 것에 대해 자신의 견해를 말해보시오.

제3장

한자의 구조

← ← ←

한자의 구조는 한자의 구성 방식, 즉 한자의 제작 방법을 가리킨다. 한자는 그림에서 기원했으며, 고대중국인들은 일찍이 상형(象形), 지사(指事), 회의(會意), 형성(形聲)의 네 가지 방법으로 글자를 만들었다. 그 가운데 상형자, 지사자, 회의자는 그림과 비슷한 순(純) 표의문자(表意文字)이고, 형성자는 반표의반표음(半表意半表音)의 표의문자이다. 한자의 형체는 비교적 강한 표의기능을 가지고 있다. 이런 특징이 한자로 하여금 처음부터 끝까지 표의문자체계를 유지하도록 만들었고, 한자는 끝내 표음문자가 되지 못했다.

제1절 한자의 "육서(六書)" 구조설 1

한자의 제작 방법은 문자가 출현한 이후에 한자의 구성 방식을 근거로 총결해낸 것이다. 한자의 제작 방법을 이해하는 것은 사실상 한자의 구조를 이해하는 것이다.

1. 허신(許愼)의 ≪설문해자(說文解字)≫와 "육서" 구조설

서한(西漢) 시기에 고문자인 대전(大篆)으로 쓰인 몇 권의 경서(經書)[1]가 발견되었다. 앞에서 소개했듯이 한대에 통행된 글자체는 금문자인 예서였고, 당시의 경서는 모두 예서로 쓰여 있었다. 문자의 차이는 경서에 대한 사람들의 인식에 영향을 미쳤고, 그 결과로 "고문경학파(古文經學派)"와 "금문경학파(今文經學派)"가 생겨났다. 동한의 문자학자인 허신은 고문경서를 더 정확하게 해석하려는 목적을 가지고 22년이라는 긴 세월을 들여 고문자의 구조를 분석한 자서(字書)를 편찬했는데, 그것이 바로 ≪설문해자≫이다. ≪설문해자≫는 총 15권으로 구성되었고, 모두 9,353개의 글자를 수록했으며, 모든 글자를 540개의 부수 아래에 나누어 배열하였다. 허신은 소전(小篆)을 주요 글자체로 삼아 자형(字形)의 구조를 분석하고, 글자의 형음의(形音

---

1) 경서(經書) : 공자를 대표로 하는 유가(儒家)의 저작을 가리킨다. "오경(五經)"으로 분류되는 ≪상서(尚書)≫, ≪시경(詩經)≫, ≪예기(禮記)≫, ≪주역(周易)≫, ≪춘추(春秋)≫와 ≪논어(論語)≫, ≪맹자(孟子)≫ 등이 있다.

≪설문해자≫ '糸(멱)'부의 첫 페이지
'糸'부의 글자는 모두 '糸'으로 구성되었다.
맨 앞에 있는 소전체 '糸'이 바로 부수이다.
부수는 검색의 편리를 위해 고안된 허신의
발명품이다.

義)를 체계적으로 해석하여 중국 최초의 고문자자전을 만들었다. ≪설문해자≫는 오늘날에도 여전히 유용한 고문자 참고서이다.

허신은 ≪설문해자≫에서 한자의 육서 구조설, 즉 상형(象形), 지사(指事), 회의(會意), 형성(形聲), 전주(轉注), 가차(假借)를 제기하고, 이를 이용하여 9,353개 한자의 구조를 분석했다. 허신의 육서 구조설은 중국의 고문자학에 크게 공헌했다. 어떤 학자는 현재 중국에서 사용하는 545개의 간화자 가운데 거의 절반에 가까운 한자들을 여전히 육서의 원칙으로 분석할 수 있다고 주장했다.[2]

2. 네 종류의 글자 제작 방법 1

한자의 제작 방법에는 모두 네 종류가 있다. 육서 가운데 상형, 지사, 회의, 형성이 바로 그것이다. 이 네 가지 방법을 사용하여 만든 글자들은 각각 상형자(象形字),

---

2) "545개의 간화 한자 가운데 ⅔ 정도는 육서를 이용하여 분석할 수 있다"는 말은 진아천(陳亞川)의 ≪六書說, 簡體字與漢字敎學≫(≪詞彙文字硏究與對外漢語敎學≫, 北京語言文化大學出版社, 1997, p.494)에 보인다. 진아천이 말한 545개의 간화자에는 편방의 간화를 통해 유추한 간화자가 포함되지 않았는데, 만약 포함시킨다면 간화자의 총수는 2,235개이다.

지사자(指事字), 회의자(會意字), 형성자(形聲字)라고 부른다. 이 가운데 상형자와 지사자는 독체자(獨體字)에 속하고, 회의자와 형성자는 합체자(合體字)에 속한다. 독체자는 필획으로 구성되어 더 이상 나눌 수 없고 합체자를 구성할 수 있는 한자이다. 독체자는 한자 제작의 기초이기 때문에 중요한 의미를 가진다.

1) 상형자(象形字)

상형자는 사물의 형상을 묘사한 글자이다. 고대중국인들은 사람, 동물, 자연계의 사물을 묘사 대상으로 삼아 그림과 비슷한 상형자들을 만들어냈다. 그러나 상형자와 그림은 서로 다르다. 그림은 예술적인 형상으로 모종의 의미를 표현하는 것으로 언어와 무관하지만, 상형자는 사물의 외형적 특징을 개괄한 표의부호로서 상징성을 가지고 있고 언어와 관련 있다. 사람들은 그것을 보고 무엇을 의미하는지 알 수 있으며, 또한 발음을 가지고 있다. 다시 말해서 상형자는 일종의 읽을 수 있는 그림이다. 그러나 일상생활의 많은 사물과 개념들을 모두 다 그림으로 그려내는 것은 불가능하므로, 한자 중에 상형자는 그리 많지 않다. ≪설문해자≫에도 약 300여 개의 상형자가 있을 뿐이다. 상형자는 독체자이며, 두 개 혹은 두 개 이상의 글자로 나눌 수 없다. 그러나 상형자는 한자 제작의 기초이다. 지사자, 회의자, 형성자는 모두 상형자의 기초 위에서 만들어졌다.

옛 상형자의 가장 두드러진 특징은 사물의 전형적인 특징을 정확하게 묘사했다는 것이다. 다음 그림을 보자.

옛 상형자 '日(일)'의 둥근 모양과 '月(월)'의 굽은 모양, '山(산)'의 산봉우리, '水(수)'의 흐름, '人(인)'의 서있는 모습, '子(자)'의 큰 머리, '女(여)'의 자태, '鹿(록)'의 뿔, '馬(마)'의 갈기, '牛(우)'의 곧은 뿔, '羊(양)'의 굽은 뿔, '象(상)'의 긴 코, '犬(견)'의 말린 꼬리, '豕(시)'의 비대한 몸과 아래를 향한 꼬리, '鼠(서)'의 이빨과 가늘고 긴 꼬리 등이 모두 정확하고 형상적으로 묘사되어 생동감이 있고 활기차며 추상적인 흥취가 있다. 이것들은 모두 정교하고 아름다운 예술품처럼 많이 보아도 질리지 않는다.

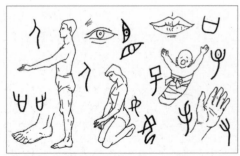
▍사람의 신체를 묘사하여 만든 옛 상형자

▍동물을 묘사하여 만든 옛 상형자

▍자연계의 사물을 묘사하여 만든 옛 상형자

▍간화자 중의 새로운 상형자

한자는 농후한 상형의 느낌을 가지고 있으며, 그것은 주로 고한자의 형체에 나타나 있다. 지금 사용하는 한자는 이미 상형의 글자가 아니지만, 일부는 여전히 상형의 느낌을 준다. 예를 들어 해서 '串(관)'자는 작은 막대기로 물건을 꿴 모습과 비슷하고, '勺(작)'자는 먹을 것이 담긴 작은 국자와 비슷하며, '凸(철)'자와 '凹(요)'자는 이 글자를 모르는 사람이라도 바로 그 의미를 알 수 있다. 현재 중국에서 사용하는 간화자 중에도 상형의 방법으로 제작된 글자가 있다. 그래서 어떤 간화자는 번체자보다 더 상형적으로 보인다.

상형자를 감상하는 것은 매우 재미있는 일이다. 오래된 상형자들은 모두 생동감이 넘치고 활기차다. 그들의 추상성과 상징성은 피카소의 추상화에도 견줄 수 있을 정도다.

▌저자의 펜 그림 ≪상형한자(象形漢字)≫
이 그림은 '日', '月', '明', '女', '目', '泪', '木', '鳥', '集', '牛', '羊', '牢', '犬', '京', '火', '止', '手', '草' 등 고한자의 상형적인 모습과 추상적인 의미를 예술적으로 표현한 것이다. 이 그림에는 '京(경)'자를 현대적으로 변형시킨 글자가 들어있다. 이것은 모두에게 익숙한 북경올림픽의 휘장이다. 앞으로 달려가 승리를 맞이하는 사람을 의미한다.

▌피카소의 ≪게르니카≫
화가는 변형된 형체와 상징적 수법으로 비참한 광경을 구성하여 1937년 독일의 파쇼 공군이 스페인의 작은 마을 게르니카를 폭격한 행위를 묘사했다. 화면이 강렬한 호소력으로 충만하다.

2) 지사자(指事字)

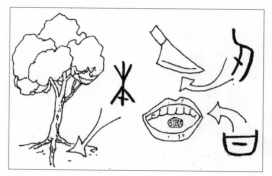

지사성부호로 구성된 지사자 '本', '刃', '甘'

지사자는 상징적인 부호를 사용하거나, 또는 상형자에 지사성(指事性) 부호를 더하여 의미를 표시하는 글자로서 역시 독체자이다. 지사자는 그 수가 매우 적어서 ≪설문해자≫에도 겨우 100여 자가 있을 뿐이다. 숫자 '一(일)', '二(이)', '三(삼)' 등은 전형적인 상징적 부호지

사자로서 보면 바로 그 의미를 알 수 있다. '本(본)', '刃(인)', '甘(감)' 등은 상형자에 지사성부호를 더한 지사자들이다. 상형자 '木(목)'의 아래에 횡선 하나를 그어 나무의 뿌리를 가리켰다. '本'은 곧 나무의 뿌리이다. 또 상형자 '刀(도)'의 칼날이 있는 곳에 점 하나를 찍어서 그 부분이 칼날임을 가리켰고, 상형자 '口(구)' 안에 점 하나를 더해서 그것이 달콤한 물건임을 나타냈다. '甘'은 달콤한 맛을 의미한다. '上(상)', '下(하)', '寸(촌)', '亦(역)', '未(미)', '朱(주)' 등도 모두 상용하는 지사자들이다. 상형자는 지사자의 기초이다. 상형자가 없다면 지사자도 있을 수 없다.

1. 사각의 형체를 선택한 한자

한자는 사각 형체의 문자이다. 처음 글자를 만들 때 고대중국인들은 확실히 사각 형체에 대한 선택 과정을 거친 것으로 보인다. 많은 원시암각화와 도기에 새겨진 부호 및 초기 문자도 기본적으로 사각형이었고, 오늘날의 해서도 규칙적이고 짜임새 있는 사각의 형체이다. 한자는 불규칙한 사각형에서 규칙적인 사각형으로의 형체 변화 노선을 걸어왔다. 한자의 사각 형체는 중국인이 오랜 세월을 거치며 자연스럽게 선택한 결과이다.

상형자, 지사자, 회의자, 형성자의 형방(형성자의 성방도 실제로는 하나의 의미를 나타내는 형체이다)은 모두 볼 수 있는 형체로 의미를 나타낸다. 한자는 표현하고자 하는 의미를 볼 수 있는, 보고 이해할 수 있는 형체, 즉 "그림"으로 변화시켰다. 그림은 일정한 면적을 필요로 한다. 예를 들어 '龍(용)', '休(휴)', '晶(정)', '國(국)' 등의 글자들은 모두 필획과 부건(部件)의 공간 구조를 드러낸다. 만약 상하좌우로 움직일 수 있는 공간, 즉 이차원적 공간이 없다면, 이처럼 조형이 풍부한 한자를 구성할 수 없을 것이다. 그러나 표음문자는 그렇지 않다. 'a', 'b', 'c', 'd'

▌사각 형체의 한자

등의 병음자모는 발음만 나타내고 의미를 나타내지 않으며 형체가 간단해서 공간이 그리 큰 문제가 되지 않는다. 이밖에도 자모로 구성된 단어들은 선형배열이기 때문에 더더욱 사각의 공간을 필요로 하지 않는다. 예를 들어 영어의 "dragon"이라는 단어는 6개의 자모가 일직선으로 배열되어 있다. 하지만 한자 '龍'의 최초의 형태는 용의 그림이고

사각 형체의 '龍'자

예로부터 지금까지 '龍'자는 사각의 공간을 필요로 한다. 이것은 확실히 선형구조인 영어 단어 "dragon"과 차이가 있다.

나중의 형태는 필획의 조합이므로, 모두 일정한 공간이 필요하다. 한자는 확실히 사각의 공간을 이용하여 형체를 통해 의미를 나타내는 자신만의 독특한 특징을 실현하려고 했다. 혹은 한자의 표의성이 한자로 하여금 일정한 면적을 가진 사각의 형체를 가지게 했다고 말할 수도 있다. 사각 형체를 가진 한자는 중국처럼 방언이 복잡한 언어에 적합하다. 한자는 형체를 보면 그 의미를 알 수 있다. 그림과 같은 형체는 사람들에게 청각적인 소리가 아닌 시각적인 형상을 제공한다. 이 때문에 방언의 차이가 그리 두렵지 않다. 중국 전역에 흩어져 사는 여러 민족들은 말소리가 서로 다르지만 모두 한자의 의미를 이해할 수 있다. 이것은 바로 형체로 의미를 표현하는 사각형의 문자를 사용하기 때문이다. 만약 선형으로 배열되는 병음문자를 채용한다면 중국에서는 통용될 수 없을 것이다. 표준어로 "又有油, 又有肉[기름도 있고, 고기도 있다]"를 산동 발음에 따라 쓰면 "you you you you you you"인데, 이것을 누가 이해할 수 있겠는가? 그러나 사각 형체의 한자로 표현하면 전국 각지의 모든 사람들이 다 이해할 수 있다. 요컨대 중국은 방언음이 많아서 의미를 나타내는 한자가 필요했고, 의미를 표현하려면 또한 사각의 공간이 있어야 했다. 한자가 사각의 형체를 선택한 이유는 결정적으로 한자 형체의 표의성이 작용했기 때문이다.

2. 재미있는 상형자

상형자	고문자형	고문자형의 해석
人(인)		손을 앞으로 뻗고 옆으로 선 사람의 모습
子(자)		머리가 큰 영아의 모습
女(녀)		손을 교차한 채 몸을 옆으로 기울이고 꿇어앉아 있는 여인의 모습
手(수)		손가락이 다섯 개인 사람의 손 모양
止(지)		발가락이 있는 사람의 발 모양
文(문)		가슴에 문신을 하고 정면으로 선 사람의 모습
舞(무)		두 손에 소꼬리를 들고 춤을 추는 사람의 모습
草(초)		작은 풀의 모양
禾(화)		뿌리와 잎과 이삭이 있는 식물의 모양
年(년)		사람이 벼를 등에 짊어짐으로써 풍작임을 나타내는 모습
竹(죽)		대나무 잎의 모양
葉(엽)		튀어나온 나뭇잎의 모양
羽(우)		새의 깃털 모양
虫(충)		작은 파충류의 모양
它(타)		가늘고 긴 몸에 머리가 큰 독사와 비슷한 모양. 글자의 본래의미는 뱀이다.
龍(룡)		입을 크게 벌리고 있고, 머리 위에는 뿔이 있으며, 몸은 가늘고 긴 신비한 동물의 모양

皿(명)		물건을 담는 용기의 모양
酉(유)		술 단지의 모양
缶(부)		방망이로 그릇의 안쪽에 담긴 곡식을 찧는 진흙으로 만든 도기. 나중에는 뚜껑이 있고 배가 불룩한 용기를 지시하게 되었다. 또 악기의 일종이다.
貝(패)		딱딱한 껍질을 연 조개의 모양
車(거)		고대 마차의 모양
刀(도)		칼의 모양
泉(천)		샘에서 샘물이 흘러나오는 모습
田(전)		밭의 모양
水(수)		물보라를 일으키며 구불구불 흘러가는 하천의 모습
土(토)		작은 흙덩이의 모양
木(목)		줄기, 가지, 뿌리가 있는 나무 모양
石(석)		산 절벽 아래에 있는 돌 모양
示(시)		고대에 신령에게 제사를 지낼 때 제물을 올려놓은 제단의 모양

1 빈 칸에 알맞은 단어를 적으시오.

1. 고대중국인들은 아주 일찍부터 _____, _____, _____, _____의 네 가지 방법으로 문자를 만들었다.
2. ≪설문해자≫의 저자는 _____ 시기의 문자학자인 _____이다.
3. ≪설문해자≫에는 모두 540개의 _____가 있다.
4. 상형자와 지사자는 더 이상 분석할 수 없는 문자로 _____에 속한다.
5. 한자의 제작 방법을 이해하는 것은 실제로 한자의 _____를 이해하는 것이다.

2 아래의 질문에 알맞은 답을 고르시오. 다음 중 잘못된 설명은 무엇인가?

① A. ≪설문해자≫는 중국 최초의 고문자 자전이다.
　B. ≪설문해자≫는 매우 유용한 고문자 도구서이다.
　C. 허신이 제기한 "육서"는 문자를 만드는 여섯 가지 방법이다.
　D. 허신이 제기한 "육서" 가운데 문자를 만드는 방법은 네 가지 뿐이다.

② A. 상형자는 두 개 혹은 두 개 이상의 글자로 분석할 수 없다.
　B. 지사자는 두 개 혹은 두 개 이상의 글자로 분석할 수 없다.
　C. 상형자가 없다면 지사가가 있을 수 없다.
　D. 지사자가 없다면 상형자가 있을 수 없다.

3 아래에 제시된 단어를 설명하시오.

독체자(獨體字)　　　　상형자(象形字)

4 상형적 색채를 경험해보기 위해 아래에 나열된 상형자(갑골문)를 써 보시오.

5 상형자는 사물의 형상을 묘사한 글자이다. 아래에 상형자(갑골문) 12개가 있는데, 자세히 보고 각각 어떤 글자인지 (　) 안에 써 보시오.

　(　)　　　(　)　　　(　)　　　(　)　　　(　)　　　(　)

　(　)　　　(　)　　　(　)　　　(　)　　　(　)　　　(　)

6 다음 질문에 답하시오.

1. "최초의 한자는 ≪설문해자≫에서 제시한 한자 제작 방법에 근거하여 만들어졌다"고 말하는 사람들이 있는데, 이런 설명의 오류는 무엇인가?
2. 그림과 문자의 차이는 무엇인가?
3. 지사자, 회의자, 형성자는 모두 상형자의 기초 위에서 만들어졌다. 이것을 예를 들어 설명하시오.
4. 상형자 5개를 외워서 써 보시오.

제2절 한자의 "육서(六書)" 구조설 2

1. 네 종류의 글자 제작 방법 2

하나의 한자가 두 개 혹은 두 개 이상의 글자로 구성되었다면, 이런 글자를 "합체자(合體字)"라고 부른다. 합체자는 독체자로 구성되었고, 회의자(會意字)와 형성자(形聲字) 두 종류가 있다.

3) 회의자(會意字)

회의자는 두 개 또는 두 개 이상의 상형자를 이용하여 하나의 글자를 만들고 새로운 의미를 나타내는 글자이다. 회의자를 만드는 것은 그리 어려운 일이 아니므로 회의자는 상형자나 지사자보다 그 수가 많다. 회의자는 이체회의자(異體會意字)와 동체회의자(同體會意字) 두 종류로 나눌 수 있는데, 이체회의자가 비교적 많다.

(1) 이체회의자

이체회의자는 서로 다른 독체자의 조합으로 이루어진 회의자이다. 예를 들어 '休(휴)'자는 '人(인)'과 '木(목)'으로 이루어졌다. 한 사람이 나무에 기대 있는 모습을 통해 "휴식하다"의 뜻을 나타낸다. "휴식하다"라는 의미는 확실히 서로 다른 두

休 사람이 나무에 기대
휴식한다.

牧 손에 나무를 들고
소를 쫓는다.

相 눈과 나무가 서로
마주하고 바라본다.

祝 사람이 꿇어 앉아
복을 빈다.

津 손에 장대를 쥐고
강을 건넌다.

妻 손으로 여자의
머리카락을 잡아
강제로 혼인한다.

焚 불로 삼림을
태운다.

逐 발로 야생 돼지를
뒤쫓는다.

灾 불이 집을 다 태운다.

涉 두 발로 강물을
건넌다.

春 해 아래에서 초목이
자란다.

寒 사람이 집에 들어가
추위를 피한다.

글자의 의미가 합쳐진 다음에 생겨났으므로, '休'는 곧 이체회의자이다. 위의 그림에 있는 '休', '牧(목)', '相(상)', '祝(축)', '津(진)', '妻(처)', '焚(분)', '逐(축)', '灾(재)', '涉(섭)', '春(춘)', '寒(한)' 등은 모두 재미있는 이체회의자들이다.(고문자는 갑골문이다.)

또 몇몇 이체회의자들은 조합되는 글자의 위치를 통해 모종의 의미를 나타낸다. 예를 들면 위는 '小(소)' 아래는 '大(대)'로 '尖(첨)'자를 만들었고, '卡(잡)'은 '上'도 아니고 '下'도 아니다. 또 연달아 읽으면 단어가 되는 이체회의자도 있다. 예를 들어 小土는 '尘(진, 塵의 간화자)'이 되고, 小隹는 '雀(작)'이 되고, 大耳는 '耷(탑)'이 되고, 不正은 '歪(왜)'가 되고, 不好는 '孬(왜)'가 되고, 不用은 '甭(용)'이 되고, 山石은 '岩(암)'이 되고, 山高는 '嵩(숭)'이 되고 合手[손을 합한다는 뜻]는 '拜(배)'가 되고, 分手[손을 나눈다는 뜻]는 '掰(배)'가 되는 것 등인데, 이런 이체회의자들은 그리 많지 않다.

간화자 중에도 교묘하게 조합된 이체회의자들이 많다. 예를 들어 '泪(루, 淚의 간화자)'자는 눈물을 흘리고 있는 모습과 비슷하고, '笔(필)'자는 위는 대나무관이고 아래에는 털이 있는 붓의 모양과 비슷하다. 간화자 '灶(조, 竈의 간화자)', '灭(멸, 滅의 간화자)', '双(쌍, 雙의 간화자)', '对(대, 對의 간화자)', '体(체, 體의 간화자)', '孙(손, 孫의 간화자)', '宝(보, 寶의 간화자)', '阴(음, 陰의 간화자)', '阳(양, 陽의 간화자)' 등도 교묘하게 조합된 새로운 회의자들이다.

(2) 동체회의자

동체회의자는 서로 같은 독체자의 조합으로 이루어진 회의자를 말한다. 예를 들어 '林(림)'은 두 개의 '木'자로 구성되어 수목이 무성한 숲을 나타내고, '森(삼)'은 세 개의 '木'자로 구성되어 나무가 더 많고 면적이 더 넓은 "삼림(森林)"을 나타낸다. '林'과 '森'의 의미는 같은 글자의 의미가 합쳐진 다음에 생겨났으므로, '林'과 '森'은 곧 동체회의자이다. '北(북)', '从(종, 從의 간화자)', '众(중, 衆의 간화자)', '炎(염)', '晶(정)' 등도 상용하는 동체회의자들이다.

■ '人'으로 구성된 동체회의자
(고문자는 갑골문이다.)

北(북) 炊 두 사람이 서로 등을 대고 있다. "등지다"
라는 뜻이다.

从(종) 炊 두 사람이 왼쪽을 향해 서 있는데, 한 사
람은 앞에 있고 다른 한 사람은 뒤에 있다.
"뒤쫓다"라는 뜻이다. '從'의 간화자이다.

比(비) 炊 두 사람이 오른쪽을 향해 서 있는데, 한
사람은 앞에 있고 다른 한 사람은 뒤에 있다.
"나란하다"라는 뜻이다.

化(화) 炊 두 사람이 위아래로 방향을 달리한 채 서
있다. "변하다"라는 뜻이다.

众(중) 炊 세 사람의 조합이다. "사람이 많다"는 뜻
이다. '衆'의 간화자이다.

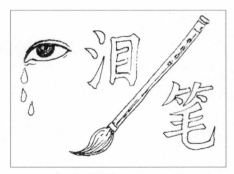
■ 간화자 중의 새로운 회의자 '泪'와 '笔'

　　앞에서 예로 든 글자들을 살펴보면, 회의
자를 구성하고 있는 독체자는 그것이 구성
한 회의자의 발음과 무관하다는 사실을 알
수 있다. 예를 들어 회의자 '休'는 독체자
'人'과 '木'으로 구성되었지만, '인'이나 '목'으
로 읽지 않고 '휴'라고 발음한다. 즉 회의자
의 편방은 모두 발음은 나타내지 않고 글자
의 의미만 나타낸다.(발음을 나타내는 편방도
있지만, 이런 회의자는 매우 드물다.)

4) 형성자(形聲字)

　　형성자는 의미를 나타내는 "형방(形旁)" 하나와 발음을 나타내는 "성방(聲旁)" 하
나로 구성된 글자이다. 형성자는 "형방"으로 뜻을 나타내고 "성방"으로 발음을 나
타내는데, 상형자, 지사자, 회의자의 편방은 뜻만 나타내고 발음은 나타내지 않는

다. 형성의 방법은 형체로 뜻을 나타내는 단순한 글자 제작 방법을 타파하여 대량으로 글자를 만들 수 있게 했다. 이 때문에 형성자는 한자의 주요 제작 방법이 되었다. 현재 한자의 85% 이상은 형성자이다.

(1) 형성자의 제작 방식

① 형방에 성방을 더함

"형방에 성방을 더하는" 방식은 그림에 발음을 표시하는 것과 비슷하다. 이렇게 하면 대량으로 형성자를 만들어 낼 수 있다. 상형, 지사, 회의는 글자의 형체가 전적으로 단어의 의미와 관련을 맺는 방식이므로, 소수의 글자를 만들어 낼 수 있을 뿐이다. 예컨대 "바다"를 의미하는 '洋(양)'자를 상형, 지사, 회의의 방법으로 만들어 내는 것은 결코 쉬운 일이 아니다. 하지만 형성의 방법을 사용하면 매우 간단하게 만들어 낼 수 있다. '氵'를 형방으로 삼아 물과 관련된 사물임을 표시하고, 성방으로 '羊(양)'자를 더하여 글자의 발음을 표시하면 바로 '洋'자가 된다. 또 성방을 다른 발음의 글자로 바꾸면 물과 관련된 더 많은 형성자, 예를 들어 '泳(영), 淋(림), 源(원), 液(액), 湖(호), 汗(한), 酒(주)' 등을 만들 수 있다. 이것은 발음상의 구별 기능을 이용한 것이다.

② 성방에 형방을 더함

"성방에 형방을 더하는" 방식은 발음에 그림을 짝지어 주는 것과 비슷하다. 즉 발음을 나타내는 글자 하나를 성방으로 삼고, 서로 다른 의미를 표시하는 글자들을 형방으로 더하면 발음이 서로 같거나 비슷한 형성자를 대량으로 만들어낼 수 있다. 예를 들어 발음이 '포'인 '包'자를 성방으로 삼으면, '抱(포)', '苞(포)', '跑(포)', '泡(포)', '炮(포)' 등의 형성자를 쉽게 만들 수 있다. 이것은 의미상의 구별 기능을 이용한 것이다.

형방 + 성방				성방 + 형방		
형방	성방	한자		성방	형방	한자
氵	羊(양)	洋(양)		包(포)	扌	抱(포)
氵	靑(청)	淸(청)		包	月	胞(포)
氵	州(주)	洲(주)		包	食	飽(포)
氵	肖(초)	消(소)		包	氵	泡(포)
氵	气(기)	汽(기)		包	足	跑(포)
氵	農(농)	濃(농)		包	衤	袍(포)
氵	林(림)	淋(림)		包	火	炮(포)
氵	干(간)	汗(한)		包	刂	刨(포)
氵	胡(호)	湖(호)		包	艹	苞(포)

(2) 형성자의 조합 방식과 형성인 간화자

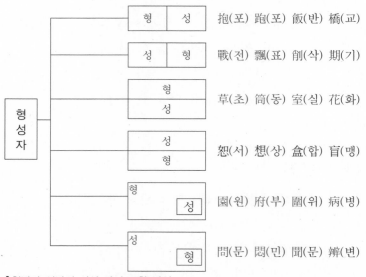

| 형 | 성 | 抱(포) 跑(포) 飯(반) 橋(교) |

형방과 성방의 여섯 가지 조합 방식

형성자의 형방과 성방의 조합 방식은 모두 여섯 가지로 나눌 수 있다. 즉 왼쪽이 형방이고 오른쪽이 성방인 경우[左形右聲], 오른쪽이 형방이고 왼쪽이 성방인 경우[右形左聲], 위가 형방이고 아래가 성방인 경우[上形下聲], 아래가 형방이고 위가 성방인 경우[下形上聲], 바깥이 형방이고 안이 성방인 경우[外形內聲], 안이 형방이고 바깥이 성방인 경우[內形外聲] 등이다. 이 가운데 왼쪽이 형방이고 오른쪽이 성방인 경우가 가장 많고, 위가 형방이고 아래가 성방인 경우도 많은 편이다.

형성의 한자 제작 방법은 간화자를 만들 때도 사용되었다. 간화자 중에는 형체가 간단하고 소리가 정확하며 의미가 명확한 새로운 형성자가 적지 않다. 예를 들어 '护(호, 護의 간화자)', '担(담, 擔의 간화자)', '拦(란, 攔의 간화자)', '栏(란, 欄의 간화자)', '烂(란, 爛의 간화자)', '惊(경, 驚의 간화자)', '响(향, 響의 간화자)', '吓(혁, 嚇의 간화자)', '虾(하, 蝦의 간화자)', '态(태, 態의 간화자)', '亿(억, 億의 간화자)', '忆(억, 憶의 간화자)', '让(양, 讓의 간화자)', '疗(료, 療의 간화자)', '园(원, 園의 간화자)', '灶(조, 竈의 간화자)' 등은 모두 성공적으로 간화한 글자들이다.

(3) 한자의 표의기능을 제고한 형성자

형성자가 발음을 나타내는 성방을 가지고 있는 것은 한자가 표음문자의 방향으로 발전한 것이라고 말할 수 있다. 그러나 근본적으로 한자는 여전히 표의체계의 문자이다. 그 이유는 (1)한자 중에는 형체로 직접 뜻을 나타내는 상형자, 지사자, 회의자가 많고, (2)형성자의 형방은 '媽(마)'자의 '女'처럼 비교적 강한 표의기능을 가지고 있으며, (3)형성자의

'妈(媽의 간화자)'자의 형성 글자 제작 설명도
형방인 '女'는 뜻을 표시하여 엄마가 여자임을 나타낸다. 성방인 '马'는 발음을 표시하는데, 이것은 본래 '말'을 나타내는 상형의 표의자이다.

성방도 실제로는 '媽(마)'자의 '馬'처럼 빌려서 발음성분으로 충당한 표의문자일 뿐이며, (4)형성자의 대량 출현은 실제로 뜻을 나타내는 형방의 사용을 확대시켰고, 형성자가 한자의 주요 체제가 되었을 때 도리어 한자의 표의기능이 제고되었기 때문이다. 방대한 수량의 형성자와 형방의 강한 표의기능은 한자가 처음부터 끝까지 표음문자가 될 수 없게 만든 가장 중요한 원인이다.

한자는 오랜 기간의 변화 과정을 거쳤기 때문에, 형성자의 성방은 오늘날 정확한 표음의 기능을 담당하지 못한다. 따라서 형성자를 학습하거나 사용할 때에는 반드시 이 점에 주의해야 한다.

2. 두 종류의 글자 사용 방법

육서에는 두 종류의 글자 사용 방법, 즉 전주(轉注)와 가차(假借)가 있다. 이 두 가지 방법을 사용한 글자들은 각각 전주자와 가차자라고 부른다.

1) 전주자(轉注字)

전주는 고대인들이 글자의 의미를 가지고 글자를 해석한 글자 사용 방법이다. 예를 들면 '考(고)'자로 '老(로)'자를 해석하고, '老'자로 '考'자를 해석한 경우이다. '老'와 '考'가 바로 전주자이다.

2) 가차자(假借字)

가차는 이미 있는 글자를 빌려서 새로 생긴 동음(同音)의 단어를 기록하는 글자 사용 방법이다. 단어는 있는데 그 단어를 나타내는 글자가 없거나, 또는 글자를 만들기 어려운 상황에서는 종종 이미 있는 동음의 글자를 빌려서 대체하게 된다. 가차의 '假(가)'는 "빌리다"라는 뜻이다. 예를 들면, 고대 무기의 일종이고 발음이 '아'인 '我'자가 먼저 있었고, 나중에 이 글자를 빌려 발음이 같은 1인칭대명사를 나타낸 것과 같은 경우이다. 인칭대명사 '我'는 가차자이다.

우리는 가차의 방법이 형성자의 생산과 발전에 매우 중요한 촉진작용을 했다는 사실을 알아야 한다. 가차자가 대량으로 동음의 글자를 빌려가 버렸기 때문에 원래 글자는 부득이 형방을 더하여 가차된 의미를 구별할 수밖에 없었다. 예를 들어 '北(배 : "등지다"라는 의미를 나타낼 때는 '배'로 발음한다)'자는 본래 두 사람이 서로 등지고 있는 모습을 묘사하여 "등지다"라는 의미를 나타냈는데, 나중에 발음이 같다는 이유로 방향을 표시하는 '北(북)'으로 가차되었다. 이 때문에 방향을 나타내는 가차의(假借義)와 구별하기 위해 '北'의 아래에 형방 '月(肉)'을 더하여 형성자 '背(배)'를 만든 것이다. '背'는 "등지다"라는 '北'의 본래의미를 나타낸다. 처음에 형성자는 이렇게 해서 대량으로 만들어졌다.

고대에는 가차자가 매우 많았으며, 이것은 지금도 마찬가지이다. 오늘날의 상용자 중에도 가차자가 많다. '甲(갑), 乙(을), 丙(병), 丁(정), 東(동), 西(서), 南(남), 北(북)' 등은 모두 가차자이다.

甲	乙	丙	丁	東(东)	西	南	北	之	乎	者	也	而
其	要	莫	亦	勿	七	九	須(须)	何	止	我	來(来)	
易	都	會(会)	能	驕(骄)	且	又	花	自	難(难)	它		
應該(应该)	可以	咖啡	紐約(纽约)	丁冬	吮當(吮当)	嘩啦(哗啦)	滴答					

┃현대의 상용가차자 예시 (괄호 안은 간화자임)

1. 문자(文字)

고대에는 '문(文)'과 '자(字)'가 서로 다른 두 개의 의미였다. 고대의 문자학자들은 편방(偏旁)이 없는 독체자, 즉 상형자와 지사자는 '문'이라고 했고, 편방이 있는 합체자, 즉 회의자와 형성자는 '자'라고 했다. '문'과 '자'의 조합은 대체로 한자의 두 가지 발전 단계, 즉 "순수 표의 단계"와 "표의와 표음을 겸하는 단계"를 반영한다. 허신은 ≪설문해자≫에서 "창힐은 처음 문자를 만들 때 대개 종류에 의거하여 상형했다. 그래서 그것을 '문'이라고 했다. 그 후에 거기에 '형(形)'과 '성(聲)'을 더했다. 그래서 그것을 '자'라고 했다. '문'은 물상(物象)의 기본이고, '자'는 불어나서 더욱 많아진다는 말이다"라고 했다. 이것은 창힐이 처음 글자를 만들었을 때 먼저 사물을 묘사하여 의미를 나타내는 상형자를 만들고 그것을 '문'이라고 했으며, 나중에는 의미도 나타내고 발음도 나타내는 형성자를 만들고 그것을 '자'라고 불렀다는 말이다. '문'은 사물의 형상이고, '자'는 갈수록 더욱 많아진다는 뜻이다. 지금은 "문자"가 한 단어이고, 독체자와 합체자를 모두 포함하는 개념이다.

2. 재미있는 회의자

회의자	고문자형	고문자형 해석
明(명)		태양도 있고 달도 있는 매우 밝은 상태를 나타낸다.
看(간)		손이 눈 위에 놓여 있어 태양빛을 막고 멀리 바라본다는 뜻이다. (보는 동작)
見(견)		사람을 그렸는데, 특히 눈을 두드러지게 그려 무언가를 본다는 뜻을 나타낸다.(본 결과)
監(감)		사람이 머리를 숙이고 대야 안에 있는 물을 본다. 자기의 얼굴을 비추어 본다는 뜻이다.

受(수)		가운데 물건이 있고, 물건의 위와 아래에 각각 손이 하나씩 있다. 물건을 주고받는다는 뜻이다.
得(득)		길에서 조개를 줍는 모습으로, "얻다"의 뜻을 나타낸다.
採(채)		한 손으로 나무 위의 열매를 딴다.
取(취)		손으로 사람의 귀를 잡은 모습. 고대에는 전쟁을 할 때 적의 왼쪽 귀를 가져가 공적을 계산하는 법이 있었다.
及(급)		손으로 사람의 다리를 잡는 모습으로, "뒤쫓다"의 뜻을 나타낸다.
友(우)		한 사람의 왼손과 또 다른 사람의 오른손이 서로 잡고 있는 모습으로 우호를 나타낸다.
走(주)		위는 달리는 사람의 모습이고 아래는 발이다. "달리다"의 뜻을 나타낸다. '走'의 본래의미는 "달리다"이다.
奔(분)		달리는 사람의 아래에 세 개의 발이 있다. 매우 빨리 달린다는 뜻이다.
步(보)		왼쪽 발 혹은 오른쪽 발이 앞을 향해 한 차례 매진하는 것을 일보(一步)라고 한다.
涉(섭)		두 발을 물에 담그고 물을 건넌다는 뜻이다.
孕(잉)		사람의 불룩한 배를 그렸는데, 그 안에 아이가 있다. 여자가 임신했다는 뜻이다.
宿(숙)		한 사람이 집 안의 멍석 위에서 잠을 잔다.
家(가)		집안에 돼지가 있다. 상고시기의 가정생활을 묘사한 것이다.
灾(재)		집에 불이 났으니, 이 얼마나 큰 재난인가!
寒(한)		한 사람이 집안의 풀 속에서 웅크리고 있고 땅에는 얼음이 있다. 이 광경은 매우 추운 상황임을 느끼게 한다.
伐(벌)		고대 무기의 일종인 창으로 사람의 머리를 베어 죽이는 장면이다.

藝(예)		한 사람이 땅에 꿇어 앉아 두 손으로 묘목을 심는다. 이것은 일종의 기예이다.
盡(진)		손으로 털을 쥐고 그릇을 닦는다. 그릇 안에 물건이 없음을 나타낸다.
盥(관)		대야에 손을 넣고 씻는 모습이다.

3. 회의자 '朝(조)'와 '暮(모)'

회의자는 한자의 표의기능과 중국인의 지혜를 가장 잘 체현한 글자라고 말할 수 있다. 고대인들이 회의자로 일출과 일몰이라는 두 시간대를 어떻게 표현했는지 살펴보자.

고대인들은 '朝'자로 새벽을 나타냈다. 고문자의 왼쪽을 보면, 위아래는 '木'이고 중간은 '日'이다. 이것은 태양이 막 동쪽에서 떠올라 아직 그리 높지 않음을 나타낸다. 글자의 오른쪽은 '月'이다. 이것은 서쪽 하늘에 여전히 달이 보임을 나타낸다. 이것은 해와 달이 하늘에 함께 떠있는 새벽의 풍경이다.

▌'朝'자가 나타내는 광경 해가 나무 위로 떠오르고 있는데, 저 멀리 달도 함께 있다.
▌'莫'자가 나타내는 광경 해가 풀숲으로 지고 황혼이 내려온다.

고대인들은 '莫(모 : "저물다"라는 의미를 나타낼 때는 '모'로 발음한다)'자로 해가 지는 때를 나타냈다. 고문자는 태양이 서쪽으로 지는 광경을 생생하게 그려냈다. 태양이 풀 속으로 떨어졌는데, 그 위치가 매우 낮아서 거의 보이지 않는다. 이것은 곧 밤이 된다는 의미이다. 지금은 '暮(모)'자가 이런 의미를 나타내는데, 사실 '暮'자는 바로 '莫'자이다. '莫'자가 금지나 부정을 나타내는 단어로 가차되어 쓰이자, 사람들이 '莫'자의 아래에 '日'자를 더하여 형성자 '暮'를 만들고 이것으로 해가 지는 때를 나타낸 것이다.

4. 회의자 이야기

회의자 '困(곤)'은 나무 한 그루가 담장 안에 둘러싸여 있는 모습이고, 회의자 '囚(수)'는 사람이 집 안에 갇힌 모습이다.

옛날에 서유(徐儒)라는 이름을 가진 총명한 한 아이가 있었다. 어느 날 서유는 이웃사람이 뜰에서 나무를 베는 소리를 듣고 급하게 달려 나가 물었다. "아저씨, 이렇게 좋은 나무를 왜 자르려고 하세요?" 이웃사람은 도끼를 휘두르며 말했다. "사방 정원 안에 나무 한 그루가 자라고 있는 것이 마치 '困'자와 비슷하니, 얼마나 불길하냐! 곤경에서 벗어나려면 이 나무를 잘라버려야 할 것 같다." 이 말을 들은 서유는 빙그레 웃으며 말했다. "아저씨, 나무를 베어버려도, 사람은 여전히 이 사방 정원 안에 있게 됩니다. 그러면 그것은 잡아 가둔다는 뜻의 '囚'자가 되는 것 아닙니까?" "그건……" 이웃사람은 도끼질을 멈추고 서유를 바라보며 한동안 아무 말도 하지 못했다.

1 빈 칸에 알맞은 단어를 적으시오.

1. 합체자는 두 개 혹은 두 개 이상의 글자로 구성되었다. 합체자는 _____와 _____를 포괄한다.

2. 형성자는 _____으로 뜻을 나타내고 _____으로 발음을 나타낸다.

3. "성방에 형방을 더하는" 형성자의 제작 방식은 _____의 구별 기능을 충분히 이용한 것이다.

4. 형성은 단순히 _____을 사용하는 글자 제작 방식을 타파하여, 대량으로 글자를 만들 수 있게 했다.

5. "육서" 가운데 가차는 일종의 _____ 방법이다.

2 아래의 질문에 적절한 답을 고르시오. 다음 중 잘못된 설명은 무엇인가?

① A. 한자 중에는 동체회의자가 비교적 많다.

　 B. 한자 중에는 이체회의자가 비교적 많다.

　 C. 회의자는 상형자나 지사자보다 많다.

　 D. 형성자는 회의자보다 많다.

② A. 형성자는 형방으로 의미를 나타내고 성방으로 발음을 나타낸다.

　 B. 형성자 성방의 표음기능은 매우 정확하다.

　 C. 형성자의 성방은 실제로 하나의 표의문자이다.

　 D. 형성자의 대량 출현은 사실상 한자의 표의기능을 제고시켰다.

3 아래에 제시된 단어를 설명하시오.

회의자(會意字)　　　　형성자(形聲字)

4 회의자는 한자 중에서 가장 흥미로운 글자들이다. 아래에 나열된 회의자를 써보고 이 글자들의 재미를 체험해보자.

㿝 (休)　㖶 (明)　㣔 (林)　㙊 (森)　㹠 (相)　㛨 (好)

㣥 (友)　㝵 (災)　㿗 (看)　㖤 (見)　㝐 (安)　㝳 (寒)

5 회의자는 두 개 혹은 두 개 이상의 상형자가 조합되어 일종의 새로운 뜻을 나타내는 글자이다. 아래에 있는 고문자 10개는 모두 회의자이다. 자형을 자세히 보고 각각 어떤 글자인지 적어보시오.

省( )　　笑( )　　步( )　　囧( )　　學( )

殺( )　　為( )　　春( )　　弄( )　　匈( )

6 현대한자 중에 아래와 같이 재미있는 회의자가 있다. 자형에 근거하여 각 글자의 의미를 추측해보시오.

> 籴(적, dí)　　　　粜(조, tiào)

7 상형, 지사, 회의, 형성은 네 종류의 한자 제작 방법이다. 괄호 안에 각 글자의 제작 방법을 적어보시오.

目( )	魚( )	水( )	手( )	女( )
刃( )	本( )	牧( )	筆( )	看( )
災( )	安( )	湖( )	情( )	晴( )
燃( )	草( )	花( )	想( )	菜( )
妻( )	鹿( )	機( )	園( )	室( )
車( )	漂( )	飄( )	病( )	療( )

8 다음 질문에 답하시오.

1. 일반적으로 회의자의 편방은 의미만 나타내고 발음은 나타내지 않는다. 이런 상황을 예를 들어 설명하시오.
2. 간화자 중에는 조합이 교묘한 새로운 회의자가 많다. 다음 간화자 '双(雙)', '岩(巖)', '体(體)', '灶(竈)'를 분석해 보시오.(괄호 안은 번체자임)
3. '姐(저)'자와 '妹(매)'자는 모두 형성자이다. 이 두 글자는 확실히 발음상의 구별 기능을 이용해 만들어졌다. 그러면 상형, 지사, 회의의 방법으로도 이 두 글자를 만들 수 있는지 검토해 보시오.
4. 한자가 처음부터 끝까지 표음체계의 문자가 되지 못한 원인은 무엇인지 말해보시오.
5. 한자를 일종의 표의체계의 문자라고 말하는 이유는 무엇인가?

제3절 현대한자의 형체 구조

현대한자는 필획(筆劃)으로 구성된 사각의 형체이며, 한자 쓰기는 필획에서 시작된다. 필획에서 부건(部件)에 이르고, 다시 완전한 한자에 이르는 일련의 과정은 현대한자 형체의 세 가지 층차, 즉 필획-부건-정자(整字)를 구현한다. 이 중 부건은 한자 형체의 핵심이다.

1. 한자의 필획(筆劃)

1) 필획

필획은 한자의 형체를 구성하는 각종의 점과 선이다. 글자를 쓸 때 종이에 붓을 대었다가 다시 뗄 때까지를 일필(一筆) 혹은 일획(一畫)이라고 한다. 현대의 통용한자 가운데 필획이 가장 적은 것은 1획(一, 乙)이고 가장 많은 것은 36획(齉)[1]이며 평균 필획은 10.75획이다. 필획수는 자전을 찾을 때 사용된다. 2008년 북경올림픽 개막식의 선수입장은 각 국의 한자 이름 첫 글자의 필획수에 따라 필획수가 적은 나라부터 차례대로 입장하는 방식이었다.

한자에는 여덟 종류의 기본 필획이 있다. 그것은 점(點 : 점), 횡(橫 : 가로획), 수(豎 : 세로획), 별(撇 : 삐침), 날(捺 : 파임), 절(折 : 꺾음), 제(提 : 치침), 구(鉤 : 갈고리)이다.

---

1) 齉(코 막힐 낭 : [ráng])

이 기본 필획들은 대부분 그들의 변체를 가지고 있다. 예를 들어 수(竪)는 단수(短竪 : 짧은 세로획)와 장수(長竪 : 긴 세로획) 변체를 가지고 있으며, 다른 필획도 모두 변체를 가지고 있다. 한자는 기본필획과 기본필획의 변체로 구성된다. 각종 필획 가운데 가장 많이 쓰이는 것은 횡필과 수필이며, 횡필은 평평하게 쓰고 수필은 곧게 쓰는 것이 한자 쓰기의 기본적인 요구 사항이다. 한자의 필획은 대부분 직선이다. 예를 들어 태양은 둥글지만 '日'자는 사각형이며, 횡필과 수필로 구성되었다.

▌한자의 기본필획과 그 변체(괄호 안은 번체자임)

기본필획	명칭	종류	명칭	예
丶	점(點)	丶	사점(斜點)	主, 下
		丿	좌점(左點)	小, 办(辦)
一	횡(橫)	一	장횡(長橫)	十, 下
		一	단횡(短橫)	土, 未
丨	수(竪)	丨	장수(長竪)	丰(豊), 上
		丿	단수(短竪)	列, 止
丿	별(撇)	丿	평별(平撇)	乎, 千
		丿	수별(竪撇)	风(風), 片
丶	날(捺)	丶	사날(斜捺)	八, 丈
		㇏	평날(平捺)	之, 这(這)
㇆	절(折)	㇕	횡절(橫折)	国(國), 五
		㇄	수절(竪折)	区(區), 母
㇀	제(提)	㇀	사제(斜提)	打, 习(習)
		㇀	수제(竪提)	比, 饭(飯)
㇄	구(鉤)	㇀	횡구(橫鉤)	买(買), 军(軍)
		㇂	수구(竪鉤)	小, 可
		㇄	횡만구(橫彎鉤)	七, 儿

■ 2008년 북경올림픽 개막식에서 선수들이 각 국의 한자 이름 첫 글자의 필획수 순으로 입장하고 있다. (CFP 촬영)

天 (4획) ≠大、夭、无
太 (4획) ≠大、犬、尤
烧 (10획) ≠烧、烧、烧
姐 (8획) ≠姐、姐、娰

■ 한자는 규범화된 부호이므로 마음대로 고칠 수 없다.

　모든 한자는 필획의 수와 모양, 위치가 고정되어 있기 때문에 마음대로 고칠 수 없다. 예를 들어 '天(천)'자는 4획이고, 첫 번째 필획은 가로획이어야 한다. 가로획을 삐침으로 쓰면 '夭(요)'자가 된다. 마지막 획은 파임인데, 세로획의 끝을 구부려 갈고리처럼 쓰면 바로 '无(무, 無의 간화자)'자가 된다. '太(태)'자 역시 4획인데, 아래쪽의 점을 오른쪽 위에 찍으면 '犬(견)'자가 되고, 다른 위치에 찍으면 없는 글자가 된다.

　사각 형체의 균형 잡힌 미관과 빠른 서사를 위해 현대한자의 필획은 특별한 상황에서 그 모양을 변화시킬 수 있다. 예를 들어 왼쪽 편방의 가장 아래획이 가로획일 때, 이 가로획은 반드시 치침으로 바꿔야 한다. '地(지)', '现(현/現)', '较(교/較)'의 왼쪽 편방의 마지막 획이 바로 그런 경우이다. 또 왼쪽 편방의 마지막 획이 파임일 때, 그것은 반드시 점으로 바꿔야 한다. '林(림)', '灯(등/燈)', '利(리)'의 왼쪽 편방의 마지막 획이 바로 그런 경우이다. '月(월)'자가 글자의 아래쪽에서 편방이 될 때는 첫 번째 획인 삐침을 반드시 세로획으로 바꿔야 한

▌필획의 형체 변화

독체자	합체자	독체자	합체자
土	城, 场(場)	王	理, 现(現)
月	谓(謂), 清	车(車)	辆(輛), 轿(轎)
木	林, 松	火	灯(燈), 烧(燒)
禾	秋, 稻	又	欢(歡), 对(對)
七	切	己	改
半	叛	足	跑

균형 잡힌 형체와 빠른 서사를 위해 필획의 모양에 약간의 변화를 주었다. (괄호 안은 번체자)

다. '青(청)', '胃(위)', '前(전)'에서 '月'자의 첫 번째 획이 바로 그런 경우이다.

2) 필순(筆順)

필순은 필획의 서사 순서이다. 한자의 필순 규칙은 다음과 같다. 첫째, 가로획을 먼저 쓰고, 세로획을 나중에 쓴다(十). 둘째, 삐침을 먼저 쓰고 파임을 나중에 쓴다(人). 셋째, 위를 먼저 쓰고 아래를 나중에 쓴다(二). 넷째, 왼쪽을 먼저 쓰고 오른쪽을 나중에 쓴다(川). 다섯째, 바깥쪽을 먼저 쓰고 안쪽을 나중에 쓴다(月). 여섯째, 가운데를 먼저 쓰고 두 변을 나중에 쓴다(小). 일곱째, 먼저 안을 메우고 나중에 바깥을 닫는다(國).

필순에 따라 글자를 쓰면 빠르게 쓸 수 있을 뿐 아니라 한자의 구조도 파악할 수 있다. 그러나 필순에 따라 쓰지 않으면 빠르게 쓸 수 없고 한자의 구조도 파악하기 어렵다. 예를 들어 '进(진, 進의 간화자)'자의 정확한 필순은 '井(정)'자를 먼저 쓰고 '辶(착, 辵의 간화자)'을 나중에 쓰는 것이다. 필순대로 쓰면 붓이 자연히 다음 글자를 쓸 곳에 도달하게 된다. 하지만 많은 외국학생들은 '辶'을 먼저 쓰고, '井'을 나중에 쓴다. 중국인들은 필순에 따라 쓰지 않는 것을 매우 불편해하며 일종의 나쁜 습관이라고 생각한다.

写字应当讲笔顺，
掌握规则笔有神。
先横后竖上到下，
先撇后捺左右分。
写完中间再两边，
要让中间大而沉。
从外到内要记住，
进了屋子再关门。

▋좌 : 필순가(筆順歌)
▋우 : 고대의 글자 학습도 중국인은 예로부터 필순에 따라 글자를 쓰지 않는 것을 매우 불편하게 생각했다.

▋한자의 필순 서사 예시(간화자)

字	丶	丷	宀	宁	孑	字						6획
姐	ㄑ	ㄑ	女	女	如	姐	姐					8획
张	ㄱ	一	弓	弓	弘	张	张					7획
牌	丿	丿	片	片	片	牌	牌	牌	牌	牌	牌	12획
进	一	二	丰	井	井	讲	进					7획
母	ㄴ	口	口	母	母							5획
病	丶	亠	广	广	疒	疒	疒	病	病			10획
水	丿	刀	水	水								4획
园	丨	冂	冂	园	园	园	园					7획
鸟	丿	勹	鸟	鸟	鸟							5획
轮	一	七	车	车	轮	轮	轮	轮				8획
秀	一	二	千	禾	禾	秀	秀					7획
放	丶	亠	方	方	方	放	放	放				8획
情	丶	丷	忄	忄	忄	情	情	情	情	情		11획
象	丿	勹	勹	负	争	争	象	象	象	象		11획

2. 한자의 부건(部件)

1) 부건

부건은 필획으로 구성된, 한자를 조합할 수 있는 구성단위로서, 필획보다는 크고 정자(整字)보다는 작은 개념이다. 부건은 하나의 독립된 글자가 되는 부건(독체자)과 그렇지 않은 부건(독체자의 변형으로 이루어진 편방) 두 종류로 나누어진다. 합체자에서 부건은 곧 편방(偏旁)이다. 예를 들어 '好(호)'자는 그 자체가 하나의 독립된 글자가 되는 부건인 '女(여)'와 '子(자)'로 구성되었다. '女'와 '子'는 모두 편방이다. '谢(사, 謝의 간화자)'는 독립된 글자가 되지 못하는 부건 'ⅰ (言의 간화 편방)'과 독립된 글자가 되는 부건인 '身(신)'과 '寸(촌)'으로 구성되었는데,[2] 이것들도 모두 편방이다. '衫(삼)'자는 독립된 글자가 되지 못하는 부건 'ネ(의)'와 '彡(삼)'으로 구성되었는데, 'ネ'와 '彡'도 역시 편방이다. (서술의 편의를 위해 독립된 글자가 되는 부건을 성자부건(成字部件)이라 하고, 그렇지 않은 부건을 비성자부건(非成字部件)이라고 한다.)

▌성자부건과 비성자부건 (간화자를 대상으로 함)

성자부건	비성자부건
口 日 止 月 女	亻 扌 氵 讠 宀 纟
力 小 几 心 田	阝 刂 艹 忄 衤 夂
页 车 贝 山 虫	宀 丷 彳 卩 钅 辶

▌합체자의 부건 분석 (간화자를 대상으로 함)

예	성자부건		비성자부건	
好	女	子		
谢	身	寸	讠	
衫			衤	彡

약 천 년 전에 나온 허신의 《설문해자》는 바로 부건에 따라 한자의 형체를 분석한 책이다. 한자의 제작 방법으로 가장 먼저 만든 글자는 독체자이고, 독체자로 다시 합체자를 구성했기 때문에, 독체자는 실제로 합체자의 부건이다. 현재 한

---

2) [역자주] 그러나 번체자로 쓰면, '謝'는 성자부건인 '言', '身', '寸'으로 구성된 글자가 된다.

자는 성공적으로 컴퓨터에 입력되어 있는데, 컴퓨터타이핑에서 채택한 "자근법(字根法)" 역시 부건 분석의 기초 위에서 형성되었다.

현대 상용한자의 평균 필획은 약 10획이다. 하나의 한자를 배우기 위해 이렇게 많은 필획을 기억하는 것은 결코 쉬운 일이 아니다. 그러나 대부분의 한자는 두 개 혹은 세 개의 부건으로 구성되었으므로, 수량이 비교적 적은 부건을 기억하는 방법을 사용하면 한자를 훨씬 쉽게 익힐 수 있다. 어떤 한자를 쉽게 기억할 수 있느냐 없느냐는 종종 필획의 많고 적음이 아니라, 부건으로 나누어 인식할 수 있는지의 여부에 달려있다. '好'자를 예로 들어 보자. 글자의 왼쪽은 '女'이고 오른쪽은 '子'이며, "여인이 아들을 낳아 좋다"라는 뜻이다. 부건 '女'와 '子'로 조합된 이 글자는 '호'로 발음한다. 부건은 많은 경우 편방이고 또 자전의 부수이다. 그래서 자전을 찾을 때도 부건을 이용해야 한다. 부건은 편방이기 때문에 대부분 자기의 명칭을 가지고 있다. '女'와 '子' 두 부건은 각각 "여자방(女字旁)", "자자방(子字旁)"이라고 부르고, '⺍'와 '⺍' 두 부건은 각각 "학자두(學字頭)"와 "당자두(黨字頭)"라고 부른다. 부건의 명칭을 들으면 바로 해당 부건의 형체를 떠올릴 수 있다. 한자 학습에 부건을 이용하는 것은 매우 좋은 방법이다.

2) 부수(部首)

부수는 앞에서 말한 것과 같이 허신이 발명했다. 자전에서는 부건이 서로 같은 글자들을 하나의 부로 만들었는데, 각 부의 첫 번째 자리에 배열하여 대표로 삼은 부건이 바로 부수이다. 간단히 말해서 부수는 "한 부류의 으뜸"이라는 뜻이다. 예를 들어 부수 '木(목)'은 자전에 있는 '木'부의 첫 번째 글자이고, '木'부에 있는 글자들은 모두 "목자방(木字旁)"을 가지고 있다. 부수 '山(산)'은 '山'부의 첫 번째 글자이고, '山'부에 있는 글자들은 모두 "산자방(山字旁)"을 가지고 있다. 부수는 대부분 독체자이거나 독체자의 변형편방이다. 일반적으로 부수는 편방이며 대다수의 부수는 의미를 나타내는 형방이다. 그러나 편방이라고 해서 모두 다 부수가 되는 것은

（一）部首目录

（部首右边的号码指检字表的页码）

一画
丶 16
一 16
丨 17
丿 17
乙(一乛乚) 17

二画
二 17
冫 18
亠 18
讠(訁) 18
十 19
厂 19
匚 19
卜(卜) 19
刂 19
冂 20

八(丷) 20
人(入) 20
亻 20
勹 22
勹(见刀)
儿 22
几(几) 22
厶 22
又(又) 22
廴 22
卩(巳) 22
阝(在左) 22
阝(在右) 23
凵 23
刀(刂) 23
力 23
巳(见卩)

三画
氵 24
忄(小) 26
宀 27
丬(爿) 27
广 27
门(門) 27
辶(辶) 28
工 28
土 28
士 29
艹 30
廾(在下) 32
大 32
尢 32
弋 32
寸 32
扌 32

小(丷) 34
口 34
囗 36
巾 36
山 37
彳 37
彡 38
夕 38
夂 38
饣(食) 38
彐(彑彐)
尸 39
己(巳) 39
弓 39
屮 39
女 39
幺 40

子(孑) 40
纟(糸) 40
马(馬) 41
巛 41

四画
灬 41
斗 42
文 42
方 42
火 42
心 43
户 43
礻(示) 43
王 43
韦(韋) 44
木 44
犬 46
歹 46
车(車) 46

戈 47
比 47
瓦 47
止 47
支 47
日 47
曰(曰) 48
贝(貝) 48
见(見) 48
父 48
牛(牜) 48
手 49
毛 49
气 49
攵 49
片 49
斤 49
爪(爫) 49

月(肉) 49
欠 50
风(風) 50
殳 51
小(见忄)
聿(聿聿) 51
爿(见丬)
毋(母) 51
水(氺) 51

五画
穴 51
立 51
疒 51
衤 52
示(示见礻) 52
石 52
龙(龍) 53

중국어 사전의 부수 목록

아니다. 형성자의 성방도 편방이지만, 일반적으로 성방은 발음만 나타내고 부수로 세우지 않는다. 부수가 생기면서 자전에서 글자를 찾는 일이 대단히 편리해졌다.

부수가 나타내는 것은 넓은 분류이다. 자전에는 보통 200여 개의 부수가 있으며, 이 부수들은 곧 200여 종의 사물을 나타낸다. 그리고 각 종류의 사물은 또 구체적인 다

人（亻） 子 女 足 页 目 口
耳 月 手（扌） 舌 衣（衤） 又
水（氵） 贝 车 舟 马 木 止
疒 皿 火（灬） 心（忄） 纟 鸟
宀 土 山 石 气 示（礻） 虫
门 彳 立 饣 讠 巾 广 雨
王（玉） 米 酉 鱼 禾 牛

자전의 부수는 대부분 의미를 나타내는 형방이다

양한 사물을 포괄한다. 그래서 200여 개의 부수가 수 만 개의 한자를 통솔할 수 있는 것이다. 예를 들어 나무의 이름이나 나무와 관련된 글자들, '树(수/樹)', '松(송)', '杨(양/楊)', '枝(지)', '根(근)', '林(림)', '棵(과)', '卓(탁)', '椅(의)', '楼(루/樓)', '桥(교/橋)' 등은 모두 '木'부에서 찾을 수 있다. (괄호 안은 번체자임)

3. 정자(整字)

정자는 우리들이 사용하는 한자 하나하나를 말한다. 정자는 부건으로 구성된 형음의(形音義)의 통일체이다. 정자는 단부건자(單部件字, 즉 독체자)와 다부건자(多部件字, 즉 합체자)의 두 종류로 나누어지는데, 현대한자에서 단부건자는 전체 한자의 10%를 넘지 않을 정도로 적은 반면, 다부건자는 전체 한자의 90% 이상으로 그 수가 매우 많다.

1) 단부건자

단부건자는 하나의 부건으로 구성된 글자, 즉 독체자이다. 독체자는 그리 많지 않지만 대부분 상용자이고 글자 구성 능력이 강하여 자전의 부수로 세워진 것이 많다. 이 때문에 단부건자는 매우 중요하다.

2) 다부건자

다부건자는 두 개 혹은 두 개 이상의 부건으로 구성된 글자, 즉 합체자이다. 대부분의 합체자는 독체자와 독체자(明, 林), 또는 독체자와 독체자의 변형편방으로 구성되었다(筆, 洋).3) 합체자는 주로 좌우구조, 상하구조, 포위구조의 세 가지 방식으로 구성되며, 그 중 좌우구조의 글자가 가장 많다. 합체자는 한자의 주체라고 할 수 있다.

한자는 상형자를 형체 구조의 기초로 삼은 문자이다. 이것은 한자가 지금까지도 여전히 비교적 강한 표의성을 가지고 있는 주된 원인이다. 우리는 한자를 표의체계의 문자라고 말한다. 하지만 이것은 한자가 의미만 나타내고 발음은 나타내지 않는다는 뜻이 결코 아니다. 단지 한자는 글자의 제작에서부터 사용에 이르기까지 표의성이 더 두드러지는 특징을 가지고 있다는 말이다.

▌단부건자는 독체자이다

人	木	水	土	山
心	目	女	子	鳥
羊	牛	犬	馬	貝

▌다부건자는 합체자이다

좌우결합구조	休 汗 跑 唱 楳
상하결합구조	花 竿 架 爸 空
포위결합구조	園 圍 問 聞 辨

---

3) '杉'과 같이 완전히 독체자의 변형편방으로만 구성된 합체자도 있지만, 이런 글자는 그리 많지 않다. 또 어떤 합체자는 다중구성이라는 점에 주의해야 한다. 예를 들어 형성자 '淋(림)'은 성방인 '林'자가 성자부건인 '木'과 '木'으로 구성된 합체자이므로, '林'의 기초는 여전히 독체자이다. 합체자 구성의 각종 상황을 귀납해보면, "합체자는 독체자 및 독체자의 변형편방으로 이루어졌다"고 개괄할 수 있다.

1. 부수를 이용하여 자전의 글자 찾기

자전에서 어떤 한자를 찾으려고 할 때, 만약 그 글자의 발음을 모른다면 당연히 부수를 이용해야 한다. 예를 들어 '姑(고)'자를 찾는다면, 먼저 이 글자의 부수는 '女(녀)'이고, '女'는 3획이라는 점을 파악해야 한다. 그런 다음 자전의 부수목록에서 '女'를 찾아 '女'부가 있는 검자표의 페이지를 알아낸 뒤, 검자표를 펴서 '女'부를 찾는다. '女'부를 찾은 뒤에는 '古'의 필획수를 세어본다. '古(고)'는 5획이므로 검자표에 있는 '女'부의 5획의 글자들 중에서 '姑'자를 찾을 수 있다. 그러면 '姑'자가 있는 페이지를 알 수 있고, 그 페이지를 펼치면 '姑'자를 찾게 된다. 말로 하면 글자를 찾는 일이 매우 번거롭게 들리지만, 실제로 해보면 매우 쉽다. 시험 삼아 몇 개의 글자를 찾아보면 금방 파악할 수 있을 것이다.

● 부수를 이용하여 자전에서 글자 찾기
① 찾고자 하는 글자의 부수가 무엇인지 파악한다.
② 해당 부수의 필획수를 파악한다.
③ 부수목록에서 해당 부수를 찾는다.
④ 검자표를 보고 해당 부수를 찾는다.
⑤ 부수를 제외한 나머지 글자의 필획수에 따라 검자표에서 해당 글자와 그것이 들어 있는 페이지를 찾는다.
⑥ 해당 페이지를 펼치면 바로 찾고자 하는 글자를 볼 수 있다.

2. 현대의 상용독체자

독체자는 대부분 상용자이고 글자 구성 능력이 강하다. 전체 한자의 90% 이상을 차지하는 합체자는 독체자와 독체자, 혹은 독체자와 독체자의 변형편방으로 구성되었다. 독체자는 또 자전의 부수인 경우가 많다. 이 때문에 독체자는 매우 중요하며, 상용독체자를 학습하는 것은 효과적인 한자 학습방법이라고 할 수 있다.

2009년 3월에 중화인민공화국교육부(中華人民共和國敎育部)와 국가어언문자공작위원회(國家語言文字工作委員會)는 ≪현대상용독체자표≫를 발표하고 256개의 상용독체자를 확정했다. 이 글자표는 현대 상용독체자에 대한 국가 차원의 표준으로, 한자의 학습과 사용에 많은 편리를 제공한다. 이 글자표는 2009년 7월 1일에 시행되었다.

아래는 이 글자표의 전문이다. (중국에서 사용하는 간화자 대상임)[4]

현대상용독체자표			
필획수	글자수	시작필획	독체자
1	2	[一]	一
		[→]	乙
2	19	[一]	二 十 丁 厂 七
		[丨]	卜
		[丿]	八 人 入 儿 匕 几 九
		[→]	刁 了 刀 力 乃 又
3	48	[一]	三 干 于 工 土 士 才 下 寸 大 丈 与 万
		[丨]	上 小 口 山 巾
		[丿]	千 川 个 夕 久 么 凡 丸 及
		[丶]	广 亡 门 丫 义 之
		[→]	尸 己 已 巳 弓 子 卫 也 女 刃 飞 习 叉 马 乡
4	65	[一]	丰 王 开 井 天 夫 无 云 专 丐 木 五 不 犬 太 歹 尤 车 巨 牙 屯 戈 互 瓦

---

4) 본 ≪규범≫은 현대 상용독체자를 확정할 때 세 가지 원칙을 사용했다. (1) 자형 구조가 글자의 이치와 독체자의 정의에 부합하는 글자를 상용독체자로 삼는다. 예) 乙, 日, 土 등 (2) 초서를 해서화한 간화자 가운데 독체자의 정의에 부합하는 글자를 상용독체자로 삼는다. 예) 专, 书, 农 등. (3) 심하게 교차하는 구조이기 때문에 분석할 수 없는 한자를 상용독체자로 삼는다. 예) 串, 隶, 事 등. (2), (3)번의 확정 원칙에 근거했지만, 글자의 제작 방법에 따라 분석하면 본래 합체자에 속하는 일부 글자들, 예를 들어 고문자형이 회의자인 '及', '专', '见', '书', '农', '吏', '年', '史', '事', '秉', '承', '兼' 등도 이 ≪규범≫에서는 원칙에 따라 모두 독체자로 정한다.

4	65	[丨]	止 少 曰 日 中 贝 内 水 见
		[丿]	午 牛 手 气 毛 壬 升 天 长 片 斤 爪 父 月 氏 勿 丹 乌
		[丶]	六 文 方 火 为 斗 户 心
		[→]	尺 丑 巴 办 予 书
5	58	[一]	玉 未 末 击 正 甘 世 本 术 丙 石 戊 龙 平 东
		[丨]	卡 凸 业 目 且 甲 申 电 田 由 史 央 冉 皿 凹 四
		[丿]	生 矢 失 乍 禾 丘 白 斥 瓜 乎 用 甩 乐 匆 册 鸟
		[丶]	主 立 半 头 必 永
		[→]	民 弗 出 矛 母
6	29	[一]	耳 亚 臣 吏 再 西 百 而 页 夹 夷
		[丨]	虫 曲 肉
		[丿]	年 朱 臼 自 血 凶 舟
		[丶]	亦 衣 产 亥 羊 米 州 农
7	17	[一]	严 求 甫 更 束 两 酉 来
		[丨]	卤 里 串
		[丿]	我 身 囱
		[丶]	言 羌 弟
8	8	[一]	事 雨
		[丨]	果
		[丿]	垂 秉
		[→]	肃 隶 承
9	7	[一]	革 柬 面
		[丿]	重 鬼 禹
		[丶]	首
10	1	[丶]	兼
11	1	[丿]	象
13	1	[丿]	鼠

1 빈 칸에 알맞은 단어를 적으시오.

1. 현대한자 자형의 세 가지 층차는 ＿＿＿＿, ＿＿＿＿, ＿＿＿＿이다. 이것은 또 한자를 서사하는 과정이기도 하다.

2. 한자에는 여덟 종류의 기본 필획이 있다. 그것은 ＿＿＿＿, ＿＿＿＿, ＿＿＿＿, ＿＿＿＿, ＿＿＿＿, ＿＿＿＿, ＿＿＿＿이다. 이 기본 필획들은 대부분 변체를 가지고 있다.

3. 각종의 필획 중에서 가로획과 세로획이 가장 많이 쓰인다. ＿＿＿＿은 한자 쓰기의 기본 요구이다.

4. 정자(整字)는 ＿＿＿＿부건자와 ＿＿＿＿부건자 두 종류로 나누어진다.

5. 독체자는 ＿＿＿＿부건자에 속한다. 수량은 많지 않지만 ＿＿＿＿ 능력이 매우 강하다.

2 아래의 질문에 적절한 답을 고르시오. 다음 중 잘못된 설명은 무엇인가? (　　)

① A. 부건은 "성자부건"과 "비성자부건" 두 종류로 나누어진다.
　 B. 합체자에서는 성자부건이 편방이다.
　 C. 합체자에서는 독체자가 편방이다.
　 D. 합체자에서 비성자부건은 편방이 아니다.

② A. 일반적으로 부수는 편방이다.
　 B. 일반적으로 편방이 다 부수는 아니다.
　 C. 대부분의 부수는 발음을 나타내는 성방이다.
　 D. 대부분의 부수는 의미를 나타내는 형방이다.

3 아래에 제시된 단어를 설명하시오.

　　　　　　　　부건(部件)　　　　부수(部首)

4 아래의 질문에 답하시오.

1. 한자의 기본 필획 여덟 종류를 써 보시오.

2. 정확한 필순에 따라 아래에 나열된 한자를 쓰시오. 자신의 필획수와 괄호에 있는 정확한 필획수가 일치하는지 확인해 보시오. ('／'의 앞은 번체자, 뒤는 간화자임)

馬(10)/马(3) 長(8)/长(4) 鳥(11)/鸟(5) 畢(11)/毕(6) 閉(11)/闭(6) 鼎(12) 碧(14) 臂(17)

3. 책이나 사전을 보지 말고 독체자 다섯 개와 합체자 다섯 개를 쓰고, 합체자의 부건 결합 상황을 설명하시오.

5 중국어자전 혹은 사전에서 '炯'과 '鍬' 두 글자를 2분 내로 찾아보시오.

6 다음 질문에 답하시오.

1. 부건을 이용한 한자 학습 방법이 효과적이라고 말하는 이유는 무엇인가?
2. 어떤 한자를 잘 기억하느냐 기억하지 못하느냐는 종종 필획의 다소가 아니라 부건으로 나누어 인식할 수 있느냐 없느냐에 달려있다. 독체자 '我(아)'와 합체자 '找(조)'의 필획은 모두 7획인데 어느 글자가 더 기억하기 쉬운가? 4획의 '瓦(와)'자와 7획의 '把(파)'자 중 어느 글자가 더 기억하기 쉬운가?
3. 본문에서 "대다수의 합체자는 독체자와 독체자, 혹은 독체자와 독체자의 변형편방으로 구성되었다"고 말했는데, 이 문장의 의미를 예를 들어 설명하시오.
4. 한자를 필순에 따라 쓰지 않는 것의 단점을 말해보시오.

제4장

한자의
인식과 사용

← ← ←

한자 학습의 목적은 한자를 정확하게 인식하고 사용하는 데에 있다. 한자 형체의 표의기능과 표음기능을 이해하고 이용하는 것은 한자를 정확하게 인식하고 사용하도록 돕는 중요한 방법이고, 규범한자를 쓰는 것은 정확한 한자 사용의 가장 기본적인 요구이다.

제1절 한자 형체의 상형요소

한자는 상형자를 기초로 하고, 형음의(形音義)가 하나로 결합된 사각 형체의 표의문자이다. 한자의 부호화와 간략화로 인하여 현대한자는 더 이상 상형의 문자라고 말할 수 없다. 하지만 현대한자는 고대한자에서 변화·발전되어 왔기 때문에 여전히 상형자를 기초로 한다. 따라서 현대한자의 사각 형체에는 아직도 옛 상형자의 흔적, 다시 말해 모종의 의미를 나타내는 필획인 상형요소[1]가 남아 있다. 상형요소를 이용하는 것은 한자의 인식과 사용에 있어 일정한 의의를 가진다.

1. 독체자(獨體字)의 상형요소

현대한자의 독체자에서 상형요소는 독체자의 형체에 구체적으로 드러나있다. 즉, 상형자와 지사자의 형체에 구현되어 있다. 독체자는 처음 만들어졌을 때 매우 상형적이었다. 예를 들어 상형자 '日(일)'의 고문자형은 둥근 태양이고, '山(산)'은 세 개의 산봉우리를 묘사한 것이며, '水(수)'는 흐르는 강물과 비슷하다. '人(인)'은 손을 앞으로 뻗고 선 사람의 측면 모습이고, '手(수)'는 다섯 손가락이 달린 사람의 손 모양을 그린 것이다. 현대한자에서는 이처럼 생동적인 모습을 찾아보기 어렵지만,

---

1) 상형요소 : 현대한자의 사각 형체에 남아 있는 옛 상형한자의 흔적, 즉 모종의 의미를 나타내는 필획부호를 가리킨다. 韓監堂, ≪漢字的象形因素與漢字敎學≫, pp.237~245. (≪漢語與漢語敎學探討集≫, 天津古籍出版社, 2002) 참조.

그래도 약간의 상형적인 모습을 엿볼 수 있다. 다만 '日'자는 둥근 태양에서 사각형의 태양으로 변했고, '山'자의 세 산봉우리는 세 개의 수직필획으로 변했을 뿐이다. 따라서 현대한자에서 상형요소를 가지고 있는 것은 모종의 의미를 나타내는 몇몇 필획이다. 한자의 고문자형을 알면 상형요소들을 더 쉽게 알아볼 수 있다.

다음 도표를 보며 현대한자의 독체자에 남아 있는 상형요소를 살펴보자.

▌'馬'자의 상형요소 분석

'馬'는 분명히 그림 같은 고문자에서 변화되어 왔다. '馬'자의 윗부분에 있는 세 개의 가로선은 말의 목 위에 난 긴 털이고, 수직선과 수직으로 내려가다가 꺾인 필획은 말의 머리와 몸과 꼬리이다. 아래에 있는 네 개의 점은 말의 다리이다.

▌현대 독체자의 상형요소 예시

고문자형(갑골문)과 대조해보면 현대한자의 상형요소를 쉽게 찾을 수 있다.

독체자	고문자형	실물그림	상형요소 분석
日(일)	⊙	☀	현대한자 '日'의 외형인 '囗'은 고문자 '日'의 둥근 선이 필획으로 변한 것이고, 안쪽의 횡선은 원의 가운데에 있던 점이다.
山(산)	ᨌ	⛰	수직필획 세 개는 고문자 '山'의 세 개의 산봉우리이다.
木(목)	米	🌱	세로는 고문자 '木'의 줄기이고, 가로는 가지이며, 삐침과 파임은 뿌리이다.
禾(화)	朵	🌾	'木'은 식물을 나타내고 위의 삐침은 식물의 이삭이다.
女(여)	㚢	🜨	첫 번째 획과 두 번째 획은 교차한 팔이고, 횡선은 여성의 몸이다.
母(모)	㚩	🜪	글자의 골격은 고문자 '女'의 변형이고, 가운데 가로획은 몸이며, 안쪽의 두 점은 유방을 나타낸다.

子(자)			윗부분의 가로획에서 꺾인 필획은 고문자 '子'의 큰 머리이고, 수직 갈고리필획은 몸과 다리이며, 가로획은 팔뚝이다.
手(수)			삐침과 두 개의 가로획은 다섯 개의 손가락이다.
魚(어)			윗부분은 물고기 머리이고, '田'은 물고기의 몸이며, 아래쪽의 점 네 개는 꼬리이다.
馬(마)			위쪽의 횡선 세 개는 말의 목 위에 난 긴 털이고, 아래쪽의 점 네 개는 다리이며, 가운데 세로획과 맨 왼쪽의 세로획에서 시작하여 갈고리로 끝나는 획은 말의 머리와 몸이다.
鼠(서)			'臼'는 이빨이 돌출된 쥐의 입이고, 아래의 왼쪽 필획은 쥐의 다리이며, 끝에 있는 긴 필획은 쥐의 몸과 꼬리를 나타낸다.
象(상)			필획 ' '은 코끼리의 긴 코이고, ' '은 머리이다. 아래의 가운데 필획은 코끼리의 몸이고 그 왼쪽은 다리이며, 마지막 필획인 파임은 꼬리이다.
龍(용)			왼쪽은 용의 머리인데, '立'은 용의 뿔이고 '月'은 크게 벌려 이빨을 드러낸 용의 입이다. 오른쪽의 구불구불한 필획은 용의 몸과 꼬리이다.
車(거)			수직필획은 차축이고, 중간의 '田'은 바퀴이며, 위아래의 두 횡선은 수레바퀴를 잠그는 자물쇠이다.
衣(의)			가로, 삐침, 파임은 두 개의 옷소매를 구성하는 필획이고, 수직선의 끝부분을 올린 필획과 짧은 삐침은 서로 연결된 옷깃이다.

　독체자는 대부분 글자의 의미가 분명하고 표의기능이 강하기 때문에 합체자의 "자근(字根)"이 되었다. 예를 들어 '日'의 의미는 '태양'과 '시간'이고, '日'을 자근으로 삼은 합체자 '明(명)', '時(시)', '晚(만)' '昨(작)', '旱(한)' 등은 그 의미를 구체적으로 드러낸다. 자근의 기능을 가진 독체자는 필획이 적고 글자 구성 능력이 강하며, 모두 고정된 의미와 발음을 가지고 있다. 특히 독체자의 자형은 비교적 분명한 상형요소를 포함하고 있는데, 현대한자의 90% 이상은 이런 종류의 자근으로 구성되었다. 한자를 정확하게 인식하고 사용하려면 자근의 기능을 가진 독체자를 잘 학습해야 한다. 자근의 기능을 가진 독체자를 파악하면 보다 많은 한자를 더 빨리 익힐 수 있다. 이 때문에 독체자를 이해하는 것은 한자의 학습과 사용에 있어서 매우 중요

하다.

자근의 기능을 가진 독체자는 기본적으로 모두 "부수"가 되었다. 그래서 자근의 기능을 가진 상용독체자를 파악하려면 중국어자전이나 사전의 "부수 목록"을 살펴볼 필요가 있다. 거기에 중요한 상용독체자들이 많다.

业部												
业	1468	瞀	1545	眈	925	矇	869		1193		765	(熊)	967
郵	1470	眩	1427	睡	1208	(矇)	868	**五至六画**		(鲁)	292	(羅)	834
嗇	1571	眠	876	睥	968	矍	686	(畢)	69			离	687
啬	1620	眙	171	睬	117		1045	畠	1249	**四部**		**皿部**	
(業)	1468		1484	睟	1210	(瞼)	617	眺	1290	四	1196	皿	885
歔	389	眶	736	(睰)	688	瞳	1581	(畖)	1280	**三至八画**		**三至五画**	
(歔)	212	睚	1208	(睒)	1101	(矓)	822	畛	1600	罗	834	盂	1534
黼	392	眦	1672	睩	825	(矃)	817	留	809	罘	387	盅	870
		(眥)	1672	**九至十画**		(矚)	706	(畞)	901	罚	341	(盃)	51
目部		脈	898	睿	1081	(矘)	1644	畜	190	罢	413	(盆)	512
目	903	眈	1253	瞅	180				1422	罘	20	盅	1631
二至四画		眵	167	睽	1202	**田部**		畔	950	(罢)	21	盆	959
盯	293	睁	1603	(睵)	871	田	1248	畚	61	罟	452	盈	1510
盱	1419	眈	176		819	甲	607	畦	996	罜	680	盏	1582
盲	853	眷	688	睒	738	申	1118	畤	1624	眾	448	盐	1447
相	1371	眯	871	督	859	由	1521	(異)	1492	(罨)	814	盅	512
	1377		872	瞪	712	电	282	略	831	罤	460	盆	95
眍	723	眼	1449	瞒	849	**二至三画**		(畧)	831	(買)	846	监	614
盰	877	眸	900	瞥	869	町	293	累	764	胃	688		622
	880	眦	1101	瞋	152		1259		765	學	389	盆	12
		睐	749			叽	710		766	胥	781	盉	512
		睭	1113			甾	743	**七画以上**		署	1173		

■ 중국어사전의 "부수 목록" 중 한 페이지
이 페이지에서 자근의 기능을 가진 상용독체자 '目(목)', '田(전)', '皿(명)' 등을 볼 수 있다.

2. 합체자(合體字)의 상형요소

합체자는 회의자와 형성자를 말한다. 합체자의 상형요소는 의미를 나타내는 형방,[2] 즉 회의자의 편방 혹은 형성자의 형방에 구체적으로 드러나있다. 다시 말해서 독체자나 독체자의 변체에 구현되어 있으며, 이것들은 대부분 "자근"이다. 예를 들면 회의자 '明(명)'의 편방인 '日(일)'과 '月(월)', 형성자 '媽(마)'의 형방인 '女(여)'와 같은 글자들이다. 어떤 학자는 상용자 2,500개 가운데 2,270개가 합체자이고, 그 중 70%의 형방이 여전히 글자의 의미를 변별하는 기능을 가지고 있다는 통계를 제시했다.[3]

1) 형방(形旁)의 의미

일반적으로 합체자에서 형방이 나타내는 의미는 그 글자의 의미가 아니라 그것이 속한 범주의 의미이다. 형방을 사용할 때 중요한 것은 형방의 범주의미를 파악하는 것이다. 형방의 범주의미는 형방이 나타내는 어떤 사물의 기본의미를 가리킨다. 예를 들어 형방 'ㆍ氵'가 나타내는 것은 흐를 수 있는 물과 액체이다. 이 물과 액

▌고문자 'ㆍ疒'은 아픈 사람이 침대 위에서 땀을 흘리고 있는 상황을 묘사하였다.

체가 바로 'ㆍ氵'의 범주의미이다. 이것을 안다면 물이나 액체와 관련된 '河(하)', '油(유)', '汗(한)', '流(류)', '澡(조)', '泡(포)' 등의 합제자를 비교적 쉽게 익힐 수 있다. 또 'ㆍ疒(녁)'의 고문자형은 한 사람이 침대에 누워 있고 몸에서 땀이 많이 나는 모습을 묘사한 것으로, "사람이 병이 났다"는 뜻이다. 지금은 이런 생생한 장면을 알아차리기 어렵지만, 'ㆍ疒'의 고문자형을 보면 약간이나마 상형의 흔적을 엿볼 수 있다. (위의 그림을 보시오.) 질병과 관련된 한자들, 예를 들어 '病(병)', '疾(질)', '疗(료/療)', '疼(동)', '痛(통)' 등은 모두 'ㆍ疒'을 형방으로 삼았다. 'ㆍ疒'은 '病'의 본래 글자이고, 그것의

---

2) "편방 중에서 의미를 나타내는 것을 형방이라고 부른다"는 말은 黃伯榮, 廖序東의 ≪現代漢語≫(甘肅人民出版社, 1983 p.172)에 보인다. 형방은 보통 형성자의 표의편방을 말하는 것으로, 성방의 상대적인 개념이다. 그러나 회의자의 편방도 뜻을 나타내므로, 그것도 역시 형방이다.

3) 이 말은 錢乃榮의 ≪現代漢語≫(高等教育出版社, 1990, p.539)에 보인다.

범주의미는 "질병"이다.

아래에 자주 출현하는 형방들을 모아 놓았다. 형방의 모양과 범주의미를 기억하는 것은 합체자의 학습에 도움이 된다.

▌상용 형방 및 그 범주의미

상용 형방 및 그 범주의미					
형방	고문자형	범주의미	형방	고문자형	범주의미
氵(水)		물, 액체	刂(刀)		칼, 칼을 사용하다.
口		입을 사용하다. 어기(語氣)	馬		말, 말과 관련된 것.
扌(手)		손, 손을 사용하다.	足		발, 발을 사용하다.
木		뿌리 식물, 나무 제품	广		집
艹		초본 식물	疒		질병
亻		사람	頁		머리 부분
土		토지, 건축	米		쌀
金		금속, 금속제품	酉		술, 양조제품
糸		실, 견직물	犭(犬)		짐승의 종류
月		달, 신체	衤(衣)		의복
女		여자	食		식물
辶		걷다.	礻(示)		신령, 제사
忄(心)		심리, 감정	穴		동굴
日		태양, 시간	彳		걷다, 도로
火		불, 온도가 높은 것.	灬		불, 꼬리
石		돌	魚		어류
竹		대나무, 대나무 제품	皿		용기
言		말하다, 말	雨		강수
貝		금전, 재물	羽		새의 깃털
宀		집	彳		걷다.
虫		벌레의 종류	鳥		조류
禾		벼	冫		얼음, 차갑다.
玉		옥, 진귀하다.	囗		사면이 있는 것.
山		산봉우리	阝		(왼쪽) 흙산
目		눈	阝		(오른쪽) 도시

2) 형방의 변체

한자는 사각의 형체로 구현된다. 사각 형체의 균형과 미관을 위해서, 또는 서사 속도를 높이기 위해서 몇몇 형방은 위치에 따라 모양을 변화시킨다. 예를 들어 '水 (수)'는 합체자의 형방으로 글자의 왼쪽에 놓이면 'ㆍ氵' 형태로 쓰고, '心(심)'은 형방 으로 글자의 왼쪽에 놓이면 'ㆍ忄' 형태로 쓴다. 모양을 바꾸지 않으면 '水'나 '心'을 네모 칸 안에 담을 방법이 없기 때문이다. 또 어떤 글자들은 왼쪽 편방에 위치할 때 형체에 약간의 변화가 생긴다. 예를 들어 '土(토)'는 'ㆍ土' 형태로 쓰고 '女(여)'는 'ㆍ女' 형태로 쓴다. 형방 중에서 변체가 가장 많고 또 가장 자주 쓰이는 것은 바로 '手(수)'이다. 예컨대 '又', '寸', '攵', '廾' 등이 모두 '手'의 변체임을 안다면, 한자의 학습에 일정한 도움을 받을 수 있다. 결론적으로 말해서 형방을 이용하려면 형방 의 변체도 알아야 한다.

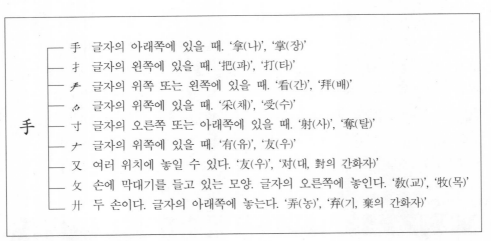

┃형방 '手'의 변체 및 변체의 위치

3. 미묘한 시각 부호

성어의 의경
"同舟共濟"와 "風雨同舟"에 들어있는 한자의 시각적 형상이 사람들로 하여금 이런 상상력을 발휘하도록 만든다.

현대한자는 고대한자에서 변화 발전되어 왔기 때문에, 한자의 사각 형체에는 확실히 모종의 의미를 나타내는 필획부호, 즉 상형요소가 남아있다. 이런 필획부호를 보면 때때로 상형한자를 보는 것 같은 느낌을 받는다. 그래서 한자와 그것의 고문자를 대조하는 것은 재미있는 일이다. 왜냐하면 한자의 필획에 남아 있는 상형의 대상을 보여줌으로써, 한자를 더 잘 이해하고 사용할 수 있도록 도와주기 때문이다. 독자의 중국어 수준에 따라 표의한자는 미묘한 시각 부호가 되어 단어 사용, 문학작품 읽기, 혹은 서예예술 감상 등의 다양한 방면에서 연상작용을 일으킬 수 있고, 더 나아가 모종의 의경 속으로 인도할 수 있다. 이것은 표음문자는 근본적으로 가질 수 없는 특징이다. 예를 들어 성어(成語) "同舟共濟(동주공제 : 같은 배를 타고 함께 건너다)"와 "風雨同舟(풍우동주 : 비 바람이 몰아쳐도 함께 배를 타고 간다)"는 상형자, 회의자, 형성자의 시각적인 형상으로 사람들이 한 배에 앉아 필사적으로 풍랑과 싸우며 생사를 함께하는 장면을 떠올리게 한다.

고금한자의 대조

해서	갑골문	해서	갑골문	해서	갑골문	해서	갑골문
立		天		美		化	
步		保		走		网	
初		高		京		宮	

1. 한자의 상형요소 감상

당시(唐詩) "明月松間照, 淸泉石上流[밝은 달이 소나무 숲 사이로 비치고, 맑은 샘물은 돌 위로 흐른다]"는 얼마나 고요하고 그윽한 경지인가! 이 10개의 한자는 상형, 지사, 회의, 형성의 구조와 그림 같은 형체로 선명한 시각적 형상을 드러내며 사람들을 감동시키는 한 폭의 화보를 구성하고 있다. 이 시를 이해한다면 한자의 시각적 형상이 문학적 의경을 강화한다는 느낌을 받을 수 있을 것이다.

▌당시(唐詩)의 의경
당나라의 대시인 왕유(王維)의 ≪산거추명(山居秋暝)≫의 한 구절

북송의 유명한 시인 매성유(梅聖兪)의 시는 청신하고 우아하며 의경이 심원하다. 그는 한자의 형상을 이용하여 시의 의경을 심화시키는 데 뛰어났다. 예를 들어 시의 한 구절인 "鴉鳴鵲噪鸛鴝叫[까마귀는 울고 참새는 짖어대며 구관조는 소리내어 운다]"는 '鳥(조)'로 구성된 5개의 글자와 '口(구)'로 구성된 3개의 글자를 연달아 사용하여 마치 새 울음소리가 귓가에 울리는 것 같게 만들었다.

▌송시(宋詩)의 의경
북송의 시인 매성유의 ≪보녕원불각상고아(普寧院佛閣上孤鴉)≫의 한 구절

"枯藤老樹昏鴉, 小橋流水人家, 古道西風瘦馬. 夕陽西下, 斷腸人在天涯[마른 등나무 감긴 늙은 나무에 해 저물녘 까마귀 깃들어 있고, 작은 다리 놓인 흐르는 물에는 인가들이

■ 원곡의 의경 《천정사추사》는 우수한 원곡 작품이다.

惊蛰一过, 春寒加剧。先是料料峭峭, 继而雨季开始, 时而淋淋漓漓, 时而渐渐沥沥, 天潮潮地湿湿, 即使在梦里, 也似乎把伞撑着。而就凭一把伞, 躲过一阵潇潇的冷雨, 也躲不过整个雨季。连思想也都是潮润润的。

■ 산문의 의경
여광중의 산문의 한 단락. 83개의 한자 가운데 22개의 글자에 '水'가 들어 있다.

있네. 옛 길에 서풍 부는데 여윈 말 몰고 가노라니, 저녁 해는 서산으로 지고 그리운 님은 저 하늘가에 있네]" 이 문장은 원나라의 희곡작가 마치원(馬致遠)의 《천정사·추사(天淨沙·秋思)》의 시구이다. 앞의 세 구는 상형한자로 아홉 종류의 사물을 드러내어 슬프고 처량한 한 폭의 화면을 그려냈고, 뒤의 두 구는 석양이 서쪽으로 질 때 나그네의 근심이 더해지는 정서를 담아냈다. 이와 같이 상형한자는 작품의 예술적 경지를 형성하는 데 보조적인 역할을 한다.

대만의 저명한 시인이자 산문가인 여광중(余光中)은 4,000여 자에 달하는 산문 《저 차가운 빗소리를 좀 들어봐[聽聽那冷雨]》를 쓰면서 작품 안에서 "삼수변", "이수변", "우(雨)자변"이 들어 있는 한자 400여 개를 이용하여 한자의 시각적인 아름다움을 교묘하게 드러냈다. 물의 형체를 가진 많은 한자들이 독자들로 하여금 작가와 함께 끊임없이 비가 내리는 축축한 우기(雨期) 속으로 들어가게 만든다.

2. 상형요소로 가득한 '爨(찬)'자

회의자 '爨'은 필획이 복잡하고 부건이 많은 글자이다. 이 글자의 소전을 보면 중간의 '冂'은 부뚜막이고 그 위에 있는 것은 두 손으로 부뚜막 위에 시루를 올려놓는 모습이며, 아래는 두 손으로 불이 붙은 나무를 부뚜막 안으로 밀어 넣는 모습이다. 전체 자형은 땔나무로 불을 지펴 밥을 짓는 광경을 묘사한 것으로, 대단히 형상적이다. '爨'의 의미는 "불을 지펴 밥을 짓다"이다. 오늘날의 해서는 더 이상 상형적이지 않지만, 형체에 남아 있는 상형요소가 여전히 불을 지펴 밥을 짓는 장면을 보여준다. 단지 시루는 '同'으로, 부뚜막은 '冖'으로, 위의 두 손은 'ㅌ ㅋ'으로, 아래의 두 손은 '大'으로 변했을 뿐이다. 만약 몇몇 글자, 예컨대 '木', '火',

▌'爨'자의 상형요소 감상
그림의 오른쪽에 있는 한자 중 위는 소전이고 아래는 해서이다. 그림과 대조해보면, '爨'자의 상형요소가 더욱 뚜렷하게 보인다.

'手' 등의 상형 필획을 안다면, 이 글자를 모르는 사람이라도 대략의 의미를 알 수 있다. '爨'자는 상형요소가 가득한 고대의 생생한 ≪취사도(炊事圖)≫라고 말할 수 있다.

3. 상형요소로 가득한 '盡(진)'자

'盡'자도 상형요소가 가득한 재미있는 회의자이다. 갑골문 '盡'은 '𦉥' 형태이다. 손에 솔을 들고 식기를 닦는 장면을 매우 형상적으로 묘사하였다. 밥을 먹고 난 뒤에 식기를 깨끗하게 씻는 것은 "식기가 비었다", "아무것도 없다"는 뜻을 나타낸다. ≪설문해자≫에서 "盡은 그릇의 가운데가 비었다는 뜻이다[盡, 器中空也.]"라고 했다. 금문 '盡'과 소전 '盡'이 나타내는 것도 이런 장면인데, 나중에 솥을 닦는 솔이 4개의 점으로 변했다. 해서는 소전에서 변화되어 왔으며, 아래는 그릇이고 위에는 손으로 솔을 잡고 있는 모습인 '聿'이 남아 있다. 간화자 '尽'으로 변한 뒤에는 애석하게도 이런 재미있는 그림을 볼 수 없게 되었다.

1 빈 칸에 알맞은 단어를 적으시오.

1. 한자는 ＿＿＿＿＿를 기초로 하여, ＿＿＿＿＿, ＿＿＿＿＿, ＿＿＿＿＿가 하나로 결합된 사각 형체의 표의문자이다.
2. 현대한자의 형체에 남아 있는 상형요소는 상형자와 지사자의 ＿＿＿＿＿와 회의자와 형성자의 ＿＿＿＿＿에 구현되어 있다.
3. 자근(字根)의 기능이 있는 ＿＿＿＿＿를 파악하면 많은 양의 한자를 빠르게 익힐 수 있다.
4. 합체자의 형방을 이용하려면, 형방의 ＿＿＿＿＿ 의미를 파악하는 것이 중요하다.
5. 한자 형체의 ＿＿＿＿＿ 기능과 ＿＿＿＿＿ 기능을 이용하는 것은 한자를 정확하게 이해하고 사용하는 좋은 방법이다.

2 아래의 질문에 적절한 답을 고르시오. 다음 중 잘못된 설명은 무엇인가? (　　)

① A. 독체자는 기본적으로 상형자이다.
   B. 독체자는 기본적으로 글자를 구성하는 자근이다. 현대한자의 90% 이상은 이런 자근으로 구성되었다.
   C. 독체자의 상형요소는 그것의 형방에 구현되어 있다.
   D. 독체자는 본래의미가 분명하고 표의기능이 비교적 강하다.

② A. 현대한자의 형방은 대부분 글자의 의미를 구별하는 기능을 가지고 있다.
   B. 현대한자는 상형문자가 아니므로, 현대한자의 형방 역시 의미를 나타내지 못한다.
   C. 어떤 글자에서 형방은 보통 그 글자의 구체적인 의미를 나타내지 않는다.
   D. 어떤 글자에서 형방은 보통 그 글자의 범주를 나타낸다.

3 아래에 제시된 단어를 설명하시오.

상형요소　　　　형방의 범주의미

4 앞에서 소개한 회의자 '爨'의 소전체를 써보고, 해서체 '爨'에 남아 있는 상형요소를 말해보시오.

5 다음 질문에 답하시오.

1. 3장의 제3절에서는 형체 구조(부건, 부수)의 측면에서 독체자의 기능을 언급했고, 여기에서는 상형요소의 측면에서 독체자의 기능을 설명했다. 이 두 가지 측면을 종합하여 한자의 학습과 사용에 있어서 독체자의 중요성을 간략하게 설명하시오.

2. 합체자의 형방에 변체가 존재하는 이유를 설명하시오.

3. 본문에서 "합체자의 형방이 나타내는 의미는 그 글자의 의미가 아니라 그것이 속한 범주의 의미이다"라고 했는데, 이 문장의 의미를 예를 들어 설명하시오.

4. 자주 사용하는 형방 'ㆍㆍ', 'ㆍ', 'ㆍㆍ', 'ㆍ', 'ㆍ', 'ㆍ', 'ㆍㆍ', 'ㆍㆍㆍ'의 범주의미를 말해보시오.

제2절 한자 형체의 표의(表意) 기능 이용

현대한자의 사각 형체에는 여전히 의미를 나타내는 상형요소가 남아 있다. 이런 표의기능은 형성자의 학습이나 형근자(形近字), 동음자(同音字), 동음사(同音詞 : 동음의 단어)를 구별하는 데 도움을 준다. 따라서 한자 형체의 표의기능을 이용하는 것은 한자를 정확하게 인식하고 사용하는 중요한 방법이다.

1. 형방(形旁)의 범주의미

한자의 85%이상은 형성자이다. 따라서 형성자 형방의 표의기능을 이용하는 것은 한자 형체의 표의기능을 이용하는 가장 주된 측면이다. 대부분의 형성자는 "왼쪽이 형방이고 오른쪽이 성방"이거나 "위쪽이 형방이고 아래쪽이 성방"이므로, 이런 특징에 근거하면 처음 보는 형성자라도 그 형방을 찾아낼 수 있고, 또 형방이 제시하는 범주의미를 통해 그 글자의 의미범위를 확정할 수 있다. '淇'자를 예로 들어 보자. 혹 '淇'자를 처음 보았다고 해도, 이 글자에서 왼쪽의 'ㅊ'가 형방이라는 것에는 누구도 이의가 없을 것이다. 'ㅊ'의 범주의미는 "흐르는 물이나 액체"이므로 '淇'자는 물과 관계있을 것이다. 또 오른쪽의 '其'는 '기'라고 발음할 가능성이 높다. 실제로 이 글자는 하남성에 있는 강이름이며, 발음이 '기'이다. 이런 방법으로 아래의 글자들도 다음과 같이 추측할 수 있다. '萁'는 뿌리식물의 일종이고, '騏'는 말의 일종이고, '鯕'는 물고기의 일종이고, '蜞'는 벌레의 일종이고, '琪'는 옥의 일종이고, '祺'는 "길하고 편안하다"는 의미이고, '棋'는 분명히 나무로 만들고 발음이 '기'인 바둑이다. 형방이 제시하는 범주의미는 글자를 잘못 쓰지 않도록 도와준다. 예를 들어 어떤 사람들은 '神(신/神)'자를 '神'으로 잘못 쓰고 '裤(고/袴)'자를 '裤'로 잘못 쓰는데, 형방 '衤'의 범주의미는 "신령, 제사"이고 형방 '礻'의

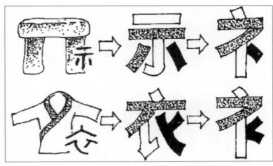

형방 '礻'와 '衤'의 범주의미의 근원
형방 '礻'는 상고시기의 제단에서 기원했고, 형방 '衤'는 고대 웃옷의 모양에서 기원했다.

범주의미는 "의복"임을 안다면, 이 글자들을 잘못 쓸 수 없다.

2. 형근자(形近字)의 변별

한자 중에는 형체가 비슷한 글자들이 많다. 우리는 이런 한자들을 "형근자"라고 부른다. 외국학생들은 종종 형근자를 잘못 쓰는 실수를 범하며, 중국인들도 간혹 잘못 쓰는 경우가 있다. 형근자를 변별하려면 한자 형체의 표의기능을 이용해야 한다. 예를 들어 형체가 비슷한 독체자 '木(목)'과 '禾(화)'의 차이는 '木'의 위에 삐치는 필획 하나가 있다는 것뿐인데, 이 필획이 바로 이 두 한자를 구별하는 상형요소이다. '禾'는 이삭이 있는 곡물이고, 삐치는 필획은 식물의 이삭을 나타내기 때문이다. 또 형체가 비슷한 형성자 '嬴(영)'과 '贏(영)'의 예를 보자. 중국의 첫 번째 황제인 진시황은 성이 '嬴'이고 이름이 '政(정)'이다. 따라서 嬴政으로 써야 하는데, 종종 "贏政"으로 잘못 쓴다. '嬴'과 '贏'은 형체가 매우 비슷하다. 이들은 "형근자"일 뿐 아니라 "동음자"이기도 하다. 그래서 잘못 쓰고 잘못 사용하기 쉽다. 사실 '嬴

과 '嬴'은 의미가 완전히 다른 별개의 글자이다. 이 두 글자의 구별은 형방의 차이에 있다. '嬴'의 형방이 '女'라는 것은 '嬴'이 성씨(姓氏)임을 나타낸다. 상고시대의 성씨는 '女'로 구성된 글자가 많다. 이것은 모계씨족사회의 생활을 반영한 것이다. '贏'의 형방은 '貝(패)'이다. 그것은 금전과 이익을 나타낸다. "이기다"라는 뜻의 '贏'은 이익과 관계있고 성씨와는 무관하다. 그래서 '贏'을 성씨로 쓰는 것은 잘못이다. 요컨대 "형근자"를 구별하려면, 독체자는 글자의 형체를 봐야 하고 합체자는 형방을 봐야 한다.

▌합체 형근자를 변별하는 형방의 기능   이 형근자들은 형방을 봐야 구별할 수 있다.

辨 – 변별하다	형방은 ' 刂(刀)'이다. 칼로 잘라내어 변별하는 것이 가장 정확하다.
辯 – 변론하다	형방은 '言'이다. 변론을 하려면 언어를 사용해야 한다.
辦 – 일을 처리하다	형방은 '力'이다. 일을 하려면 힘을 써야 한다.
辮 – 땋은 머리	형방은 '糸'이다. 머리를 땋으려면 실로 짠 직물을 사용해야 한다.

3. 동음자(同音字) 및 동음사(同音詞)의 변별

우리는 한자 형체의 표의기능을 이용하여 동음자와 동음사를 변별할 수 있다. 동음자와 동음사는 발음은 같은데 의미는 다른 글자와 단어이다.[1] 중국어는 동음자와 동음사가 많기 때문에 듣기만 해서는 구분이 안 되고 자형을 봐야 문제가 해결되는 경우가 많다. 예를 들어 동음자 '力(력)', '立(립)', '丽(려/麗)', '历(력/歷)', '例(례)', '隶(례/隸)'(괄호 안의 한자는 번체자임. 이 가운데 '力'과 '立'은 동음사이기도 하다.)의 중국어 발음은 모두 [lì]이다. 그러나 자형과 의미는 모두 다르다. 동음사 "越剧(월극/越劇)과

---

1) 여기에서 말하는 동음사는 발음은 같지만 자형과 의미가 서로 다른 단어이다. 중국어에는 자형이 같은 동음사도 있다. 예를 들어 '别(별)'은 문장에서 "이별하다", "～하지 말라", "특별하다", "꽂다" 등의 서로 다른 의미를 나타내는 동음사를 형성한다.

粵劇(월극/粵劇)"의 중국어 발음은 [yuèjù]로 완전히 같지만, 의미는 서로 다르다. "越劇"은 절강(浙江) 지역의 희곡이고 "粵劇"은 광동(廣東) 지역의 희곡이다. 상황이나 문맥이 없다면 이들의 서로 다른 의미는 자형을 봐야만 분명하게 알 수 있다. 동음자와 동음사를 구분하지 못하면 의미를 제대로 파악할 수 없고, 때때로 큰 불편을 초래할 수 있다. 예를 들어 "治病(치병)"과 "致病(치병)"은 의미가 정반대인 동음사이다. "治病"은 병을 치료한다는 뜻이고 "致病"은 병을 얻었다는 뜻이다. 이들의 서로 다른 의미는 '治'와 '致' 두 개의 동음자가 조성한 것이다.

战士－战事[zhànshì]	因为－音位[yīnwèi]	雨露－语录[yǔlù]
绘画－会话[huìhuà]	上级－上集[shàngjí]	夏数－负数[fùshù]
图画－涂画[túhuà]	世纪－事迹[shìjì]	舒适－书市[shūshì]
经历－精力[jīnglì]	独立－独力[dúlì]	销售－消瘦[xiāoshòu]
意义－意译[yìyì]	考察－考查[kǎochá]	石油－食油[shíyóu]
报酬－报仇[bàochóu]	蜜蜂－密封[mìfēng]	世界－视界[shìjiè]
形式－形势[xíngshì]	有利－有力[yǒulì]	意义－异议[yìyì]
权利－权力－全力[quánlì]		
电视－殿试－电示－电势[diànshì]		
事例－势力－势利－视力－示例－市立[shìlì]		

▌**중국어의 동음사 예시** 이 단어들은 눈으로 봐야만 구별할 수 있다.

한자에는 동음자와 동음사가 매우 많다. 많은 경우 동음자와 동음사를 구분하려면 반드시 자형을 봐야 한다. 중국의 언어학자 조원임(趙元任)선생은 91개의 동음자를 이용하여 ≪시씨식사사(施氏食獅史)≫라는 짧은 문장을 만들었다. 시씨 성을 가진 어떤 시인이 사자를 먹는다는 내용의 이야기이다. 이 문장에 쓰인 모든 글자의 중국어 발음은 [shi]이다. 그래서 소리만 들으면 계속 "shi shi shi"라고 하여 그 내용을 이해할 수 없다. 하지만 한자의 서로 다른 자형은 이것이 매우 재미있는 이야기라는 것을 알게 해준다. 이것은 "볼 수만 있고 들을 수는 없는" 문장이다. 아래의 짧은 문장을 읽으며 한자 형체의 표의의 묘미를 체험해보자.

시씨식사사(施氏食獅史)

石室詩士施氏, 嗜獅, 誓食十獅. 氏時時適市視獅. 十時, 適十獅適市. 是時, 適施氏適市. 氏視是十獅, 恃矢勢, 使十獅逝世. 氏拾是十獅尸, 適石室. 石室濕, 使侍拭石室. 石室拭, 氏始試食是十獅尸. 食時, 始識是十獅尸, 實十石獅尸. 試釋是事.

shíshìshīshíshíshì, shìshī, shìshíshíshī. shìshíshíshìshìshìshī. shíshì, shìshíshīshìshì. shìshí, shìshīshìshìshī. shìshíshíshíshī, shìshī shì, shìshíshìshìshī. shìshíshìshíshīshī, shìshíshì. shíshíshī, shìshìshìshìshī. shíshìshì, shìshīshìshíshìshíshīshī. shíshí, shìshíshìshí shīshī, shíshíshíshīshī. shìshìshìshì.

● **번역** 석실에 사는 시씨성을 가진 한 시인이 있었다. 그는 사자를 좋아하여 10마리의 사자를 먹어버리겠노라고 맹세했다. 시씨는 종종 시장에 가서 사자를 찾았다. 어느 날 10시경에 10마리의 사자가 시장으로 내려왔고, 때마침 시씨도 그 시장에 도착했다. 시씨는 10마리의 사자를 보고 화살의 위력에 의지하여 사자 10마리를 쏘아 죽였다. 시씨는 사자 10마리의 시체를 석실로 끌고 왔다. 석실은 매우 축축했다. 그래서 종에게 석실을 닦으라고 시켰다. 석실이 닦이자 시씨는 이 10마리의 사자 시체를 먹으려 했는데, 먹을 때가 되어서야 비로소 이 10마리 사자의 시체가 사실은 10개의 돌사자라는 것을 알았다. 시험 삼아 이 일을 풀이한다.

한자 형체의 상형요소를 이용하는 것은 한자의 인식과 사용에 대해 일정한 의의를 가진다. 현대한자에서 한자 형체의 상형요소를 지나치게 강조하는 것은 당연히 한자의 실제 상황에 부합하지 않는다. 현대한자의 형체는 더 이상 상형이 아니기 때문이다. 그러나 한자 형체의 상형요소는 확실히 한자의 인식과 사용에 도움이 되므로 잘 이용할 필요가 있다.

　문자유희는 거의 모든 언어에 존재한다. 그러나 한자 형체의 표의기능은 한자유희가 더 발달한 것처럼 보이게 한다. 한자유희는 매우 이른 시기에 출현했는데, 고상하고 지능적이며 한자문화의 재미를 잘 드러내기 때문에 역대로 많은 사람들의 사랑을 받았다. 한자유희에는 여러 종류가 있다. 위의 ≪시씨식사사(施氏食獅史)≫도 한자유희 중의 하나이다. 아래에서 ≪시씨식사사≫와 비슷한 ≪의이적고사(漪姨的古事)≫와 특이한 글자 수수께끼, 파자대련(破字對聯) 등을 소개한다.

1. ≪의이적고사(漪姨的古事)≫(조원임 작)

　이것은 조원임선생의 또 다른 단문인데, ≪시씨식사사≫와 마찬가지로 동음자를 사용했다. 이 글에 나오는 모든 한자의 발음은 [yi]이다. 따라서 글자의 의미는 전적으로 자형을 보고 결정해야 한다. 예컨대 '姨(이)－胰(이)', '倚(의)－椅(의)', '怡(이)－貽(이)', '益(익)－溢(일)' 등은 중국어에서 완전한 동음이다. 이 글자들의 서로 다른 의미는 모두 형방이 결정한다.

의이적고사(漪姨的古事)

漪姨倚椅, 悒悒, 疑異疫, 宜詣醫. 醫以宜以蟻胰醫姨, 醫以億弋弋億蟻. 億蟻殪, 蟻胰溢. 醫以億蟻溢胰醫姨, 姨疫以醫. 姨怡怡, 以夷衣貽醫. 醫衣夷衣, 亦怡怡, 噫! 醫以蟻胰醫姨疫, 亦異矣. 姨以夷衣貽醫, 亦益異已矣!

● **번역**　의씨아줌마가 의자에 기대 서 있는데, 기분이 매우 울적하다. 이상한 전염병이 의심되어 병원에 가야만 했다. 의사는 개미의 이자를 쓰면 틀림없이 의씨아줌마의 병을 고

칠 수 있다고 여기고, 1억 개의 오래된 화살로 1억 마리의 개미를 쏘아 죽였다. 1억 마리나 되는 개미가 죽자 개미의 이자액이 흘러 나왔다. 의사는 바로 이 개미 1억 마리의 이자액으로 의씨아줌마의 병을 치료했고, 결국 의씨아줌마는 병이 나았다. 의씨아줌마는 매우 기뻐하며 의사에게 외제 옷 한 벌을 보냈다. 의사는 외제 옷을 입고 매우 기뻐했다. 아! 의사가 개미의 이자액으로 의씨아줌마의 병을 치료한 것이 이상하지 않은가! 의씨아줌마가 외제 옷을 의사에게 보낸 것은 더 이상하지 않은가!

2. 글자 수수께끼

글자 수수께끼는 곧 한자 수수께끼를 의미한다. 수수께끼의 답이 한자인 것이다. 아래에 15개의 글자 수수께끼가 있다. 각 문제는 한 개의 한자를 표시하므로 답은 모두 15개의 한자가 될 것이다. 문제와 답을 자세히 보며 한자의 형체를 해체하고 합하는 재미를 느껴보기 바란다.

> **문제**
> 1. '무'의 위[2]
> 2. '마음(心) '에 '당신(你)'이 있다.
> 3. 아들과 딸, 둘 다 있다.
> 4. 세 사람이 하루 종일 논다.
> 5. 물이 있으면 바로 땀이 난다.
> 6. 평가를 하고 싶지만 말이 없다.
> 7. 일을 할 때 게으름을 피운다.
> 8. 거짓된 말은 있어서는 안 된다.
> 9. 모기 (벌레)가 날아가 버렸다.
> 10. 미신(迷信)은 사람을 해친다.
> 11. 한 사람이 풀과 나무 사이에 있다.
> 12. '他(타)'도 있고 "你(니)"도 있는데 "我(아)"는 없고, '僞(위)'도 있고 '假(가)'도 있는데 '眞(진)'은 없다.
> 13. 사람이 강변에 서 있는데 강물이 흘러가는 것이 보이지 않는다.

14. 이 사람은 정말 대단하다. 팔자 모양의 눈썹이 입 아래에서 자라다니!
15. 왼쪽의 태양이 붉고 오른쪽의 태양도 붉은데 햇빛 가운데 서 있지만 오히려 밝지
    않다.

> 정답 차례대로 日, 您, 好, 春, 干, 平, 劣, 荒, 文, 謎, 茶, 人, 何, 只, 暗

3. 파자대련(破字對聯)

"대련"은 사람들에게 환영 받는 문학형식의 일종이다. 그 가운데 파자대련은 유희적
성격이 강하고 지혜가 담겨있어 예로부터 지금까지 문인들의 많은 사랑을 받아 왔다.
파자대련은 한자의 형체 구조에서 시작하여 하나의 한자를 몇 개의 글자로 쪼개거나
혹은 몇 개의 글자를 합하여 한 글자를 만들기도 한다. 이런 유희에서는 종종 먼저 대
련의 위 구절을 쓰고 나서, 다른 사람에게 대련의 아래 구절을 만들게 한다.

아래에 소개하는 대련은 청대(淸代)의 유명한 파자대련이다. 위 구절에 있는 "此木"은
'柴(시)'를 구성하고 "山山"은 '出'을 구성하며, 아래 구절에 있는 "因火"는 '烟(연)'을 구성
하고 "夕夕"은 '多'를 구성한다. ('夕'은 저녁이라는 뜻이다.) 위 구절은 "모든 산에서 다 땔
나무가 난다"는 말이고, 아래 구절은 "저녁 무렵에 밥을 짓느라 집집마다 불을 때 연기
가 자욱하다"는 말이다. 두 구절은 대구가 짜임새 있고 표현하려는 뜻도 분명하여 절묘
한 대구라고 칭송할 만하다. 다음을 감상해보자.

상련 : 此木爲柴山山出

하련 : 因火成烟夕夕多

---

2) [역자주] 중국어로 '부上'은 아침이라는 뜻이다. 그러나 이 문장은 '부의 위'라고 해야 답을 유추
   할 수 있다.

1 빈 칸에 알맞은 단어를 적으시오.

1. 형성자 _____의 표의기능을 이용하는 것은 한자 형체의 표의기능을 이용하는 가장 주된 방면이다.

2. 한자의 형체는 글자의 의미를 제시하는데, 특히 _____의 범주의미 제시 기능에 주의 할 필요가 있다.

3. 형근자를 분별하려면 일반적으로 독체자는 _____를 보고 합체자는 _____을 봐야 한다.

4. 동음자와 동음사의 서로 다른 의미는 _____을 보면 정확하게 알 수 있다.

5. ≪시씨식사사(施氏食獅史)≫는 _____ 수만 있고 _____ 수는 없는 문장이다.

2 다음 중 잘못된 설명은 무엇인가?

A. 한자 중에는 형근자가 많다.

B. 한자 중에는 동음자와 동음사가 많다.

C. 많은 경우 동음자와 동음사를 구별하려면 자형을 봐야 한다.

D. 많은 경우 동음자와 동음사를 구별하려면 발음을 들어야 한다.

3 아래에 제시된 단어를 설명하시오.

형근자(形近字)   동음자(同音字)와 동음사(同音詞)

4 형방 '衤'와 '礻'로 구성된 형성자 2개를 쓰고 각 글자의 의미를 설명하시오.

5 우리는 형방이 나타내는 범주의미의 기능을 이용할 필요가 있다. 형방의 범주의미에 근거하여 자전을 보지 말고 아래에 나열한 형성자의 의미와 발음을 추측해보자.

媽 碼 瑪 螞 橋 獁 禡
姑 沽 咕 估 鈷 牯 菇

6 다음 질문에 답하시오.

1. 본문에서 "형성자 형방의 표의기능을 이용하는 것은 한자 형체의 표의기능을 이용하는 주된 측면이다"라고 말한 까닭은 무엇인가?

2. 아래에 나열된 중국어 동음사 4쌍의 서로 다른 의미를 말해보시오.

舒适－书市, 绘画－会话, 意义－异议, 有力－有利

3. "秦始皇嬴政用了10年時間, 打贏了很多戰爭, 終于在公元前221年統一了中國.[진시황 영정은 10여 년 동안 많은 전쟁에서 승리하고, 기원전 221년에 마침내 중국을 통일했다.]" 위의 중국어 문장에는 잘못 쓴 한자가 두 개 있다. 이들은 형근자(形近字)일 뿐 아니라 동음자(同音字)이기도 하다. 잘못된 글자를 찾아 바르게 고쳐보시오.

4. 왕씨(王氏)가 작은 물건 하나를 가지고 와 이씨(李氏)에게 비밀스럽게 말했다. "이걸 먹으면 [zhìbìng] 할 수 있어." 이씨는 과연 그것을 먹었을까? 그렇게 생각하는 이유는 무엇인가?

5. 《시씨식사사》를 다시 읽고 중국의 언어와 문자에 대한 자신의 생각을 말해보시오.

제3절 한자 형체의 표음(表音) 기능 이용

한자는 형음의(形音義)의 통일체이고 모두 다 일정한 독음(讀音)을 가지고 있다. 그러나 현대한자는 확실히 발음을 알기 어렵다는 문제가 있으며, 그 원인은 장기간의 변화 과정을 겪으며 형성자의 성방을 포함한 많은 글자들이 정확한 발음을 나타내지 못하게 되었기 때문이다. 그러나 현대의 통용한자 중에는 여전히 어느 정도의 표음기능을 가지고 있는 형체가 있으며, 이런 표음기능을 이용하는 것은 한자를 정확하게 인식하고 사용하는 또 하나의 중요한 방법이다.

1. 한자 형체의 표음 상황

이것을 [lù]라고 발음한다→ 𢉖으로 그것을 나타낸다→ 𢉖을 [lù]라고 발음한다.

문자는 언어를 기록하는 부호이다. 먼저 언어가 있었고 나중에 문자가 생겼다. 한자의 출현도 이와 같다. 예를 들어 처음에 사람들은 머리 위에 뿔이 있는 어떤 동물을 [lù]라고 불렀을 것이다. 그리고 나중에 그것의 모양을 본떠 상형자 '𢉖'을 만들었고, 상형자 '𢉖'는 [lù]라는 독음을 가지게 되었을 것이다. 이 글자는 서서히 모두가 사용하는, 그리고 [lù]라고 발음하는 동물의 표의부호가 되었다. 지금은 '鹿(록)'으로 쓰며, 중국어 발음은 [lù]이다.

한자는 중국어를 기록하는 부호이다. 일반적으로 하나의 한자는 하나의 음절이고 하나의 단어 혹은 형태소의 발음을 나타낸다. 이것은 발음을 표시하는 부호, 즉 자모(字母)를 합쳐서 발음을 나타내는 표음문자와 그 성격이 다르다. 한자의 발음은 글자의 형체와 의미가 결정한다. 그러나 중국어의 음절은 적고 한자의 수량은 많아서, 현대한자 중에는 "일자일음(一字一音)"의 단음자(單音字) 이외에 "다자동독(多字同讀)"의 동음자와 "일자다독(一字多讀)"의 다음자(多音字)도 비교적 많다.

1) 단음자(單音字)

현대 상용한자의 가장 보편적인 상황은 하나의 한자가 하나의 음절을 나타내는 것이다. 예를 들어 '日(일)', '天(천)', '山(산)', '鹿(록)', '人(인)', '男(남)', '講(강)', '短(단)' 등은 모두 발음이 한 개 뿐인 단음자이다. ≪현대한어상용자표(現代漢語常用字表)≫에서 단음자는 전체 글자의 86.35%를 차지한다.[1] 이것은 현대 상용한자에서 단음자가 가장 많다는 의미이다. 따라서 단음자의 자음을 정확하게 기억하면 실제로 상용한자 대부분의 독음을 파악한 셈이다.

2) 동음자(同音字)

동음자는 발음은 같지만 의미는 서로 다른 글자를 말한다. 현대중국어에는 대략 1,300여 개의 음절이 있는데 한자는 거의 5만여 개나 된다. 이 때문에 한자에는 동음자가 매우 많다. 예를 들어 '力(력)', '立(립)', '利(리)', '丽(려/麗)'는 중국어로 모두 [lì]로 발음하고, '意(의)', '艺(예/藝)', '义(의/義)', '益(익)'은 중국어로 모두 [yì]로 발음한다.(괄호 안은 번체자임) 동음자는 듣기만 해서는 어떤 글자인지 구분하기 어렵다. 예

---

1) 錢乃榮의 ≪現代漢語≫, 高等敎育出版社(1990, p.550).

木	草	水	風	心	河	海	湖
雨	天	馬	牛	鹿	虎	鳥	魚
我	你	他	女	工	弓	屋	殿
漢	字	美	里	因	宝	愛	國
手	目	足	耳	東	西	南	北
小	字	存	气	妻	立	姓	名
音	信	詞	自	資	委	借	書

▌단음자 예시
이 글자들은 오로지 한 개의 발음만 가지고 있다.

를 들어 어떤 사람이 "저는 장씨입니다"라고 말했다면, 듣는 사람은 그의 성이 '張(장)'인지 아니면 '章(장)'인지 알 수 없다. 동음자는 확실히 한자의 학습과 사용에 불편함을 초래한다. 그러나 일부 상용자의 형체와 의미를 이용하여 동음자 구별에 도움을 얻을 수 있다. 예를 들어 성씨가 '張'이라고 말할 때는 보통 "궁장장(弓長張)"이라고 풀어서 말하고, 성씨가 '章'이라고 말할 때는 보통 "립조장(立早章)"이라고 풀어서 말한다. (그러나 "立早章"이라고 풀이하는 것은 '章'자의 형체 구조에 부합하지 않는 분석이다. 정확하게는 "음십장(音十章)"이라고 해야 한다.) '力'을 말할 때는 "역량(力量)"의 '力'이라고 풀어서 말하고, '麗'를 말할 때는 "미려(美麗)"의 '麗'라고 풀어서 말할 수 있다.

lì	一	力,	立,	利,	例,	丽,	历,	厉,	粒,	莉,	励
jì	一	记,	计,	济,	技,	绩,	继,	既,	季,	寄,	际
jù	一	句,	巨,	具,	据,	聚,	拒,	剧,	距,	锯,	炬
yù	一	玉,	育,	遇,	预,	域,	郁,	浴,	狱,	寓,	誉
shì	一	式,	试,	是,	世,	士,	市,	事,	示,	视,	室

▌중국어의 동음자 예시
이 글자들은 발음만 같고 자형과 의미는 서로 다르다.

표준중국어의 서면어에는 발음과 의미는 같지만 형태가 다른 단어들이 있는데, 이 것을 이형사(異形詞)라고 한다. 예를 들어 "笔画(필화 / 筆畫)"와 "笔划(필획 / 筆劃)[bǐhuà]", "刻画(각화 / 刻畫)와 "刻划(각획 / 刻劃)[kèhuà]", "丰富多彩(풍부다채 / 豐富多彩)"와 "丰富多采(풍부다채 / 豊富多采)[fēngfùduōcǎi]"가 바로 그런 예이다. 이 단어들은 동음자가 있기 때문에 종종 잘못 사용하게 된다. 2001년에 중국정부는 ≪제일차이형사정리표(第一批異形詞整理表)≫를 공포하고 일부 단어의 자형을 제한했다. 위에 예로 든 세 쌍의 이형사들은 앞에 있

标志—标识	光彩—光采	纪念—记念
马虎—马糊	人才—人材	色彩—色采
图像—图象	相貌—像貌	简练—简炼
计划—计画	订婚—定婚	姿势—姿式
录像—录象, 录相		再接再厉—再接再励

▌중국어의 이형사 예시
이형사는 발음과 의미가 같은데 형태는 다른 것이다. 각 조의 앞에 있는 단어가 중국정부에서 추천한 단어 형태이다.

는 단어들이 사용해야 할 형태이고, 뒤에 있는 것들은 더 이상 사용해서는 안 되는 것들이다. 이형사는 동음사와 다르다. 이형사와 동음사는 모두 발음이 같고 형태가 다른 현상인데, 그 중 이형사는 의미가 같고 동음사는 의미가 다르다.

3) 다음자(多音字)

한 글자에 두 개 혹은 두 개 이상의 발음이 있다면 이들이 바로 다음자이다. 다음자는 한 글자에 여러 개의 발음이 있기 때문에 종종 잘못 읽는 사람들이 있다. '大(대)'의 중국어 발음은 [dà]와 [dài] 두 개이고, '和(화)'의 중국어 발음은 [hé], [hè], [huó], [huò], [hú] 다섯 개인데, 이런 상황을 모르면 단어를 잘못 읽을 수 있다. 예를 들어 의사는 보통 "大夫 [dàifu]"라고 말하는데, 이것을 [dàfu]라고 읽는다면 매우 우스울 것이다. 중국어를

朝(2 cháo, zhāo)		还(2 hái, huán)	
觉(2 jué, jiào)		传(2 chuán, zhuàn)	
着(4 zhe, zháo, zhāo, zhuó)			
和(5 hé, hè, huó, huò, hú)			
好(2)	打(2)	弹(2)	了(2)
乐(2)	地(2)	发(2)	会(2)
中(2)	分(2)	干(2)	得(3)
的(3)	漂(3)	宿(3)	恶(4)

▌중국어의 다음자 예시
이 글자들은 모두 두 개 혹은 두 개 이상의 발음을 가지고 있다. 글자의 뒤에 있는 숫자는 발음의 수량이다.

막 배우기 시작한 사람들은 다음자를 잘못 읽기 쉽다. 그러나 다행히 다음자는 그리 많지 않다. 다음자 문제를 해결하는 데에는 두 가지 방법이 있다. 첫째는 표준어를 잘 배우는 것이고, 둘째는 자전과 사전을 많이 찾아보는 것이다.

한자를 더 잘 학습하고 더 잘 사용하기 위해서는 한자 형체의 표음상황을 이해하는 것이 중요하다. 현대의 상용자 중에는 단음자가 가장 많으므로 단음자의 발음을 정확하게 읽을 수 있다면, 실제로 상용한자 대부분의 독음을 파악한 셈이다.

2. 형성자 성방(聲旁)의 표음 기능 이용

형성자는 전체 한자의 85% 이상을 차지한다. 따라서 형성자의 성방을 잘 알고 바르게 읽는 것은 매우 중요한 일이다. 중국에는 "수재들은2) 글자를 잘 알아서 반쪽만 읽는다(秀才識字讀半邊)"라는 속담이 있는데, 여기에서 "반쪽"이 가리키는 것은 성방이다. 성방은 대부분 자형이 간단한 상용독체자로 충당된다. 예를 들어 독체자 '丁(정)'이 [dīng]으로 읽힌다는 것을 안다면, 그것으로 구성된 형성자는, 정확한 발음은 모르겠지만, '丁'과 같거나 비슷한 발음으로 읽을 수 있다. 예컨대 '町(정)', '盯(정)', '釘(정)', '酊(정)', '疔(정)', '靪(정)', '訂(정)', '頂(정)', '厅(청)', '汀(정)'(중국어 발음으로 읽으면 앞의 6개는 '丁'의 발음과 완전히 같고, 뒤의 4개는 '丁'의 발음과 비슷하다.)과 같은 경우이다. 현재 사용하는 한자들을 보면, 형성자 가운데 일부 글자들은 성방의 발음이 곧 해당 글자의 발음이다. 즉 반쪽으로 읽어도 발음이 틀리지 않는다. 그러나 더 많은 글자들은 성방과 동일하게 발음되지 않는다. 하지만 성방의 표음기능은 여전히 이용 가치가 있다.

형성자와 형성자의 성방은 발음의 측면에서 다음의 네 가지 상황이 존재한다.

---

2) 수재는 생원(生員), 즉 명청시기에 가장 낮은 등급의 시험을 통과한 선비를 말한다. 오늘날에는 대개 지식이 있는 사람, 또는 문장을 잘 쓰는 사람을 가리킨다.

1) 성모(聲母)와 운모(韻母), 성조(聲調)가 완전히 같은 경우[3]

이런 형성자는 바로 "성방"의 발음으로 읽으면 된다. 예를 들어 '棋(기)', '琪(기)', '祺(기)', '淇(기)'의 발음은 그들의 반쪽, 즉 성방인 '其(기)'와 완전히 같다. 다시 말해서 성모와 운모, 성조가 완전히 같으며 모두 [qí]로 읽는다. 따라서 '其'의 발음을 알고 있다면 바로 이 글자들을 읽을 수 있다. 현대 통용한자 중에서 이와 같이 그 발음이 성방의 성모, 운모, 성조와 완전히 같은 형성자는 전체 형성자의 1/3~1/4 정도이다.[4]

马(mǎ) : 码(mǎ), 玛(mǎ), 蚂(mǎ) – 직접 성방인 '马'의 발음으로 읽을 수 있다.

巨(jù) : 距(jù), 拒(jù), 炬(jù) – 직접 성방인 '巨'의 발음으로 읽을 수 있다.

及(jí) : 极(jí), 汲(jí), 级(jí) – 직접 성방인 '及'의 발음으로 읽을 수 있다.

青(qīng) : 清(qīng), 鲭(qīng), 蜻(qīng) – 직접 성방인 '青'의 발음으로 읽을 수 있다.

▍발음이 성방의 성모. 운모, 성조와 완전히 같아서 반쪽으로 읽을 수 있는 형성자의 예시 (간화자)

---

3) [역자주] 성모와 운모, 성조는 중국어의 음절 구조를 분석하는 용어이다. 한국한자음과 대비하면, 성모는 한국한자음의 초성에 해당하는 자음 성분이고, 운모는 초성을 제외한 음절의 나머지 부분, 즉 한국한자음의 중성과 종성에 해당한다. 성조는 음절의 높낮이로 의미를 구별하는 성분으로, 우리말에는 없는 중국어의 특징이다.

4) "통계에 따르면 ≪현대한자통용자표≫에 수록된 형성자 5,631개 중에서, 성방이 표음의 기능을 하는 비율은 약 66.04%이다. 그 중 발음이 성방의 성모, 운모, 성조와 완전히 일치하는 경우는 37.51%, 성모, 운모는 같지만 성조가 다른 경우는 18.17%이며, 이 두 경우를 합하면 55.68%에 달한다." (費錦昌의 ≪對外漢字敎學的特点, 難点及對策≫(≪漢字与漢字敎學硏究論文選≫, 1999, p.205) 위의 연구 결과에 따르면, 발음이 완전히 같아서 정확한 표음기능을 수행하는 형성자는 전체 형성자의 약 1/3이다. 그러나 다른 연구자들은 성방이 정확한 표음의 기능을 하는 형성자는 전체 형성자의 1/4에도 미치지 못한다고 주장했다.

2) 성모와 운모는 같고, 성조가 다른 경우

이런 형성자들도 "반쪽", 즉 성방을 따라 읽을 수 있지만 성조가 정확하지 않다. 예를 들어 '雹(báo/박)', '飽(bǎo/포)', '抱(bào/포)', '刨(bào/포)' 등은 모두 '包(bāo/포)'로 구성되었지만, 이 글자들의 성조는 '包'의 성조와 다르다. 하지만 성모와 운모가 같기 때문에 여전히 도움이 된다.

青(qīng) : 情(qíng), 晴(qíng), 请(qǐng) – 성방인 '青'의 발음으로 읽을 수 있다.
方(fāng) : 房(fáng), 访(fǎng), 放(fàng) – 성방인 '方'의 발음으로 읽을 수 있다.
交(jiāo) : 饺(jiǎo), 狡(jiǎo), 较(jiào) – 성방인 '交'의 발음으로 읽을 수 있다.
羊(yáng) : 氧(yǎng), 痒(yǎng), 样(yàng) – 성방인 '羊'의 발음으로 읽을 수 있다.

❚ 성모와 운모가 같고 성조만 다르기 때문에 역시 "반쪽"으로 읽을 수 있는 형성자의 예시 (간화자)

3) 성모는 같지만, 운모가 다른 경우

이런 형성자들은 운모가 다르기 때문에 "반쪽"을 따라 읽을 수 없다. 예를 들어 '幕(막)', '墓(묘)', '暮(모)'는 중국어로 모두 [mù]로 읽지만, 그들의 성방인 '莫(막)'은 [mò]로 읽는다. 다시 말해서 그들은 성모는(m) 같지만, 운모는(u/o) 다르다. 만약 반쪽인 '莫'을 따라 [mò]라고 읽는다면 완전히 잘못 발음하는 것이다. 그러나 성모가 동일하다는 것은 발음을 추측하는 데 일정 정도 힌트를 준다.

4) 성모는 다르지만, 운모가 같은 경우

이런 형성자들도 역시 "반쪽"을 따라 읽어서는 안 된다. 예를 들어 '板(판)', '版(판)', '般(반)'은 모두 [bǎn]으로 읽지만, 그들의 공통 성방인 '反(반)'의 발음은 [fǎn]이다. 다시 말해서 이 글자들을 "반쪽"을 따라 [fǎn]이라고 읽는다면 모두 잘못 읽는 것이 된다. 그러나 앞의 경우와 마찬가지로 운모가(an) 서로 같다는 것은 발음을 추측하는 데 일정 정도 힌트와 도움을 준다.

　위에서 소개한 내용을 통해 우리는 형성자의 표음 상황을 조금이나마 이해할 수 있었다. 현대 형성자의 성방은 대부분 정확한 발음을 나타내지 못한다. 하지만 절반 정도의 형성자의 성방은 여전히 표음기능을 가지고 있으므로 이것을 잘 이용해야 한다. 중요한 것은 먼저 상용독체자('木', '羊' 등) 혹은 일부의 상용합체자('林', '采' 등)의 발음을 정확하게 읽는 것이다. 왜냐하면 그들 대부분이 형성자의 성방으로 충당되어 그들이 구성한 형성자와 동일한 발음('沐(목)', '洋(양)', '淋(림)', '彩(채)' 등) 혹은 비슷한 발음('某(모)', '祥(상)', '菻(름)', '菜(채)' 등)을 내기 때문이다.

　현대한자는 확실히 정확한 발음을 알 수 없다는 문제를 가지고 있다. 만약 어떤 사람이 "佚事[yìshì/일사]"를 "失事[shīshì/실사]"로 잘못 읽고, "停滯[tíngzhì/정체]"를 "停帶[tíngdài/정대]"로 잘못 읽고, "造詣[zàoyì/조예]"를 "造旨[zàozhǐ/조지]"로 잘못 읽고, 鱖魚[guìyú/궐어]를 厥魚[juéyú/궐어]로 잘못 읽고, 酗酒[xùjiǔ/후주]를 "凶酒[xiōngjiǔ/흉주]"로 잘못 읽고, "干涸[gānhé/간학]"을 "干固[gāngù/간고]"로 잘못 읽는다면, 그것은 "수재는 글자를 잘 알아서 반쪽만 읽는다"는 속담에 속은 것이다.

　아래에서 소개할 한자가요와 재미있는 이야기는 모두 글자의 발음과 관계있는 한자유희이다. 그 가운데 앞의 6개 가요는 두 개가 한 세트인데, 대구가 치밀하여 3개의 훌륭한 대련이 된다. 이들 한자유희 자료를 읽으며 한자의 재미를 느껴보기 바란다. 그밖에 여기에서 소개한 민간의 성씨이야기와 신문에 보도된 스포츠기사도 일종의 한자유희에 속한다.

1. 재미있는 동음자 혹은 근음자(近音字) 가요

妈妈(māma)骑马(qímǎ), 马(mǎ)慢(màn), 妈妈(māma)骂(mà)马(mǎ)。
妞妞(niūniū)轰(hōng)牛(niú), 牛(niú)拧(níng), 妞妞(niūniū)拧(níng)牛(niú)。
어머니가 말을 타는데 말이 느리자 어머니가 말을 욕하셨다.
계집아이가 소를 모는데 소가 고집 세게 굴자 계집아이가 소를 꼬집었다.

姥姥(lǎolao)喝(hē)酪(lào), 酪(lào)落(luò), 姥姥(lǎolao)捞(lāo)酪(lào)。
舅舅(jiùjiu)玩(wán)鸠(jiū), 鸠(jiū)飞(fēi), 舅舅(jiùjiu)揪(jiū)鸠(jiū)。
할머니가 응유(凝乳)를 마시다가 응유가 떨어지자 할머니가 응유를 잡으셨다.
외삼촌이 비둘기를 구경하다 비둘기가 날아가자 외삼촌이 비둘기를 모으셨다.

童子(tóngzǐ)打(dǎ)桐子(tóngzǐ), 桐子(tóngzǐ)落(luò), 童子(tóngzǐ)乐(lè)。
丫头(yātou)啃(kěn)鸭头(yātóu), 鸭头(yātóu)咸(xián), 丫头(yātou)嫌(xián)。
아이가 오동나무 씨앗을 치자 오동나무 씨앗이 떨어졌고 아이가 즐거워했다.
계집아이가 오리머리를 깨물었는데 오리머리가 짜서 계집아이가 싫어했다.

屋(wū)前(qián)园(yuán)外(wài), 屋(wū)内(nèi)员外(yuánwài)。
员外(yuánwài)扫(sǎo)院(yuàn)外(wài), 园(yuán)外(wài)净(jìng), 员外(yuánwài)静(jìng)。

집 앞은 동산 밖이고 집 안에는 원외가 있다.

원외가 뜰 밖을 청소하니 동산 밖이 깨끗해졌고 원외는 차분해졌다.

2. 민간의 성씨 풀이

중국인들은 한자의 형체 구조를 이용하여 자기의 성씨를 설명하는 습관이 있다. 옛 책에도 이런 기록이 있다. 일찍이 서한 때, 사람들은 황제의 성씨인 '劉(류)'자를 세 부분으로 나누어 "묘금도(卯金刀)"라고 말했다. 민간의 이런 성씨 풀이는 실제 한자 부건 조합 상황에 맞지 않는 것도 있지만, 형상적이고 기억하기 좋을 뿐 아니라 동음의 성씨를 구별하는 기능도 있어서 지금까지도 널리 사용된다. 아래에 소개하는 것은 민간에서 상용하는 성씨 풀이이다.

弓長張 (궁장장)	立早章 (입조장)	木子李 (목자리)	木易楊 (목양양)	雙口呂 (쌍구려)
雙木林 (쌍목림)	耳東陳 (이동진)	日曰昌 (일왈창)	雙人徐 (쌍인서)	言午許 (언오허)
口天吳 (구천오)	草頭黃 (초두황)	古月胡 (고월호)	絞絲紀 (교사기)	二馬馮 (이마풍)
三劃王 (삼획왕)	三耳聶 (삼이섭)	三點汪 (삼점왕)	干鉤于 (간구우)	水工江 (수공강)
丘山岳 (구산악)	女兆姚 (여조요)	禾木程 (화목정)	美女姜 (미녀강)	

3. "月亮(월량)" 콤비

2009년 7월 26일 중국 천진(天津)의 《금만보(今晚報)》는 다음과 같은 스포츠뉴스를 보도했다.

"제13회 로마 세계수영선수권대회 결승전 남자 2인조 10미터 플랫폼에서 중국선수 林躍(임약)과 火亮(화량)이 대단한 기량을 발휘하며 금메달을 획득했다."

이 기사의 제목은 ≪"月亮"組合金耀十米高臺("月亮" 콤비가 10미터 높이의 다이빙대에서 금빛 찬란하게 빛나다)≫였다. 이 기사의 제목은 林躍의 '躍(약 / yuè)'자를 동음자인 '月(월 / yuè)'로 바꾸고, 火亮의 '亮(량 / liàng)'자와 조합하여 "月亮(중국어로 달을 의미하는 단어이다)"을 만들고, 달이 금빛 광채를 반짝이는 것으로 그들이 획득한 금메달을 상징했다. 이 제목은 "月亮"으로 두 명의 우수한 선수를 나타내고 아울러 경기 종목과 경기 성적도 형상적으로 드러냈는데, 표현이 자연스럽고 발랄하며 매우 재미있다. 이것은 동음자를 이용하여 문장의 제목을 만든 성공적인 예라고 할 수 있다.

이런 종류의 동음자 조합 방식은 신문지상에서 자주 목격된다. 예를 들어 "山丹丹(산단단 : 꽃이름)"은 중국 소품배우 조본산(趙本山)과 송단단(宋丹丹)의 연기 콤비를 나타내고, "亮晶晶(량정정 : '달이 밝다'는 뜻의 형용사)"은 중국의 다이빙 선수 전량(田亮)과 곽정정(郭晶晶) 콤비를 나타낸다.

1 빈 칸에 알맞은 단어를 적으시오.

1. 문자는 언어를 기록하는 부호이다. 먼저 _____가 있었고 나중에 _____가 생겼다. 한자의 출현도 이와 같다.

2. 일반적으로 하나의 한자는 하나의 _____이며, 언어에서는 단어 혹은 형태소의 발음을 나타낸다.

3. 현대한자에는 한 글자에 하나의 발음만 존재하는 단음자 이외에도, 글자는 다르지만 발음이 동일한 _____와 한 글자에 두 개 이상의 발음이 존재하는 _____가 있다.

4. 현대중국어는 대략 _____ 여 개의 서로 다른 음절을 가지고 있는데, 한자는 _____ 여 개나 된다.

5. 현대 형성자의 성방은 대부분 정확한 발음을 나타내지 못한다. 하지만 _____은 여전히 어느 정도의 표음 기능을 가지고 있다.

2 아래의 질문에 적절한 답을 고르시오. 다음 중 잘못된 설명은 무엇인가? (   )

① A. 현대 상용한자 중에는 한 글자에 두 개 이상의 발음이 있는 다음자가 가장 많다.

　B. 현대 상용한자 중에는 한 글자에 한 개의 발음만 있는 단음자가 가장 많다.

　C. 현대한자에는 여전히 어느 정도의 표음기능을 갖추고 있는 형체가 많다.

　D. 단음자의 발음을 정확하게 기억하는 것은 실제로 상용한자 대부분의 발음을 파악하는 것이다.

② A. "수재는 글자를 잘 알아서 반쪽만 읽는다"는 속담에서 이 반쪽이 가리키는 것은 형성자의 성방이다.

　B. "수재는 글자를 잘 알아서 반쪽만 읽는다"는 속담에서 이 반쪽이 가리키는 것은 형성자의 형방이다.

　C. 형성자 가운데 일부 글자들은 직접 반쪽으로 읽을 수 있다. 그러나 더 많은 글자들은 직접 반쪽으로 읽을 수 없다.

　D. 대다수의 상용 독체자와 합체자는 형성자의 성방으로 사용될 수 있다.

3 아래에 제시된 단어와 문장을 설명하시오.

다음자(多音字)	"수재는 글자를 잘 알아서 반쪽만 읽는다."

4 다음 질문에 답하시오.

1. 아래에 나열된 한자에 발음을 달고 동음자와 다음자를 찾아보시오.(괄호 안은 간체자임. 한국한자음으로 읽을 때와 중국음으로 읽을 때의 답이 서로 다름)

> 漢(汉) 字 下 夏 終(终) 忠 鐘(钟) 中 朝 華(华)

2. 아래에 나열한 다음자의 서로 다른 발음에 근거하여 각각 하나의 단어를 만들어보시오.

> 好 漂 發(发) 樂(乐) 還(还) 覺(觉)

5 자전을 보지 말고 '票(표)'와 '爭(쟁)'을 성방으로 삼은 형성자들을 읽어보시오. 그리고 형방의 범주의미를 이용하여 각 글자의 의미를 추측해보시오.

> 票-飄 漂 瓢 螵 標 鰾 膘
> 爭-睁 挣 崢 錚 猙 筝 諍

6 다음 질문에 답하시오.

1. 한자에 동음자가 많은 원인은 무엇인가?
2. "수없이 많은 현대한자는 1,300여 개의 동음자군이 조성한 것이다"라고 말하는 사람이 있는데, 이 말은 한자의 실제 상황을 표현한 것이다. 이에 대해 자신의 견해를 말해보시오.
3. 단음자의 발음을 바르게 읽는 것은 매우 중요한 일이다. 중국에서 유학 중인 한국학생이 중국친구에게 이렇게 말했다. "나는 내년에도 중국에서 "한어[hányǔ]"를 배울꺼야." 그러자 친구가 "그럼, 내년에는 한국으로 돌아가겠네."라고 말했다. 이 학생은 중국친구의 말을 듣고 "왜?"라고 물었다. 중국친구가 이렇게 반응한 이유를 말해보시오.
4. 중국사람들은 "수재는 글자를 잘 알아서 반쪽만 읽는다"라고 말하는데, 이 말이 옳다고 생각하는가? 자신의 견해를 말해보시오.
5. 성방을 이용하여 한자의 발음을 익힐 때는, 먼저 상용독체자와 상용합체자의 발음을 정확하게 읽는 것이 중요하다. 그 이유를 말해보시오.

제4절 정확한 한자 사용

한자를 정확하게 사용하기 위해서는 두 가지 측면에 주의해야 한다. 하나는 규범한자를 사용하는 것이고, 다른 하나는 틀린 글자를 쓰지 않는 것이다.

1. 규범한자 사용하기

중국에서 통용되는 언어는 보통화이고 문자는 규범한자이다. 규범한자를 쓰는 것은 정확한 한자 사용의 기본적인 요구이다. 규범한자는 국가에서 공포한 규범에 부합하는 표준한자를 말한다. 중국정부에서 공포한 ≪간화자총표(簡化字總表)≫, ≪제일차이체자정리표(第一次異體字整理表)≫, ≪인쇄통용한자자형표(印刷通用漢字字形表)≫ 등은 한자 사용의 표준이며, 이 글자표에 들어 있는 것들은 규범한자이다. 글자표에 들어 있지 않은 글자들은 대체로 규범한자가 아니다.

규범한자를 사용할 때는 아래의 세 가지 측면에 주의해야 한다.

1) 간화자(簡化字)를 사용하고, 번체자(繁體字)를 사용하지 않는다

어떤 한자가 두 개 혹은 두 개 이상의 형체를 가지고 있을 때 필획이 많은 것을 번체자, 필획이 적은 것을 간체자라고 말한다. 한자는 예로부터 번체와 간체가 존재했다. 신중국(新中國) 건립 이래로 중국정부의 한자 규범화 작업은 주로 한자를

편방의 간화	貓→猫	億→亿	蘋→苹
윤곽만 남김	龜→龟	來→来	齒→齿
동음자로 대체	穀→谷	後→后	幾→几
부호로 대체	漢→汉	艱→艰	歡→欢
초서의 해서화	書→书	長→长	學→学
부분의 사용	飛→飞	聲→声	開→开
고체의 채용	塵→尘	雲→云	從→从

▌한자 간화의 주요 방법

▌'車'자의 간화

　그림 안에 있는 글자는 모두 고문자 '車'이다. 이 상형자는 고대 전차의 모양을 핍진하게 묘사했는데, 복잡한 모양에서 간단한 모양으로의 변화 과정을 볼 수 있다. 그림은 은허에서 출토된 상대의 목전차(木戰車)이다.

간략하게 만드는 것이었다. 한자의 간화(簡化)는 두 가지 내용을 포괄한다. 하나는 필획을 감소시키는 것이고, 또 다른 하나는 글자수를 줄이는 것이다. 간화 과정을 거친 간체자는 "간화자"라고 부른다. 현재 중국대륙에서 사용하는 간화자는 중국정부가 1956년부터 네 차례에 걸쳐 추진한 한자 간략화 작업의 기초 위에서 확정된 것인데, 모두 2,235개의 간화자로 2,263개의 번체자를 대체했다. 간화자는 전체 통용자의 3분의 1을 차지한다. 한자의 필획은 간화를 통해 거의 절반 정도로 줄어들었고, 서사 속도는 상대적으로 많이 빨라졌다. UN에서 중국어 문건을 작성할 때도 역시 간화자를 사용한다. 현재 전세계적으로 13억 명 이상의 사람들이 간화자를 사용하고 있다.

　간화자는 주로 필획을 감소시킨 것이다. 예를 들어 '貝(패)'는 '贝'로 간화되었고 '優(우)'는 '优'로 간화되었다. 필획이 적은 '贝'와 '优'가 바로 간화자이다. 간화자들은 합체자의 편방이 될 수 있다. 이 때문에 간화자로 구성된 대량의 한자들도 역시 필획이 줄었다. 예를 들면 '貝'가 편방인 번체자 '財(재)', '購(구)', '資(자)', '貴(귀)' 등은 각각 '财', '购', '资', '贵'로 간화되었다. 간화자의 형체는 번체자보다 간단하여

배우기 쉽고 오랫동안 기억하기에 유리
하며 서사 속도도 빨라서, 많은 사람들
의 환영을 받았다. 그러나 필획의 감소
로 인해 간화자의 형체는 확실히 문화
적인 내용을 잃어버렸고, 또 어떤 글자
는 아름다운 외관을 잃었다. 그러나 문
자의 형체가 나타내는 문화적인 내용이
나 미관은 문자의 주요 기능이 아니다.
문자의 주요 기능은 서사에 있다. 좋은
문자는 표의가 명확하고 서사 속도가

云	网	胡	电	从	众	虫	来	杯
寿	与	发	声	怜	亲	旧	当	党
亚	坏	凤	总	灯	战	机	虽	担
务	边	实	尔	无	气	礼	个	处
宝	时	节	声	梦	厅	灵	远	劝

■ 고대의 속체자 예시

고대인들이 창조하고 오랫동안 민간에서 사용한 이 속체자들은 필획이 적어서 서사 속도가 빠르고 표의도 분명하여 사람들의 환영을 받았다. 이 글자들은 현재 일상적으로 사용하는 간화자가 되었다. 이것들은 모두 규범한자이다.

빠른 문자라고 할 수 있는데, 간화자가 바로 그런 문자이다. 그러나 서사 속도를
높이기 위해 표의가 명확하지 않을 정도로 필획을 줄인다면, 그것 또한 당연히 좋
은 문자라고 할 수 없다.

　한자의 역사는 끊임없는 간화의 역사이다. 일찍이 고대에 여러 차례 한자에 대
한 대규모의 간화가 있었고, 민간에서도 끊임없이 필획이 적고 쓰기 편한 한자들
을 만들어냈다. 민간에서 만든 이런 글자들은 당시 사회에서 유통된 "정체자(正體
字)"가 아니었고, 보통 "속체자(俗體字)"라는 이름으로 불렸다. 오늘날 사용하는 간
화자는 대부분 이런 민간의 속체자에서 취한 것들이다. 어떤 사람들은 오늘날의
간화자를 문자학자들이 만들어낸 것이라고 생각하는데 이것은 큰 오해이다. 한자
발전의 역사에서는 명확한 표의를 위해 번화(繁化) 현상이 나타난 적도 있다. 예를
들어 '北(북)'을 '背(배)'로 쓰고, '昏(혼)'을 '婚(혼)'으로 쓴 것이 그런 경우이다. 그러나
한자 발전의 주된 흐름은 어디까지나 간화였다.

　오늘날 ≪간화자총표≫의 규정에 맞지 않는 글자들은 모두 비규범자에 속한다.
이미 간화된 번체자, 예를 들어 '學(학, '学'의 번체자)', '習(습, '习'의 번체자)' 등이 그런
경우에 속한다. ≪총표≫에 없거나 또는 스스로 만들어낸 간화자들, 예를 들어 "丁

(街)", "边(道)", "尸(展)", "夕(餐)", 忑(感), 茅(荣), 氿(酒), 亽(食), 赵(题) 등은 모두 사용해서는 안 되는 글자들이다. 최근에 인터넷에 등장한 '氼', '烎', '舙', '嫑', '嫚' 같은 글자들은 젊은사람들 사이에서 크게 유행하지만, 일반적으로는 잘 모르는 글자들이다. 그 중 '氼'는 매우 재미있는 글자이다. '氼'은 사람이 물속으로 뛰어드는 것과 비슷하며 "물에 빠지다"라는 의미이다. '舙'은 크게 벌린 4개의 입을 본뜬 것으로 "크게 부르짖다"라는 의미이다. 이런 글자들은 재미는 있지만 모두 이미 폐기된 이체자들이다. 또 스스로 만들어낸 글자들 역시 사용하지 말아야 한다.

▌스스로 만든 간체자

우리는 종종 사람들이 스스로 만들어낸 간체자를 보게 된다. 이런 글자들은 자형이 간단하고 재미있지만 규범자가 아니므로 사용해서는 안 된다. 그림에 있는 한자의 규범적인 서사법은 "白菜", "韭菜", "鸡蛋(鷄蛋)", "啤酒"이고, 뒤에 있는 것은 "食品", "舞厅(舞廳)", "电影(電影)"이다. (괄호 안은 번체자임)

번체자는 규범한자가 아니지만 틀린 글자도 아니다. 고서(古書)의 정리와 중국어 연구, 서예작품에서는 여전히 번체자를 사용한다. 따라서 간화자를 사용하지만 동시에 일부 상용번체자를 알아두는 것도 유용하다.

2) 규범자를 사용하고 이체자(異體字)를 사용하지 않는다

이것은 한자 간화의 또 다른 중요한 내용인 글자수를 줄이는 일, 다시 말해 이체자를 폐기하는 것을 말한다. 이체자는 발음과 의미는 같은데 형체가 다른 글자이다. 이체자는 역사 속에서 자연히 형성된 것으로, 틀린 글자가 아니라 한 개의 글자에 여러 종류의 서사법이 존재하는 현상이다. 이체자의 제거는 한 글자에 하나의 서사법만 남기고 다른 서사법을 없애는 것이다. 예를 들어 "解決(해결)"은 "解決"이라고 쓰면 안 되는데, 이 '決'자가 바로 이체자이다. "世界杯(세계배)"는 "世界盂"라고 쓸 수 없다. 이 '盂'자 역시 이체자이다. 이체자는 규범한자가 아니므로 더 이상 사용해서는 안 된다.

決－決　　杯－盂　　略－畧
启－啓　　鉴－鑑　　岳－嶽
峰－峯　　考－攷　　群－羣
叫－呌　　采－採　　减－減
迹－蹟, 跡　　回－囬, 囘, 廻

▌자주 볼 수 있는 이체자 예시(간화자)
각 조의 앞에 있는 것이 규범한자이고, 뒤에 있는 것이 이미 폐기된 이체자이다.

▌비규범한자를 교정하고 있는 중국청소년
그림에 있는 도로표지판의 "建國街(건국가)"
세 글자 중 '國'은 번체자이고, '建'과 '街'는
스스로 만들어낸 글자들이다. 모두 비규범
한자이므로 바로잡아야 한다.

한자의 간화는 주로 필획의 감소와 글자수의 감소로 나타난다. 쓰기에 편리한 간화자는 사람들의 지혜를 보여준다. 고대중국에서도 여러 차례의 큰 간화가 있었으므로, 현재 중국대륙에서 통용되는 간화자는 또 하나의 간화일 뿐이다. 실제로 이런 간화는 오랫동안 민간에서 사용한 간체자에 대한 총정리와 규범화라고 할 수 있다.

3) 새로운 자형을 사용하고 옛 자형을 사용하지 않는다

새로운 자형과 옛 자형은 인쇄체 한자 자형을 가리킨다. 중국정부는 1965년에 ≪인쇄통용한자자형표≫를 반포하고 인쇄체 통용한자의 표준자형을 규정했다. 1965년 이전에 인쇄물에 쓰인 자형은 옛 자형이라고 부른다. 옛 자형은 이미 폐기된 비규범한자에 속한다. 1965년 이후로 인쇄물에 사용된 자형은 새로운 자형, 즉 규범적인 표준자형이다. 새로운 자형은 필획이 더 간단하고 필순이 더 적합하므로 더 편리하게 읽고 쓸 수 있다. 1965년 이전에 인쇄된 서적이나 신문에는 옛 자형의 글자가 많다. 예를 들어 '呂(吕)', '羽(羽)', '牙(牙)', '角(角)', '靑(青)', '彔(录)', '盛(盛)', '丰(丰)', '这(这)', '非(非)', '直(直)', '溫(温)' 등은 모두 규범한자가 아니다. 따라서 이 한자들을 쓸 때는 더 이상 옛 자형을 사용해서는 안 된다.(괄호 안에 있는 글자가 새로운 자형이다.)

2. 오자(誤字)와 별자(別字) 쓰지 않기

"오자"나 "별자"를 쓰지 않는 것은 정확한 한자 사용을 위한 또 하나의 기본적인 요구이다. "오자"는 필획이나 자형이 정확하지 않은 틀린 글자를 가리킨다. "오자"는 글자가 아니므로 사전에도 없다. 예를 들어 '经', '词', '唱', '肯' 등은 모두 오자이다. "별자"는 원래 써야 하는 글자 대신 다른 글자를 쓴 것을 말한다. 별자는 글자 자체가 틀린 것이 아니라 적절하지 않은 곳에 잘못 사용된 것이다. 예를 들어 "出版(출판)"의 '版'을 '板(판)'으로 쓰는 경우이다. 사전에는 "出板"이라는 단어가 없으며, 여기에 쓰인 '板'은 별자이다. (그러나 엄격하게 말한다면 이곳에 쓰인 별자는 오자이다.) 또 "欣賞(흔상 : 감상하다)"을 "欣嘗"으로 썼다면, 이때의 '嘗(상)'은 별자이다.

1) 독체자의 필획 조합에 주의한다

독체자는 필획으로 구성되었으므로, 독체자를 정확하게 쓰려면 그것의 필획을 분석하고 필획의 형태와 수량, 조합을 기억해야 한다. 일반적으로 독체자가 정확하면 독체자로 구성된 합체자도 정확하게 쓸 수 있다. 독체자를 잘못 쓰는 것은 형체가 비슷한 다른 글자로 쓰는 경우가 대부분이다. 이런 현상은 글자를 쓸 때 세심하게 주의를 기울이지 않기 때문에 발생한다.

王≠壬≠主≠玉≠王
己≠巳≠巳≠乙≠己
干≠午≠千≠于≠干
木≠术≠禾≠本≠朩
户≠广≠尸≠卢≠户
天≠夭≠夫≠无≠天

┃자형이 비슷한 독체자를 잘못 쓴 경우
자형이 서로 비슷하기 때문에 앞의 6개 글자(고딕체)를 쓸 때는 종종 다음과 같이 잘못 쓰는 경우가 있다. 마지막 6개 글자는 오자이고, 중간의 18개 글자는 별자이다.

木 (木)	门 (門)	己 (己)	手 (手)
心 (心)	女 (女)	车 (車)	身 (身)
衣 (衣)	年 (年)	贝 (見)	白 (白)
面 (西)	万 (万)	氷 (水)	王 (玉)
干 (千)	士 (土)	斤 (斤)	找 (我)

┃외국학생들이 중국어숙제에서 잘못 쓴 독체자

2) 합체자의 편방과 위치에 주의한다

합체자의 편방은 모두 고유한 서사법과 특정한 위치가 있다. 합체자를 잘못 쓰는 것은 대개 편방을 잘못 쓰거나, 혹은 편방의 위치가 잘못된 경우이다. 형방의 의미와 위치, 독체자의 서사법에 주의를 기울이면 글자를 제대로 쓸 수 있다. 또 합체자를 잘못 쓰지 않기 위해서는 형체가 비슷한 합체자에 주의할 필요가 있다.

步≠歨	感≠惑	盲≠肓
福≠褔	爬≠𤏸	析≠折
经≠絰	都≠陼	梁≠粱
孤≠狐	取≠刞	佳≠佳
试≠訧	望≠朢	雀≠崔
觉≠覚	甜≠舓	崇≠祟

▌합체자를 잘못 쓴 예
각 항의 앞에 있는 글자가 쓰려고 한 글자이고 뒤에 있는 글자는 잘못 쓴 글자이다. 첫 번째 줄은 편방을 잘못 쓴 경우이고, 두 번째 줄은 편방의 위치가 잘못된 경우이며, 마지막 줄은 모양이 비슷한 다른 글자를 쓴 경우이다.

切 (切)	学 (学)	常 (常)	直 (直)
社 (社)	裙 (裙)	步 (步)	念 (念)
仵 (件)	龛 (拿)	进 (进)	喝 (喝)
病 (病)	歺 (多)	买 (买)	定 (定)
霏 (雪)	夠 (够)	舓 (甜)	呋 (知)
㧡 (帮)	起 (起)	落 (落)	佰 (宿)

▌외국학생들이 중국어작문을 하며 잘못 쓴 합체자

3) 글자의 발음에 주의한다

발음을 잘못 읽으면 다른 글자를 쓰기 쉽다. 예를 들어 '倉(창)'은 [cāng]이라고 읽고, '侖(륜)'은 [lún]이라고 읽는다. 이 두 글자의 발음을 제대로 읽으면, 이들로 구성된 형성자 "搶奪(창탈)"을 "掄奪(윤탈)"로 잘못 쓰고, "掄拳(윤권)"을 "搶拳(창권)"으로 잘못 쓸 수 없다. 가장 주의해야 할 상황은 발음이 같기 때문에 다른 글자를 쓰는 경우인데, 이런 현상은 매우 빈번히 발생한다. 예를 들어 중국어 단어 "籃球 [lánqiú]"를 "藍球"로, "姓名[xìngmíng]"을 "性名"으로, "作業[zuòyè]"를 "做業"으로 쓰지 않도록 조심해야 한다.

辨论 (辩论)	炼习 (练习)	笔划 (笔画)
坚难 (艰难)	平果 (苹果)	园形 (圆形)
鼓厉 (鼓励)	亚州 (亚洲)	浪废 (浪费)
做业 (作业)	陪礼 (赔礼)	邦助 (帮助)

▌중국어에서 동음이기 때문에 별자를 쓴 경우
괄호 안의 글자가 정확한 서사법이다.

오자나 별자를 쓰지 않으려면 위에서 언급한 세 가지 측면에 주의해야 한다. 이 밖에도 부지런히 자전과 사전을 찾는 습관을 들이는 것이 좋다.

1. 고대의 간체 – 속체자(俗體字)

　예로부터 사람들은 글자를 쓸 때 항상 필획이 좀 적고 글자를 좀 더 빨리 쓸 수 있기를 희망했다. 그래서 민간에서는 늘 필획이 적은 간체자를 만들어냈다. 이런 간체자들은 당시 사회에서 통용되던 "정체"가 아니었고, "속체"라는 이름으로 불렸다. 간단히 말해서 속체자는 민간에서 만들어낸 필획이 적은 글자이다. 속체자의 대량 출현은 한자 간화에 대한 사람들의 강렬한 희망과 지혜를 보여준다.

　아래에 모아 놓은 한자는 송대(宋代) 이후로 통용된 적이 있는 속체자들이다. 이들 고대의 간체자들은 모두 현대의 간화자로 채용되어 오늘날 우리가 사용하는 규범한자가 되었다.(괄호 안은 번체자임.)

爱(愛)	宝(寶)	办(辦)	边(邊)	贝(貝)	报(報)	帮(幫)	宾(賓)	笔(筆)
虫(蟲)	才(纔)	参(參)	麦(麥)	庙(廟)	担(擔)	单(單)	当(當)	党(黨)
灯(燈)	独(獨)	东(東)	对(對)	断(斷)	风(風)	计(計)	坛(壇)	体(體)
头(頭)	铁(鐵)	条(條)	听(廳)	难(難)	历(歷)	礼(禮)	刘(劉)	怜(憐)
丽(麗)	里(裏)	恋(戀)	粮(糧)	胡(鬍)	烛(燭)	炉(爐)	乱(亂)	妇(婦)
帅(帥)	罗(羅)	经(經)	济(濟)	几(幾)	个(個)	盖(蓋)	赶(趕)	挂(掛)
过(過)	归(歸)	会(會)	号(號)	话(話)	语(語)	画(畫)	欢(歡)	还(還)
机(機)	价(價)	尽(盡)	据(據)	齐(齊)	气(氣)	权(權)	穷(窮)	乔(喬)
戏(戲)	吓(嚇)	献(獻)	响(響)	兴(興)	选(選)	只(隻)	这(這)	战(戰)
钟(鐘)	称(稱)	时(時)	说(說)	声(聲)	圣(聖)	师(師)	热(熱)	荣(榮)
灶(竈)	岁(歲)	杀(殺)	苏(蘇)	虽(雖)	孙(孫)	双(雙)	医(醫)	义(義)
仪(儀)	邮(郵)	药(藥)	阳(陽)	阴(陰)	与(與)	门(門)	么(麽)	无(無)
为(爲)	弯(彎)	湾(灣)	万(萬)	网(罔)	围(圍)	云(雲)	园(園)	远(遠)
泪(淚)	猫(貓)	吃(喫)	洒(灑)	异(異)	应(應)	岩(巖)	专(專)	种(種)

2. '云(운)'자의 규범화를 통해 본 한자의 간화

갑골문 '云'은 상형자이다. 갑골문은 '**ㅎ**' 형태로, 하늘에서 빙빙 돌며 휘날리는 구름을 상형하였다. '云'은 나중에 "말하다"라는 동사를 표시하는 글자로 가차되었다. 예를 들어 "古人云"이라는 말은 "옛사람이 말하였다"이고, "子曰"은 "공자가 말씀하셨다"라는 뜻이다. 본래 글자와 가차자를 구별하기 위해 소전에서는 '云'의 위에 '雨(우)'를 더하여 '雲(운)'을 만들고 본래의미, 즉 "구름"이라는 뜻을 나타냈다. 구름이 있어야 비가 내리기 때문에 구름과 비의 관계는 매우 밀접하다. '云'에서 '雲'으로 변한 것은 일종의 번화(繁化)라고 할 수 있는데, 이것은 명확한 표의를 위한 것이었다. '云'은 본래 상형자이지만, '雲'은 '雨'가 형부이고 '云'이 성부인 형성자이다. 지금은 '雲'이 또 다시 '云'으로 간화되었다. 이는 고문자형으로 돌아간 것인데, 그 이유는 "말하다"라는 의미를 나타내는 '云'의 용법이 더 이상 쓰이지 않기 때문이다. 그래서 명확한 표의에 영향을 주지 않는다는 전제 하에 '雲'이 '云'으로 간화되었고, '云'은 다시 규범한자가 되었다.

'云'자는 간단한 형체에서 복잡한 형체로, 다시 복잡한 형체에서 간단한 형체로의 변화 과정을 거쳤다. 이것은 모두 명확한 표의를 위한 것이다. 최종적으로 간단한 자형을 선택했다는 것은 간화가 한자 발전의 주된 흐름이라는 규율을 증명한 것이다.

3. 잘못 쓰거나 잘못 읽기 쉬운 상용자

아래에 있는 글자들은 모두 상용자인데, 자형이 비슷하기 때문에 잘못 쓰거나 잘못 읽기 쉬우므로 세심하게 구별할 필요가 있다.

己(jǐ) － 已(yǐ)	士(shì) － 土(tǔ)	干(gān) － 千(qiān)
干(gān) － 于(yú)	刀(dāo) － 刁(diāo)	天(tiān) － 无(wú)
天(tiān) － 夭(yāo)	代(dài) － 伐(fá)	丹(dān) － 舟(zhōu)
朵(duǒ) － 杂zá	村(cūn) － 材(cái)	官(guān) － 宫gōng
归(guī) － 旧jiù	很(hěn) － 狠(hěn)	未(wèi) － 末(mò)

狐(hú)－孤gū)	互(hù)－瓦(wǎ)	感(gǎn)－惑(huò)
货(huò)－贷dài)	败(bài)－贩(fàn)	坚(jiān)－竖(shù)
捐(juān)－损sǔn)	坑(kēng)－炕(kàng)	绿(lǜ)－缘(yuán)
仑(lún)－仓cāng)	兔(tù)－免(miǎn)	牧(mù)－枚(méi)
牌(pái)－碑bēi)	贫(pín)－贪(tān)	捧(pěng)－棒(bàng)
屈(qū)－届jiè)	洒(sǎ)－晒(shài)	庆(qìng)－厌(yàn)
湿(shī)－温wēn)	侍(shì)－待(dài)	师(shī)－帅(shuài)
碎(suì)－粹cuì)	倍(bèi)－陪(péi)	乌(wū)－鸟(niǎo)
勿(wù)－匆cōng)	夕(xī)－歹(dǎi)	销(xiāo)－锁(suǒ)
辛(xīn)－幸xìng)	性(xìng)－姓(xìng)	要(yào)－耍(shuǎ)
隐(yǐn)－稳wěn)	营(yíng)－管(guǎn)	运(yùn)－远(yuǎn)
允(yǔn)－充chōng)	早(zǎo)－旱(hàn)	找(zhǎo)－我(wǒ)
庄(zhuāng)－压yā)	准(zhǔn)－淮(huái)	字(zì)－宇(yǔ)
拔(bá)－拨bō)	勾(gōu)－句(jù)	愉(yú)－偷(tōu)

1 빈 칸에 알맞은 단어를 적으시오.

1. 한자를 정확하게 사용하려면 두 가지 측면에 주의해야 한다. 첫째는 _____를 사용하는 것이고, 둘째는 _____를 쓰지 않는 것이다.

2. 중국에서 통용되는 언어는 _____이고, 문자는 _____이다.

3. 한자의 간화는 두 가지 개념을 포괄한다. 하나는 _____이고, 다른 하나는 _____이다.

4. 간화를 통해 한자의 필획은 _____ 감소했고, 훨씬 빨리 쓸 수 있게 되었다.

5. UN의 중국어 문서에 사용되는 것은 _____자이다.

2 아래의 질문에 적절한 답을 고르시오.

① 다음 중 잘못된 설명은 무엇인가? (   )

A. 좋은 문자는 표의가 명확하고 서사 속도가 빠른 문자이다.

B. 한자의 역사에서 간화는 일찍이 중지된 적이 없었다.

C. 번체자는 비규범자에 속하므로 오자이다.

D. 현재 중국에서 통용되는 간화자의 갯수는 2,235개이다.

② 다음 중 잘못된 설명은 무엇것가? (   )

A. 형근자(形近字)를 구별하기 위해서 한자 형체의 상형요소를 이용할 수 있다.

B. 엄격하게 말해서 적절하지 않은 곳에 사용된 별자(別字)는 곧 오자(誤字)이다.

C. 이체자는 오자가 아니므로 규범자에 속한다.

D. 동음자이기 때문에 별자를 쓰는 현상은 매우 보편적이다.

3 아래에 제시된 단어를 설명하시오.

규범한자	오자(誤字)와 별자(別字)

4 아래에 있는 문장에서 번체자를 간화자로 고치고, 간화자의 편리함을 체험해보시오.

聽說劉華在學校裏考試, 齊麗在國家劇場觀看演出.

5 아래에 있는 중국어 단어들 중에서 오자(4개), 별자(8개), 이체자(4개)를 찾아 바르게 고쳐보시오.

做业	炼习	辛福	浪废	解决	建立	学习	打蓝球
修里	典形	建康	山峯	减少	房屋	问题	世界盃

6 다음 질문에 답하시오.

1. 현재 사용되는 간화자는 모두 문자학자들이 만들어낸 것이라고 말하는 사람이 있는데, 이것이 사실인가?

2. 간화자는 한자 형체의 표의성을 파괴하여 한자의 형체 중에 남아있는 문화적인 내용을 알아볼 수 없게 한다는 이유로 한자의 간화를 반대하는 사람들이 있다. 이런 견해에 대해 본인의 생각을 말해보시오.

3. 회의자 '尘(진)'은 작고 미세한 흙을 나타낸다. '尘'의 번체자인 '塵'도 역시 회의자이며 '鹿'과 '土'의 조합으로 이루어졌다. 사슴은 빨리 달리는 특징이 있고 달릴 때마다 흙먼지를 일으킨다. 이 두 글자는 표의가 분명하여 모두 언어를 기록하는 부호가 되었다. 이 가운데 어느 것이 사용하기에 더욱 편리한가? 그렇게 생각하는 이유는 무엇인가?

4. 좋은 문자는 필획이 적고 서사 속도가 빠른 문자이므로 앞으로도 계속 한자를 간화하여 필획을 줄이는 것이 좋다고 말하는 사람들이 있다. 이에 대한 자신의 견해를 말해보시오.

5. 규범한자는 국가적으로 통용되는 글자이므로 마땅히 안정적이어야 한다. 그러나 현재 사용하는 한자 중에는 여전히 필획이 많고 구조가 복잡한 글자들이 있다. 예를 들어 '懂(동)', '嘴(취)', '嚼(작)', '餐(찬)', '警(경)', '鼻(비)', '藏(장)', '舞(무)', '繁(번)', '微(미)', '贏(영)', '鷹(응)', '翻(번)', '鼠(서)', '爆(폭)', '霸(패)', '疆(강)' '罐(관)' 등은 모두 상용자지만 필획이 많고 쓰기가 불편하다. 이런 글자들은 당장이라도 간화해야 하는 것이 아닌가? 이에 대한 자신의 견해를 말해보시오.

6. 오자나 별자를 쓰지 않으려면 어떻게 해야 하는지 말해보시오

제5절 한자와 중국어

언어와 문자의 관계를 생각해 보면, 먼저 언어가 있었고 나중에 그 언어에 맞는 문자가 생겼다. 한자는 중국어를 기록하는 서사부호이며, 중국어의 기본구조 단위이다. 중국어와의 고도의 일치성, 원활한 단어구성 및 초방언성과 초시대성 등은 한자의 우수성과 독창성을 나타낸다.

1. 한자와 중국어의 일치성

중국어는 단음절을 기본단위로 하는 언어이다. 그래서 보통의 경우 하나의 음절이 하나의 단음절단어('人')나 혹은 하나의 형태소[1](이음절단어 "人物"을 구성하는 '人'과 '物')를 나타낸다. 고대중국어의 단어는 대부분 단음절이었다. 예를 들어 '學(학)'도

---

1) 형태소는 발음과 의미가 결합된 최소의 단어 구성 단위이다. 예를 들어 '人'이나 '物' 등이 바로 형태소이다. 이들은 모두 일정한 발음과 의미를 가지고 있고 의미를 가진 더 작은 단위로 나눌 수 없다. 형태소 가운데 어떤 것은 단독으로 사용할 수 있다. 그러면 이 형태소는 바로 단어이다. "屋里有人[집안에 사람이 있다]"이라는 구에서의 '人'은 독립적인 단어이다. 그러나 이음절 단어 "人物"에서의 '人'은 단독으로 말하거나 쓸 수 없고, 형태소 '物'과 결합해야만 비로소 하나의 의미를 나타낼 수 있다. 그래서 이때의 '人'은 단어가 아니라 형태소이다. 결론적으로 말해서 하나의 한자는 하나의 단어를 기록할 수도 있고, 하나의 형태소를 기록할 수도 있다. 그러나 한자가 기록하는 것이 단어나 형태소가 아닌 경우도 있다. 예를 들어 '咖(가)'와 '啡(배)' 두 글자는 단어도 형태소도 아니다. 왜냐하면 '咖'와 '啡' 두 글자는 어떠한 의미도 가지고 있지 않고, 두 글자가 결합되어 "咖啡"라는 단어가 될 때에만 비로소 "커피"라는 의미를 가지기 때문이다. "咖啡"는 하나의 단어와 하나의 형태소를 나타낸다.

단음절단어이고 '習(습)'도 단음절단어여서 모두 단독으로 사용할 수 있었다. 공자가 말한 "學而時習之, 不亦說(悅)乎?(배우고 수시로 그것을 익히면 또한 기쁘지 아니한가?)"에서 '學'과 '習'은 서로 다른 의미를 나타내는 두 개의 단어로 사용되었다. 현대중국어의 단어는 대부분 이음절이지만, 하나의 음절이 하나의 형태소를 나타내기 때문에 음절과 음절 간의 경계는 여전히 분명한 편이다. 예를 들어 이음절 단어 [xuéxí]는 두 개의 형태소 '学(학 / 學)'과 '习(습 / 習)'을 결합하여 "学习"이라고 쓴다. 두 개의 한자(형태소) '学'과 '习'의 경계선은 바로 [xué]와 [xí] 두 음절의 경계선이다. 하나의 한자는 하나의 음절이고, 하나의 단음절단어 혹은 형태소의 발음을 나타낸다. 한자는 음절 하나하나와 대응하며 서로 섞이지 않는다. 예를 들어 문장 "Wǒ zài Zhōngguó xuéxí Hànyǔ[나는 중국에서 중국어를 배웁니다]"에는 모두 8개의 음절이 있는데, 한자로 쓰면 "我在中国学习汉语"이다. 8개의 한자는 8개의 음절과 대응하며 어떤 형태변화도 없다. 이를 통해 한자는 중국어에 적합하며, 중국어와 고도의 일치성을 보인다는 것을 알 수 있다. 중국어와 한자의 차이는 단지 "보는 것"과 "읽는 것"의 차이일 뿐이다. 볼 때는 한자이지만, 읽으면 바로 중국어이다.

2. 한자는 중국어의 기본 구성 단위이다

중국어는 단음절을 기본 구조 단위로 하는 언어이므로, 자연히 단음절을 대표하는 한자가 중국어의 기본 구조 단위이다. 구체적으로 말해서 중국어 문장은 하나하나의 음절로 구성되고, 그것을 써내면 바로 하나하나의 한자(형태소)로 구성된다. 즉 먼저 글자가 단어를 구성하고, 다시 단어가 구를 구성하고, 마지막으로 구와 단어가 문장을 만드는 것이다. 한자는 문장의 가장 작은 구조 단위이며 문장 구조의 기초이다. 앞에서 나온 "我在中国学习汉语"에는 모두 8개의 음절이 있고, 모두 8개의 한자로 구성되었다. 그 중 6개 한자는 형태소로서, 이음절단어인 "中国"과 "学

习”, “汉语”를 구성한다. 그리고 다시 개사(介词)－빈어(宾语) 구조인 “在中国”과 동사－빈어 구조인 “学习汉语” 두 개의 구를 만들고, 다시 결합하여 “在中国学习汉语”라는 좀 더 큰 구를 만든다. 그리고 마지막으로 “我在中国学习汉语”라는 문장을 만든다. 이 문장의 가장 작은 구성 단위는 “中国”이라는 단어가 아니라, 두 개의 한자(형태소) ‘中’과 ‘国’이다. “学习”과 “汉语”도 마찬가지이다. 이 문장의 가장 작은 혹은 가장 기본이 되는 구성 단위는 8개의 한자(형태소) ‘我’, ‘在’, ‘中’, ‘国’, ‘学’, ‘习’, ‘汉’, ‘语’이다. 이것은 중국어가 단어가 아니라 한자를 기본 구성 단위로 한다는 사실을 알려준다. 그래서 한자가 중국어의 기본 구조 단위라고 하는 것이다.

3. 한자의 원활한 단어 구성 능력

한자는 매우 원활한 단어 구성 능력을 가지고 있다. 거의 모든 한자가 다 여러 단어를 구성할 수 있다. 예를 들어 ‘学’(學의 간화자)자는 앞에 높이면 “学习”, “学校(학교)”, “学生(학생)”, “学问(학문)”, “学分(학분 : 학점을 의미하는 중국어단어)”, “学历(학력)”, “学工(학공)” 등의 단어를 구성할 수 있고, 뒤에 놓이면 “自学(자학)”, “教学(교학)”, “数学(수학)”, “讲学(강학)”, “苦学(고학)”, “勤学(근학)”, “留学(유학)” 등의 단어를 구성할 수 있다. 다시 예를 들어 “大禹治水(대우치수)”의 “治水”와 같은 조합이 있다면, “治山(치산)”, “治田(치전)”, “治湖(치호)”, “治病(치병)”, “治安(치안)”, “治理(치리)”, “治疗(치료)” 등도 만들 수 있다. 조합하여 만드는 것이 단어이든 구이든 상관없이 거의 무제한적으로 만들어낼 수 있다. 중국어는 겨우 1,300여 개의 음절을 가지고 있지만, 한자는 오히려 수만, 수십만 개의 단어를 기록한다. 이것은 한자가 원활한 단어 구성 능력을 가지고 있음을 보여준다. 이런 특징 때문에 한자는 대량의 동음어를 가지고 있다. 예를 들어 중국어 단어 “学生”과 “学笙”, “治病”과 “致病”, “治理”와 “至理(지리)”는 동음이지만2), 한자의 표의 형체가 가지고 있는 의미 구분 능력으로 완벽하게 구분할 수 있다. 또 동일한 글자라도 조합 위치가 다르면 서로 다른 단어가 되는 경우도 있다. 예를 들면 "国王－王国", "蜜蜂－蜂蜜", "生产－产生", "进行－行进", "科学－学科", "害虫－虫害", "黄金－金黄" 등이 있다. 이 예들은 비교적 적은 글자로 많은 단어를 표현할 수 있음을 보여준다.

한자의 원활한 단어 구성 능력은 한자 자체의 표의 특징이 결정한 것이다. 이음절단어 혹은 다음절단어를 구성하는 글자들은 모두 그 글자 자체의 의미를 가지고 있다. 그래서 이음절단어의 의미는 종종 단어를 구성하는 두 글자의 의미 조합인 경우가 많다. 예를 들어 "国王"은 "국가의 왕"이고, "王国"은 "왕이 있는 국가"이다. "金黄"은 "금과 같이 누런색"이고, "变成"은 "변하여 무엇이 되다"이고, "注重"은 "주의하고 중시하다"이고, "增光"은 "광영을 더하다"라는 뜻이다. 다음절어도 마찬가지이다. 예를 들어 "电视机"는 "전기를 사용하여 볼 수 있는 기계, 즉 TV"이다.

한자의 원활한 단어 구성 능력은 한자의 표의기능과 중국어 기초 단위로서의 기능을 보여준다.

4. 한자의 초방언성과 초시대성

중국어는 방언이 많고 그 차이도 매우 심하다. 예를 들어 '街(가)'를 표준어인 보통화로는 [jiē]라고 읽지만, 민남어(閩南語), 사천어(四川語), 상해어(上海語)로는 [gāi]라고 읽는다. '鞋(혜)'는 보통화로 [xié]라고 읽지만, 사천, 호남(湖南) 등 많은 지역의 방언에서는 [hái]라고 읽는다. '肉(육)'은 보통화로 [ròu]라고 읽지만, 산동어(山東語)에서는 [yòu]라고 읽는다. 각지의 말소리가 서로 달라서 사람들은 종종 상대방의 말을 알아듣지 못한다. 그러나 말하는 것을 한자로 적으면 모두 이해하게 된다. 어

---

2) "治理"와 "至理"의 중국어발음은 [zhìlǐ]로 동일하다.

떤 한자는 그 발음을 쉽게 읽을 수 없거나, 혹은 어떻게 읽어야 할지 모를 수 있다. 하지만 사람들은 자형을 통해 글자의 의미를 알 수 있다. 그래서 한자는 일종의 초방언적 특성을 가진다. 한자의 초방언성은 방언의 장애를 극복하고 중국 각지 사람들의 교제와 문화교류를 보장해주었다. 이 때문에 한자는 몇 천 년 동안 전국적으로 통용되는 통일된 서면어 도구였다.

▌중국 각지의 사람들은 방언을 사용해서는 교류할 수 없지만, 한자를 보면 바로 소통할 수 있다.

동시에 한자는 시대를 초월하는 특성도 가지고 있다. 한자는 옛글자로부터 조금씩 발전해왔기 때문에 지금 사람들도 전해져 오는 고대의 한자서적을 이해할 수 있고, 기본적으로 3,000년 전의 갑골문도 이해할 수 있다. 그러나 병음문자를 사용하는 민족은 몇 백 년 전의 서적을 보는 것도 매우 곤란하다. 한자는 문자의 초시대성을 보여주며 세계문자의 역사에서 하나의 기적을 만들어냈다. 한자는 중국이 5,000여 년의 문명사를 이어오는 데 있어 매우 중요한 역할을 담당했다.

1. 중국어와 중국어 문법

한자는 중국어의 기본 구성 단위로서 중국어와 고도의 일치성을 보인다. 하나의 한자가 곧 하나의 음절이라는 점, 단어 구성의 원활성 등이 이런 사실을 알려준다. 사실 한자는 중국어 문법과도 밀접한 관계가 있다. 아래에서 대표적인 예를 들어 설명하고자 한다.

중국어에서 단어의 품사는 지금까지 해결하기 어려운 문제로 남아 있다. 하나의 단어에 여러 품사가 존재할 수 있다는 이유로, 어떤 사람은 "중국어 단어는 품사가 없다"고 말하기도 한다. 한자의 각도에서 보면 일부 한자의 표의 편방이 품사의 판단에 힌트를 줄 수 있다. 예를 들어 편방이 '扌', '走', '辵', '攵', '口'인 한자는 대부분 동사이고, 편방이 '木', '艹', '亻', '虫', '鱼'인 한자는 대부분 명사이다. 이것을 이해하면 적어도 글자의 본래 품사는 파악할 수 있다.

그 밖에 한자와 단어의 일치성은 중국어 문법에 자유롭고 원활한 성격을 더해 주었다. 예를 들어 동사 두 개를 연달아 쓰거나, 혹은 동사와 형용사를 연달아 쓰면 특별한 어법 구조, 즉 동사-보어(補語) 구조를 만들어낼 수 있다. 두 개의 동사를 연달아 사용한 "看见", "打开", "推倒", "写完" 등이 바로 이런 구조이다. "看见"을 예로 들어 보자. '看'은 회의자이다. 자형은 한 손을 눈 위에 놓은 모습을 표현한 것으로 "보다"라는 동작을 나타낸다. '见'도 역시 회의자이다. 아래는 사람의 모습이고 위는 눈을 크게 확대한 것으로 "보았음"을 표시한다. 이것은 바로 "보다"라는 동작이 만들어낸 결과이다. 모종의 결과를 포함하는 '见'의 이런 의미는 "相见", "会见", "接见", "拜见" 등의 단어에서도 나타난다. 문법적으로 분석하면 "看见"은 동사-보어 구조이다. '看'은 동작 행위를 나타내는 동사이고, '见'은 '看'의 결과를 나타내는 결과보어이다. 이렇게 동사를 연달아 사용하는 것은 하나의 동작과 그 결과를 가장 경제적인 언어로 나타낸다는 특징이 있다. 동사와 형용사를 연달아 사용한 "吃好", "弄坏", "延长", "缩短" 등도 이런 특징을 나타낸다.

어순의 측면에서 한자는 중국어 문법을 원활하고 탄력적으로 변화시킨다. 예를 들어 "读死书(죽은 공부를 하다)"는 동빈(动宾)구조이고, "读书死(공부하다 죽다)"는 연동(连动)구조이며, 또 "死读书(덮어놓고 공부하다)"는 편정(偏定)구조이다.

중국어 문법과 관련된 또 다른 예를 살펴보자. '把'자 구문은 외국학생들이 중국어를 공부할 때 가장 어렵게 생각하는 부분 중 하나이다. 학생들은 자주 "我把作业写", "我把妈妈想了"라고 말하는 잘못을 범한다. 첫 번째 문장은 빈어 "作业"에 대한 동작 '写'의 처치 결과를 나타내지 않았다는 데 문제가 있고, 두 번째 문장은 동사 '想'의 동작성이 강하지 않다는 데 문제가 있다. '把'자 구문은 사물에 대한 동작의 처리 및 처리의 결과, 영향을 강조하는 구문이다. 이런 구문에서 서술어는 강한 동작성과 처치성을 가지고 있어야 한다. "想", "觉得", "怕", "喜欢" 등의 심리활동, 혹은 감지(感知)를 나타내는 동사는 모두 동작성이 강하지 않으며 빈어에 대해 처치성을 가질 수 없다. 그래서 이 동사들이 서술어일 때에는 '把'자 구문으로 말할 수 없다. 이 밖에도 빈어에는 반드시 모종의 변화 혹은 결과가 있어야 한다. 그렇지 않으면 이것도 역시 '把'자 구문으로 말할 수 없다. 이런 요구는 '把'자 자체에서 그 원인을 찾을 수 있다. '把'는 형성자이다. '手'가 형부이고 '巴'가 성부이다. 글자의 본래의미가 "손으로 물건을 잡다"이므로, 동작성이 매우 강한 동사이며, 또 물건에 대한 동작의 처리 및 물건에 대한 모종의 변화 혹은 결과의 의미도 포괄한다. '把'자가 '把'자 구문에서 개사가 될 때에도 이런 특징이 발휘되어, '把'자 구문은 동작의 대상에 대한 동작의 처리 및 처리 후에 발생하는 변화와 결과, 영향 등의 표현을 요구한다. 그래서 '把'자의 특징을 이해하는 것은 '把'자 구문을 파악하는 데 도움을 준다. '把'자 구문의 특징은 '把'라는 한자의 특징에서 기인했다고 말할 수 있다.

2. 한자와 고대 시가(詩歌)

하나의 한자는 하나의 음절이자 하나의 단어, 혹은 하나의 형태소이며, 독립된 사각의 형체를 가지고 있다. 이 때문에 한자는 정연하게 배열된 시가를 쓰기에 적합하다. 고대중국의 4언시와 절구(絶句), 율시(律詩)는 글자수와 격식이 모두 정해져 있다. 예를 들어 5언절구는 시 전체가 반드시 4구로 이루어져야 하고, 매 구는 반드시 5개 글자로 구성되어야 한다. 7언율시는 시 전체가 반드시 8구로 이루어져야 하고, 매 구는 반드시 7개 글자로 구성되어야 한다. 모두 익히 알고 있는 당나라의 5언절구 ≪춘효(春曉)≫를 예로 들어 살펴보자.

春眠不覺曉, 處處聞啼鳥.
夜來風雨聲, 花落知多少?
봄잠에 새벽 오는 줄 몰랐는데,
곳곳에 새 지저귀는 소리 들리네.
지난 밤 사이 비바람 소리 들렸으니,
꽃잎은 또 얼마나 떨어졌을까?

이 시는 모두 4구로 이루어졌고, 매구는 다섯 글자로 구성되었다. 가로로 쓰건 세로로 쓰건 관계없이 모두 한 글자가 하나의 단위이고, 글자와 글자가 하나씩 대응되며 배열이 가지런하다. 이 때문에 시 전체가 하나의 정연한 직사각형이 되어 일종의 정제미를 드러낸다. 만약 영문으로 이 시를 쓴다면, 길이가 일정하지 않은 단어와 구문을 일일이 대응시키기 어렵기 때문에 정제된 외형을 형성할 수 없을 것이다. 이는 곧 시가의 정제미를 잃는 셈이다.

고대중국의 시가에는 중요한 특징이 한 가지 더 있다. 바로 대구(對句)를 사용해야 한다는 것이다. 특히 율시는 대구를 매우 중요하게 생각한다. 예를 들어 당대의 7언율시 ≪등고(登高)≫ 중의 한 구를 살펴보자.

> 無邊落木蕭蕭下,
> 不盡長江滾滾來.
> 끝없는 숲에서 낙엽 우수수 떨어지고
> 다함이 없는 장강은 출렁이며 흘러온다.

"無邊"은 "不盡"과 대응하고, "落木"은 "長江"과 대응하고 "蕭蕭"는 "滾滾"과 대응하고 "下"는 "來"와 대응한다. 둘씩 서로 짝이 되는데, 품사와 구조가 완전히 같을 뿐 아니라 구형(句形) 역시 매우 정제되어 보인다. 이런 독특한 특징을 갖춘 시구는 오직 하나의 글자가 하나의 단위이고, 하나의 글자가 하나의 음절인 한자만 만들어낼 수 있다. 독립된 자형을 가진 한자가 고대중국 시가의 리듬감과 음악미, 시각적인 정제미와 조화미를 촉진시켰다고 말할 수 있다.

이 밖에 한자 형체의 상형요소가 시가의 예술적 경지를 조성하는 데 끼친 절묘한 기능도 한자가 가지고 있는 독특한 표의기능 때문이다.

1 빈 칸에 알맞은 단어를 적으시오.

1. 먼저 _____가 있었고 나중에 _____가 생겼다. 한자는 _____를 기록하는 서사
   부호이다.

2. 중국어는 _____음절을 기본 단위로 하는 언어이다.

3. 하나의 한자는 바로 하나의 _____이며, 중국어의 단음절단어 혹은 형태소의 발음을
   나타낸다.

4. 중국어의 기본 구조 단위는 _____가 아니라 _____이다.

5. 한자는 매우 원활한 _____ 능력을 가지고 있다.

2 다음 중 잘못된 설명은 무엇인가? (   )

   A. 현대중국어 문장은 음절로 구성된다.

   B. 현대중국어 문장은 한자로 구성된다.

   C. 현대중국어 문장에서 한자와 음절은 일일이 대응하지 않는다.

   D. 하나의 한자는 하나의 음절이다.

3 한자는 매우 원활한 단어 구성 능력을 가지고 있어서, 대부분의 한자가 여러 단어를 구성할 수
있다. 아래에 나열한 한자를 형태소로 삼아 각각 6개의 이음절단어를 만들어보시오.

   1. 電
   2. 天

4 이음절단어의 의미는 단어를 구성하는 두 글자의 의미 조합인 경우가 많다. 아래에 나열한
이음절단어의 의미를 말해보시오.

| 1. 工具 | 2. 超市 | 3. 敬畏 |
| 4. 簡易 | 5. 尊重 | 6. 非常 |

5 다음 질문에 답하시오.

1. 본문에서 "하나의 한자는 하나의 음절이며, 중국어의 단음절단어 혹은 형태소의 발음을 나타낸다"고 말했는데, 이것은 어떻게 이해할 수 있는가?
2. 한자가 원활한 단어 구성 능력을 가지는 주요 원인은 무엇인가?
3. 한자의 초방언성이 중국 각 지역 사람들의 일상생활과 문화교류를 가능하게 했다고 말하는 이유는 무엇인가?
4. 한자의 초시대성에 대해 말해보시오.

제5장

한자와
중국문화

←←←

한자는 중국의 문화부호로서 중국문화의 발생과 발전의 역사를 기록해 왔다. 거의 모든 한자가 다 한 폭의 생생한 역사 문화 그림이며, 한자는 중국문화의 "살아 있는 화석"이다.

제1절 한자에 들어 있는 고대 문화 정보 1

1. 한자를 통해 본 고대중국인의 자연관

지금으로부터 약 4,000년 전에서 10,000년 전까지의 시간은 신석기시대로 분류된다. 역사학자들은 이 기간을 "상고시기(上古時期)"라고 부른다. 당시 사람들은 자연을 이해하고 개조하기 원했지만, 물질적 여건이 미비하고 인식능력 또한 낮아서 강대한 대자연에 대항할 힘이 턱없이 부족했을 것이다. 그래서 그들은 상상과 신기한 형상에 의지하여 신비한 대자연을 해석할 수밖에 없었다. 오래된 몇몇 한자에는 세상에 대한 고대중국인들의 인식과 자연관이 고스란히 남아 있다.

사람이 있어야 문화와 역사도 존재하는 법이니, 원모원인(元謀猿人)[1]부터 계산한

---

1) 원모원인(元謀猿人) : 중국 구석기시대 후기의 옛 인류. 지금으로부터 약 170만 년 전에 존재했으며 운남성(雲南省) 원모현(元謀縣)에서 발견되었다. 최근에 중국의 고고학자들은 장강(長江) 삼협(三峽) 지역에서 더 이른 시기의 고인류인 "무산인(巫山人)" 화석을 발견했다. 이들은 지금

■ '昔'자의 창조

도도하게 흐르는 홍수가 하늘에 떠 있는 해를 가린다. 고고학자들은 4천년 이전에 지구상에 확실히 전세계적인 대홍수가 발생했었다고 증명했다.

■ 노아의 방주 ≪성경≫ 이야기

대홍수가 도래하기 이전에 하나님이 노아에게 커다란 방주 하나를 만들어 가족과 각종 동식물을 종류대로 배에 싣도록 명했다. 후에 하나님이 40일간 밤낮으로 비를 내려 지상의 모든 생명이 다 사라졌다. 하지만 방주는 아라랏산의 꼭대기에 걸렸고, 노아와 가족들은 모두 살아남았다.

다면 중국인의 역사는 170만 년에 달하며, 문명을 향해 발전해온 역사도 최소 만 년이 넘는다. 한자를 창조한 중국의 조상들은 아득히 먼 옛날을 어떻게 기억했을까? 어떤 일들이 그들의 기억 속에 남아 있을까? '昔(석)'자에 이 문제에 대한 해답이 있다.

갑골문 '昔'은 회의자이다. '水'와 '日'로 구성되어 시간이 강물처럼 흘러갔음을 나타내며, "이전", "지난 날" 등의 의미를 가지고 있다. 그러나 '昔'자가 나타내는 "이전"의 본래의미를 좀 더 깊이 연구해 보면, 옛사람들의 기억 속에 가장 깊은 인상을 남긴 것은 바로 이전의 대홍수였음을 알 수 있다. 만약 "이전"이 무엇이냐고 묻는다면, 그들은 "이전"은 바로 오래전 홍수가 범람했던 그 때라고 말할 것이다. '昔'자가 묘사한 것은 무시무시한 대홍수의 광경이다. 큰물이 굽이쳐 흐르며 하늘의 해를 가리고, 땅 위의 모든 생명을 무정하게 삼켜버린 광경 말이다. ≪대우치수(大禹治水)≫는 그런 큰 재난을 묘사한 고대중국의 전설이고, 서양

으로부터 약 200만 년 전의 옛 인류이다.

의 ≪노아의 방주≫ 역시 큰 홍수가 세상을 침몰시킨 무서운 광경을 묘사하였다. '昔'자는 우리들에게 옛날에 아주 큰 홍수의 시기가 있었음을 형상적으로 알려준다.

대우치수(大禹治水)
중국 상고시기의 전설. 상고시기의 영웅인 우(禹)는 산을 뚫고 강을 파서 큰물이 잘 흐르도록 만들었다. 그는 이 일을 하는 동안 세 번이나 자기 집 앞을 지나갔지만, 세 번 모두 집에 들어가지 않고 치수사업에 전념했다. 우는 10년간의 노력으로 물길을 바꿔 홍수를 막아내고 수재(水災)를 제거했다.

| 천(tiān) | 갑골문 | 갑골문 | 금문 | 소전 |

저 높이 위에 있는 하늘은 광활하고 신비롭기 때문에 사람들은 늘 경외하는 마음으로 하늘을 우러러봤다. 그래서 사람을 좌표로 삼아 '天(천)'자를 만들었다.

갑골문 '天'자는 정면으로 서있는 사람의 모습을 상형한 것으로, 사람의 머리 부분을 특히 돌출시켰다. 그래서 '天'의 본래의미는 "사람의 정수리"인데, 정수리 위에 있는 "하늘"도 가리키게 되었다. 하늘은 광활하여 끝없이 넓다. 고대인들은 이런 하늘을 "창천(蒼天)"이라고 불렀다. 하늘은 높이 위에 있고, 일월성신(日月星辰)은 그 가운데서 운행되며, 비바람과 천둥번개도 거기에서 발생한다. 고대인들은 이런 자연현상이 어떻게 된 일인지 이해하지 못했고, 그저 하늘을 지극히 높은 신이라고 생각했다. 그래서 하늘을 "천신(天神)", "천제(天帝)", "상천(上天)"이라고 불렀다.

고대중국에는 "천원지방(天圓地方)"의 설이 있었다.
즉 "하늘은 둥글고 땅은 네모나다"고 생각한 것
이다. 북경에 있는 천단(天壇)은 고대의 황제들이
하늘에 제사를 지내던 곳인데, 그곳의 건축물은
대부분 원형이고 지붕은 모두 파란색이다. 이것
으로 하늘을 상징한 것이다. 인간을 통치하는 군
왕은 자신의 위엄을 높이기 위해 자기를 "천자(天
子)"라고 불렀다. 자신을 하늘의 아들이라고 말한
것이다.

여와가 하늘을 보수하다
여와가 손에 오색돌을 들고 용감하
게 하늘에 난 구멍을 향해 날아간다.

중국에는 옛날부터 ≪여와보천(女媧補天)≫ 신화
가 전해져온다. 아득히 먼 옛날에 하늘에 큰 구멍
하나가 생겼고, 그 때문에 재난이 발생하여 사람
들의 생활이 매우 곤란했는데, 머리는 사람이고 몸은 뱀인 여신 여와가 오색돌을
구워서 하늘을 보수하여 천하가 다시 평안을 얻게 되었다는 내용이다. 이 이야기
는 아득히 먼 옛날 사람들의 하늘에 대한 두려움을 반영하고, 또 자연을 개조하고
자연재해를 극복하고자 했던 사람들의 강렬한 희망을 나타낸다.

지(dì)   소전

하늘과 비교하면 땅은 인류와 더 밀접한 관계를 가진다. 사람의 두 발은 땅을 떠
날 수 없고, 사람들이 먹는 것과 쓰는 것이 모두 땅에서 나오며, 땅은 어머니와 마
찬가지로 만물을 기른다. 그래서 이런 의미를 나타내는 '地(지)'자가 생겨났다.

'地'는 회의자이다. 왼쪽은 '土(토)'이고 오른쪽은 '也(야)'이다. 자원(字源)을 살펴보면, '也'는 여성의 특징(허신의 《설문해자》에서 "'也'는 여성의 생식기이다[也, 女陰也]"라고 했다)이다. '也'와 '土'를 결합하여 '地'자를 만든 것은 땅이 어머니와 마찬가지로 만물을 생육할 수 있는 흙이기 때문이다. 사람들이 항상 "어머니 같은 대지"라고 말하는 것은 바로 이런 뜻을 나타낸 것이다.

▌반고가 하늘과 땅을 열다
중국인의 마음속에서 반고는
세상을 창조한 영웅이다.

▌북경 천단(天壇)의 환구(圜丘) (명청시기)
명청시기의 황제들은 하늘에 제사를 지낼 때 맨 꼭대기의 한가운데 서서 천신(天神)과 대화를 했다. 군주의 권위는 신이 부여한 것임을 보여주고, 풍년을 간구하는 것이 그 목적이었다.

'地'는 '天'과 상대적이다. 위에는 하늘이 있고 아래에는 땅이 있는데, 옛날 사람들은 그것이 동시에 형성되었다고 생각했다. 중국에는 옛날부터 전해 내려오는 《반고천지개벽(盤固天地開闢)》 신화가 있다. 반고라는 이름을 가진 사람이 커다란 도끼를 휘둘러 하늘과 땅을 만들고 아름다운 세상을 창조했다는 내용이다.

중국인들은 하늘과 땅을 숭배했다. 진시황제 때부터 고대의 황제들은 모두 태산

(泰山)에 가서 하늘과 땅에 제사를 지냈다. 이런 활동을 "봉선(封禪)"이라고 한다. 북경의 천단과 지단(地壇)은 명청시기의 황제들이 하늘과 땅에 제사지내고 경배하던 곳이다. 중국사람들은 결혼을 할 때도 하늘과 땅에 절을 올려야 한다. 중국에서는 "하늘과 땅에 절하다[拜天地]"라는 표현이 곧 결혼을 상징한다. 중국어에는 '天'과 '地'로 구성된 성어(成語)가 매우 많다. "천장지구(天長地久)", "천남지북(天南地北)", "천시지리(天時地利)", "천라지망(天羅地网)", "천원지방(天圓地方)" 등은 모두 상용하는 성어들이다.

土	◊	◉	土
토(tǔ)	갑골문	금문	소전

토지는 만물의 어머니이며 중국인의 삶의 근본이자 생명의 뿌리이다. 갑골문의 '土'자는 땅위에 있는 작은 흙덩이를 상형한 것이다. '土'의 본래의미는 "토양" 혹은 "진흙"인데, 후에 "토지", "전지(田地)", "고토(故土)", "국토" 등의 의미로 확대되었다. 상고시기의 사람들은 각종 식물이 토지에서 자라나고 수렵, 목축, 채집, 농경 등의 모든 활동이 땅 위에서 진행되는 것을 보고, 토지를 매우 신성한 것으로 여겼다. 사람들은 흙더미로 토대를 만들고 그것으로 토신을 대표하게 한 뒤, 그것을 숭배하며 제사를 지냈다. 토신을 숭배한 것은 더 많은 농작물의 수확을 희망했기 때문이다. 토신은 "사신(社神)"이라고도 불렀다. '社'자의 왼쪽은 '礻'(제사를 지내는 제단)이고 오른쪽은 '土'이다. 확실히 토신에게 제사를 지내는 그림이다. 사람들이 "토신(즉 사신)"과 "곡신(穀神)"을 함께 제사하기 시작하면서 "사직(社稷)"이라는 단어도 생겨났다. 토지와 곡물은 농업국가에서 가장 중요한 물건이다. 그래서 "사직"은 국가의 대명사가 되었다.

옛날사람들은 토지는 만물의 어머니이며, 사람도 진흙으로 만들어졌다고 생각했다. 상고시기의 신화 ≪여와조인(女媧造人)≫은 다음과 같이 이야기한다. "위대한 여신 여와가 황화 주변의 누런 진흙으로 작은 진흙인간들을 만들었는데, 이들이 모두 사람으로 변했고, 이로부터 세상에 인류가 생겨났다." 여와가 사람을 만들었다는 이야기는 중국인과 진흙의 친밀한 관계를 표현하고, 동시에 상고시기에 사람들이 진흙으로 도기를 만들었던 활동을 반영한다.

▌여와가 사람을 만들다
이 이야기는 중국인과 진흙의 친밀한 관계를 나타낸다.

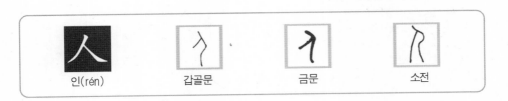

인류는 꾸준히 문명을 향해 발전해왔는데, 고대중국인들은 인류 자신에 대해 어떻게 인식했을까? 갑골문과 금문에서 묘사한 상형자 '人'은 손을 앞으로 뻗은 채 몸을 옆으로 기울이고 서 있는 사람의 모습이다. 직립한 사람의 모습과 앞으로 뻗은 손은 인류와 동물의 차이, 즉 직립보행과 손으로 도구를 만들어 사용할 수 있음을 표현한 것이다. 갑골문에서 동물을 묘사한 글자들은, '鹿(록)', '牛(우)', '羊(양)' 등 소수의 몇 글자를 제외하고 모두 꼬리를 아래로 내리고 다리를 왼쪽으로 뻗은 모습이다. 예를 들어 '虎(호)', '馬(마)', '龍(용)', '犬(견)', '象(상)', '鼠(서)', '龜(구)'자 등은 모두 땅 위에 서있는 모습이 아니다. 고대인들은 자형에서 사람과 동물을 구분하

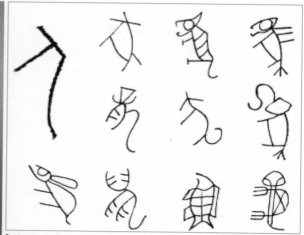

갑골문 '人'과 동물 글자 비교
사람은 땅 위에 서있고, 동물들은 모두 땅 위에 서 있지 않다. 그림에 있는 글자들은 '人', '豕', '虎', '馬', '龍', '犬', '象', '兔', '鼠', '魚', '龜'이다.(왼쪽에서 오른쪽 방향임)

50만 년 전의 "북경원인(北京猿人)"
그들은 일찍이 직립하였고 도구를 만들어 사용했으며, 불을 이용하여 식물을 익힐 수 있었다.

고, 자연계에서 사람들이 차지하고 있는 중요한 지위, 즉 "만물의 영장"의 지위를 강조한 것으로 보인다. 하늘은 위에 있고 땅은 아래에 있으며 사람은 그 가운데 있다. 고대에는 하늘과 땅과 사람을 "삼재(三才)"라고 일컬었다. 이것은 고대에 인간을 대자연에 담아 대자연의 일부가 되게 했음을 말한다. 이것은 고대 "천인합일(天人合一)"2) 철학사상의 형상적인 표현이다.

현재의 '人'자는 별획과 날획, 단 두 개의 필획으로 구성된 가장 간단한 한자 중

---

2) 천인합일(天人合一) : 고대중국의 중요한 철학사상. 여기에서 하늘은 대자연을 가리킨다. 인류는 대자연 속에서 생활하며, 대자연과 분리될 수 없는 일체이다. 천인합일은 중국문화의 핵심 사상이다.

하나이다. 중국노래 중에 "사람 '人'자는 서로 지탱하는 구조이다"라는 구절이 있는데, 이것은 '人'자가 별획과 날획이 서로 기대고 있는 구조임을 형상적으로 표현한 것일 뿐 아니라, 사람과 사람 사이에는 마땅히 지지와 도움, 단결, 조화 등의 관계가 있어야 한다는 중국인의 인식을 보여준다.

神			
신(shén)	갑골문	금문	소전

상고시기에 대자연은 시시각각으로 인간의 생존을 위협했다. 그 시대 사람들은 종종 거대한 위력을 가진 어떤 자연물을 초자연적 힘으로 상상했기 때문에 항상 공포심리를 지닌 채 이런 초자연적인 힘을 표현해 낼 방법을 생각했다. '神(신)'자는 바로 이렇게 만들어진 글자이다.

상고시기 사람들의 생각에 신은 하늘과 땅을 주관하며, 못할 것이 없고 존재하지 않는 곳이 없는 초자연적인 영물이었다. 갑골문 '神' 자는 하늘과 땅을 관통하는 'S'형 곡선인데, 위쪽에 천지를 향해 뻗은 큰 손이 있어서 신

▌'神'자의 창조
하늘과 땅을 향해 큰 손을 편 신비로운 모습

비하면서도 무서워 보인다. 이 글자는 상형자 '申(⌇)'이며, 또 '神'의 본래 글자이다. 자세히 보면 '申(신)'자의 S형 곡선은 비가 내릴 때 하늘에서 번개가 번쩍이는 모습과 비슷하다. 번개는 신기하고 무서운 것이다. 그래서 '神'자의 창조는 아마도 하늘

에서 내리치는 번개에서 유래했을 것이다. 문자학자들은 '申'이 '電(전)'의 본래글자인데, 나중에 '申'자의 왼쪽에 형방 '礻'를 더하여 형성자 '神'을 만들었다고 말한다.

　신화와 전설, 종교에서 신은 천지만물의 창조자이며 주관자로서 무한한 능력을 가지고 있다. 신은 사람들의 경외의 대상이 되었고, 사람들 사이에는 점차 그들을 숭배하는 행위가 생겨났다. 고대중국은 다신 숭배의 나라였다. 천신과 지신, 곡신, 사직신, 반고, 여와, 태양신, 옥황상제(玉皇上帝),3) 왕모낭낭(王母娘娘),4) 조왕야(竈王爺),5) 사방신(四方神)6) 등은 모두 중요한 신이었다. 어떤 사람들은 사후에 영혼이 있다고 믿는데, 보이지 않는 이런 영혼들도 역시 신이라고 할 수 있다.

---

3) 옥황상제(玉皇上帝) : 도교(道敎)에서 신봉하는 천상(天上)의 최고의 신. 옥황(玉皇) 혹은 옥제(玉帝)라고 부르기도 한다.
4) 왕모낭낭(王母娘娘) : 신화전설 중의 여신. 서쪽의 곤륜산(崑崙山)에 산다. 서왕모(西王母)라고도 부른다.
5) 조왕야(竈王爺) : 민간에서 신봉하는 부뚜막신. 고대에는 음력 12월 23일에 부뚜막신에게 제사 지내는 민간풍속이 있었다.
6) 사방신(四方神) : 고대에 숭배한 방향의 신. 동방의 창룡(蒼龍), 서방의 백호(白虎), 남방의 주작(朱雀), 북방의 현무(玄武).

1. 자강불식(自强不息)과 후덕재물(厚德載物)

고대중국인들은 하늘과 땅을 경외하고 숭배했다. ≪주역(周易)≫에서는 하늘과 땅의 미덕을 다음과 같이 찬미했다. "하늘은 끊임없이 운행하며 강건하고 그침이 없다. 땅은 풍족하고 양순하여 만물을 지탱한다. 군자와 같은 우수한 사람이 되려면 마땅히 하늘과 땅의 이러한 미덕을 갖춰야 한다.[天行健, 君子以自强不息. 地勢坤, 君子以厚德載物]" 자강불식은 중화민족의 기본정신 가운데 하나이다.

2. 반고가 천지를 개벽하다

반고가 천지를 개벽했다는 이야기는 상고시기의 유명한 신화전설이다. 반고는 중국인의 위대한 영웅이다. 그는 천지를 열었고, 우리가 살고 있는 이 풍부하고 아름다운 세상을 창조했다. 이 이야기는 천지의 기원에 관한 고대중국인들의 인식을 이해하는데 도움을 준다.

처음에 우리가 살고 있는 이 우주는 한 덩어리의 어두움이었다. 어느 것이 하늘이고 어느 것이 땅인지 구분할 수 없었다. 반고라는 이름을 가진 한 사람이 그 안에서 18,000년간 잠을 자고 있었다. 어느 날 갑자기 반고가 잠에서 깨어났다. 아무것도 보이지 않는 어두움 속에서 반고는 커다란 도끼를 휘둘러 어두움의 덩어리를 깨뜨렸다. 그러자 맑은 것은 위로 올라가 하늘로 변했고, 탁한 것은 아래로 내려가 땅으로 변했다. 반고는 하늘과 땅이 다시 합쳐질까 두려워, 손으로 하늘을 받들고 발로 땅을 누르며 하늘과 땅 사이에 서 있었다. 하늘은 날마다 1장(丈)씩 높아졌고, 땅은 날마다 1장씩 두터워졌다. 그리고 반고도 날마다 1장씩 키가 커졌다. 이렇게 또 다시 18,000년이 지났다. 하늘은 이미 매우 높아졌고, 땅은 이미 매우 두터워졌으며, 반고도 역시 매우 크게 자랐다. 하늘과 땅이 다시 합쳐질 수 없다고 느낀 반고는 이윽고 땅에 쓰러져 죽었다. 또 반고가 죽은 뒤에 그의 신체가 세상의 만물로 변했다는 이야기도 있다. 그 이야기에 따르면 반고의 머리는 산으로 변했고, 피부는 땅으로 변했으며, 피는 강으로, 솜털은 초목으로, 왼쪽 눈은 태양으로, 오른쪽 눈은 달로, 머리카락과 턱수염은 하늘에 셀 수 없이 많은 별로 변했다. 그리고 호흡은 공기와 바람으로 변했다.

1 빈 칸에 알맞은 단어를 적으시오.

1. 한자는 중국문화의 살아있는 _____이다.
2. '昔'자는 _____의 두려운 광경을 묘사했을 가능성이 높다.
3. '天'자의 본래의미는 사람의 _____인데, 정수리 위의 _____도 나타낸다.
4. 옛사람들은 토지를 만물의 어머니라고 생각했고, 사람도 역시 _____으로 만들어졌다
   고 생각했다.
5. 고문자 '申'의 'S'형 곡선은 비가 내릴 때 하늘에 보이는 _____를 본뜬 것 같다.

2 다음 중 잘못된 설명은 무엇인가? (   )

A. 몇몇 오래된 한자들은 세상에 대한 고대중국인들의 인식을 보여준다.
B. 몇몇 오래된 한자들은 고대중국인들의 독특한 자연관을 보여준다.
C. 고대중국은 다신(多神)의 나라였다.
D. 고대중국인들은 처음부터 형성자 '神'을 만들어냈다.

3 아래에 제시된 단어를 설명하시오.

사직(社稷)

4 고문자 '昔', '天', '地', '土', '人', '神' 을 쓰며 필획의 함의를 느껴보시오.

5 다음 질문에 답하시오.

1. 한자를 중국문화의 살아있는 화석이라고 말하는 이유는 무엇인가?
2. 고대중국인들은 '昔'자를 통해 어떻게 "이전"이라는 의미를 표현했는가?
3. 갑골문 '人'자의 자형상의 의의를 말해보시오.
4. 중국어에는 '天'과 '地'자로 구성된 성어가 많다. '天'과 '地'로 구성된 성어를 아는 대로 말
   해보시오.
5. 중국의 신화와 전설, 종교에는 매우 많은 신들이 등장한다. 고대중국의 중요한 신들을
   아는 대로 말해보시오.

2. 한자를 통해 본 상고시기의 토템숭배

토템숭배는 상고시기의 인류사회에 보편적으로 나타나는 현상이다. 토템(totem)
은 "그들의 친족"이라는 뜻으로 혈연, 종족, 집단이라는 함의를 가지고 있다. 원시
사회의 사람들은 종종 어떤 동물이나 식물 혹은 자연물이 자기 씨족과 친족관계
를 가진다고 생각하고, 그것을 자기 씨족의 표지로 삼았다. 이것이 바로 토템이다.
사람들은 그것을 의지하고 숭배하며 제사를 지냈고, 그들의 보호를 희망했다. 이
런 활동이 바로 토템숭배이다. 중국사람들은 처음 글자를 만들 때 직접 씨족의 토
템표지를 채용하기도 했다. 이 때문에 일부 한자에는 믿을만한 상고시기의 토템숭
배 자료가 남아있다.

| 용(lóng) | 갑골문 | 금문 | 소전 | 번체자 |

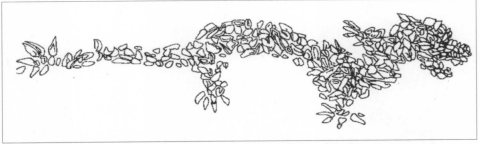

▌중화제일용(中華第一龍) (앙소문화시기) 6,000년 전에 조개껍데기로 만든 용

  중국에서 가장 신기한 토템동물은 바로 용이다. 용은 "중국의 첫 번째 토템"이라고 말할 수 있다. '龍'은 상형자로서 갑골문, 금문에 많이 등장한다. '龍'자는 기본적으로 몸이 구불구불하고 길며, 머리 위에 뿔이 있고, 입을 크게 벌린 형상이다. 해서(楷書) '龍'자는 완전히 부호화한 상태지만, 그래도 여전히 상형요소가 남아 있다. '龍'자의 왼쪽은 용의 머리 부분인데, 그 중 '立'은 용의 뿔이고 '月'은 용의 입이다. 오른쪽은 구불구불한 용의 몸이다.

  기이한 형상을 하고 있는 중국의 용은 사람들이 상상해낸 동물일 뿐이고, 실제 자연계에는 존재하지 않는다. 고고학자들은 중국의 용이 뱀을 주체로 한 토템의 종합물이라고 생각한다. 그것은 뱀의 몸과 돼지의 머리, 사슴의 뿔, 소의 귀, 양의 수염, 물고기의 비늘, 매의 발톱을 가지고 있다. 용의 형상은 상고시기에 뱀을 토템으로 삼은 황하 유역의 화하족(華夏族)이 황제의 지도 하에 다른 씨족과 싸워 이기고, 거대한 씨족부락연맹을 형성했다는 역사적 사실을 알려

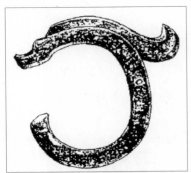

▌대옥룡(大玉龍) (홍산문화시기)
5,000년 전에 옥으로 조각한 돼지머리 모양의 용

준다. 화하씨족은 자기들의 토템인 뱀을 주체로 삼고 다른 씨족들의 토템인 돼지,

▋신기한 중국의 용

사슴, 소, 양, 물고기, 매 등을 흡수하여 화하족의 거대한 용토템을 만들어냈다.

중국의 용은 입에서 불을 내뿜는 서양의 용과 달리 입에서 물을 뿜는다. 그리고 심지어 바람을 일으키고 비를 내릴 수 있다. 농업국가였던 중국에서 사람들은 늘 비바람이 적절하여 풍년이 들기를 희망했다. 그래서 옛날에는 도처에 용왕묘(龍王廟)가 있었고, 농민들은 그곳에서 용에게 비를 내려달라고 기도했다. 용은 중국 농업문명의 산물이라고 할 수 있다.

용은 고대중국의 가장 중요한 토템이었고, 서한(西漢) 이후로 2천여 년 간 황제의 전유물이었다. 황제들은 자신을 "진룡천자(眞龍天子)"라고 불렀고, 용은 황제의 상징이 되었다. 이것은 용의 위엄을 빌어 황제 자신의 명성과 지위를 높인 것이다. 북경의 고궁에 가보면 황제가 거주하던 곳 도처에서 용 조각과 용 그림을 볼 수 있다. 고궁의 궁전 중에 가장 큰 태화전(太和殿)에만 12,654마리의 용이 있다고 하니, 고궁은 거의 용들의 세상이라고 할 수 있다. 오늘날 용은 이미 상고시기의 토템과 황제의 상징에서 중국인들이 가장 좋아하는 상서로운 동물로 변했고, 중화민족의 상징이 되었다.

| 봉(fèng) | 갑골문 | 금문 | 소전 | 번체자 |

봉새는 전설에 등장하는 아름답고 상서로운 신조(神鳥)이다. 전신에 채색 깃털이 나있고 머리 위에는 아름다운 관이 있으며, 몸 뒤로 기다란 꼬리 깃털이 있는데, 그 모습이 마치 아름다운 공작과 비슷하다. 갑골문 '鳳'자는 머리 위의 관과 긴 꼬리 깃털 등을 매우 생동감 있게 묘사하였다. 갑골문에는 '鳳'의 옆에 발음을 표시하는 '凡(범)'을 더한 또 다른 '鳳'자가 있다. 그래서 '鳳'자는 '鳥'와 발음을 나타내는 '凡'으로 구성된 형성자이기도 하다. '鳳'은 사람들이 말하는 봉황(鳳凰)인데, 전문가들은 수컷을 "봉"이라고 부르고 암컷을 "황"이라고 부른다. 전설에 등장하는

▌옥으로 만든 봉황 (상대)
하남성 안양 은허에서 출토됨

봉은 모든 새의 왕이다. 봉새가 하늘을 날면 온갖 새들이 뒤따르고, 봉새가 출현하면 천하가 태평해진다. 봉새는 사람들에게 좋은 일을 가져다주는 상서로운 새였기 때문에 당연히 사람들의 사랑과 숭배를 받았고, 자연히 하나의 토템이 되었다. 용과 마찬가지로 봉황 또한 사람들이 상상해낸 동물이다. 이것은 일종의 새토템의 확대와 발전이다. 2004년에 호남성(湖南省)에서 중국에서 가장 오래된 봉황 도안이 발견되었다. 출토된 백색의 도기 위에 자태가 날렵한 봉황 두 마리가 새겨져 있었는데, 그 모양이 공작과 매우 비슷하다. 전문가들은 그것이 7,400년의 역사를 가지고 있다고 평가했다. 이를 통해 중국에서 봉황토템이 얼마나 오래되었는지 알 수 있다. 학자들의 고증에 따르면 상고시기의 봉황 숭배는 바로 새에 대한 숭배였다. 그 때는 동이족(東夷族)[1]이 새를 토템으로 삼았고, 상나라도 역시 새를 토템으로 삼았다. ≪시경(詩經)≫에 "하늘이 현조에게 명령하시니 내려와 상을 낳았다[天命玄

---

1) 동이족(東夷族) : 상고시기에 지금의 산동(山東) 반도와 하남(河南) 동부, 안휘(安徽) 일대에서 활동한 씨족으로 새를 토템으로 삼았다. 역사학자들은 이들을 "동이집단"이라고 부른다. 동이집단은 대문구문화와 산동의 용산문화 범위 내에 분포했다.

鳥, 降而生商]"는 시구가 있는데, 이 현조가 바로 봉황이다. 이 시는 봉황이 상나라 조상들의 토템이었음을 알려준다. 그들은 봉황이 있고 나서 상나라가 생겼다고 생각했다.

| 화(huā) | 갑골문 | 금문 | 소전 | 번체자 |

금문 '華(화)'는 한 송이 꽃의 상형이다. 위쪽 중간의 수직선은 암술머리이고, 양쪽으로 갈라진 선들은 꽃잎이며, 아래는 꽃받침과 잎이다. 이를 통해 옛날에는 '華'자와 '花(화)'자가 서로 통했음을 알 수 있다.

'華'자와 '花'자가 서로 통했다는 것은 상고시기의 중요한 문화정보를 알려준다. 황화 유역의 앙소문화 유적지인 묘저구(廟底溝)에서 출토된 채색도기 위에는 정교하고 아름다운 꽃식물 무늬가 많이 그려져 있다. 이것은 지금으로부터 6,000년쯤 전 황하 유역에서 생활했던 씨족이 꽃을 숭배했으며, 이 씨족들의 토템이

▌'華'자의 창조
　한 송이 꽃의 상형

꽃이었다는 사실을 알려준다. 특히 꽃 도안 채색도기가 출토된 유적지가 모두 화산(華山) 주위에 있다는 점에 주의할 필요가 있다. 화산은 유명한 오악(五嶽)[2] 중의

─────────────

2) 오악(五岳) : 중국 역사상의 5대 명산. 동악(東岳)인 태산(泰山, 산동에 있음), 서악(西岳)인 화산(華山, 섬서(陝西)에 있음), 남악(南岳)인 형산(衡山, 호남(湖南)에 있음), 북악(北岳)인 항산(恒山, 산동에 있음), 중악(中岳)인 숭산(嵩山, 하남(河南)에 있음). 오악은 고대 황제들이 봉선(封禪)을 행하던 곳이다.

하나인 서악(西岳)이다. 멀리서 화산 을 바라보면 화산의 다섯 산봉우리 가 마치 다섯 장의 꽃잎으로 이루어 진 꽃송이와 비슷하다. 그래서 사람 들은 그 산을 "화산(花山)"이라고 불 렀고, 나중에는 발음이 비슷한 "화

▌묘저구의 채색도기 위에 그려진 꽃무늬 도안

산(華山)"으로 부르게 되었다. 화산 근처에서 생활하며 꽃을 토템으로 삼은 고대의 씨족은 당시에 화족(花族)으로 불렸을 가능성이 높다. 화족은 상고시기에 황화 유 역에서 생활한 화하족(華夏族)이며, 나중에 "중화민족"으로 발전했다.

3. 한자를 통해 본 상고시기의 조상숭배

중국인의 조상숭배는 부계씨족사회 시기에 시작되었다. 옛날사람들은 조상들이 그들에게 생명을 주었고, 조상의 영혼이 후손들을 보호할 것이라고 믿었다. 그래 서 조상을 숭배하고 제사함으로써 선조신령들의 보호를 희망했다. 조상은 씨족 혹 은 인류 존재의 근본으로 인식되었다. 이런 인식은 지금까지 몇 천 년 동안 중국 에서 조상을 숭배하는 의식이 유지되고, 또 다른 신령보다 조상에 대한 숭배의 정 도가 훨씬 심각하도록 만들었다.

요녕성(遼寧省)의 상고시기 석붕(石棚)

'宗'은 회의자이다. '宗'의 고문자형은 '宀'과 '示(시)'로 구성되었다. 즉 집 안에 조상신령의 위패를 놓아두는 제단이 하나 있는 것이다. 그래서 '宗'의 본래의미는 "조상의 위패를 모신 방"이다. 중국어에서 "조종(祖宗)"은 조상을 의미하는 단어이다. 제왕이 조상을 제사지내는 곳은 태묘(太廟)라고 불렀고, 관원과 일반백성들이 조상에게 제사지내는 곳은 종사(宗祠)라고 불렀다. '宗'자를 구성하고 있는 '示'는 매우 중요한 한자인데, 편방으로 쓰일 때는 '礻' 형태로 쓴다. 일반적으로 '示' 혹은 '礻'가 들어 있는 한자, 예를 들어 '祭(제)', '祖(조)', '神(신)', '福(복)' 등은 모두 제사, 신령, 숭배, 축복 등과 관계 있다. 그래서 사람들은 '示'자를 제사문자로 간주한다. '示'자는 옛날에 조상의 신령한 위패를 놓아두는 제단이었다. 그것은 상고시기의 영석(靈石) 숭배에서 기원했을 것이다. 영석은 T자형의 거대한 돌탁자이다. 서양에서는 이것을 "Dolmen"이라고 부르고 중국에서는 "석붕(石棚)"이라고 부른다. 석붕은 영석숭배물인데 조상숭배나 생식숭배와 직접적인 관계가 있다. 중국에서는 요녕성의 여러 곳에서 상고시기의 석붕이 발견되었고, 산동성, 복건성(福建省), 사천성(四川省) 등지에서도 거대한 영석이 발견되었다. '示'자는 이들 돌탁자의 모습과 흡사하다.

| 조(zǔ) | 갑골문 | 금문 | 소전 |

갑골문에서는 '祖(조)'를 '且(차)'로만 썼고, 금문에서 '礻'자 편방이 더해졌다. '祖'

자는 조상이라는 뜻이다. 즉 씨족 혹은 가족의 선조인데, 특별히 연대가 아주 오래된 조상을 가리킨다. 예컨대 "황제와 염제는 중화민족의 조상이다"라고 말할 수 있다. ≪설문해자≫에서는 '祖'를 "시묘(始廟)"라고 했다.[祖, 始廟也] 즉 시조에게 제사지내는 종묘라는 뜻이다. 이런 해석 역시 조상을 가리키는 것이다. '祖'자를 구성하고 있는 '示'는 제사와 숭배를

황제능의 〈인문초조전(人文初祖殿)〉

황제는 중화민족의 조상이다. 섬서(陝西)의 황제능은 중국인의 성지로서, 해마다 청명절(淸明節)에 이곳에서 성대한 제사를 거행한다.

나타낸다. 그렇다면 '且'는 무엇을 나타내는 것일까? 어떤 사람은 '且'가 조상신령에게 제사하는 위패로서 조상의 상징물이라고 하고, 또 어떤 사람은 '土'자의 또 다른 서사법이라 말한다. 토지가 만물을 생산할 수 있듯이 조상의 자손 역시 천대만대에 이를 수 있다는 것이다. 또 다른 사람은 남성의 생식기로서 후대를 생육할 수 있는 근본이라고 주장한다. 이 세 가지 견해를 비교해 보면, 대체로 마지막 견해가 "조상은 씨족 혹은 인류 연속의 근본"이라는 조상숭배의 본질에 더 가깝고, 조상숭배가 부계씨족사회 시기에 만들어졌다는 사실에도 근접해 있다. '宗'자와 마찬가지로 '祖'자의 제작은 조상에 대한 고대중국인들의 존경과 숭배, 간구를 표현한 것이며, 또 자연숭배와 조상숭배, 생식숭배 의식도 반영하고 있다.

중국인은 그들의 조상을 존경하고 숭배한다. 사람들의 성씨는 아버지의 성을 따르고, 부친의 부친은 조부(祖父)라고 부르며, 모친의 부친은 외조부(外祖父)라고 부른다. 이것은 모두 먼 옛날의 부계씨족사회가 남긴 습속이다. 어떤 중국인들은 조상의 영광을 위해 평생 큰일을 하며 남보다 두각을 나타내기를 희망한다. 이렇게 하는 것을 중국인들은 "광종요조(光宗耀祖 : 조상을 영화롭게 한다)"라고 말한다.

1. 홍산문화(紅山文化)의 대옥룡(大玉龍)

▌홍산문화의 표지 - 'C'자형 대옥룡
현재 중국국가박물관에 소장되어 있다.

1971년 봄, 내몽고의 웡뉴터기(翁牛特旗) 싼씽타라촌(三星他拉村) 북쪽 산언덕에서 계단식 밭을 만들던 한 청년이 동굴에서 흑록색의 'C'자형 물건을 발견했다. 고고학자들은 이것이 매우 진귀한 옥룡이며, 홍산문화시기의 작품이라고 감정했다. 이 옥룡은 지하에서 5,000년 동안이나 깊이 잠들어 있었다. 그 후로 이런 옥룡이 또 하나 발견되었는데, 그것은 이전 것보다 더 크기 때문에 "대옥룡"이라고 부른다.

홍산문화는 중국의 신석기시대 문화 가운데 하나이다. 연대는 지금으로부터 5,000년 전부터 5,500년 전까지이며, 대체로 앙소문화시기의 중후기에 해당된다. 주로 요녕(遼寧) 서부와 내몽고 동부 일대에 분포하였다. 홍산인들은 곡물을 재배하고 사냥을 했으며, 옥기와 도기를 제작했다. 그들은 또 원시적인 종교제사를 매우 중시했다. 이 때문에 고고학자들은 대형의 제단과 여신의 묘, 도처에 쌓아 만든 돌무덤 등을 발견할 수 있었다.

이 대옥룡은 옥석을 통째로 조각해서 만든 것이다. 용의 몸은 가늘고 길며 구불구불한 C자형을 이루고 있다. 용의 입은 앞으로 툭 튀어나와 돼지 입과 비슷하고, 두 눈은 앞부분은 크고 뒷부분은 가는 형태로 옥기의 표면에 불룩 튀어나와 있다. 목 부분에 위로 말아 올린 긴 물건이 하나 있는데, 이것이 용을 더욱 세련되게 보이게 한다. 놀라운 것은 옥룡의 몸 한 가운데 작은 구멍이 하나 있는데, 거기에 줄을 끼워 매달면 고정되어 흔들리지 않는다는 점이다. 이것은 확실히 정밀한 역학계산을 거친 것이다. 'C'자형 대옥룡은 조형이 우수하고 형상이 생동적이고 핍진하며 매끄럽게 조각되었다. 이 모든 것이 상고시기 사람들의 옥 조각예술의 수준을 보여준다. 홍산문화유적지에서는 또 똥

뚱한 돼지머리 형상의 작은 옥룡, 즉 옥저룡(玉猪龍)이 많이 발견되어 사람들의 흥미를 끌었다. 홍산문화에서 옥룡이 대량으로 출토된 것은 5,000년 전 중국 북방에 용을 토템으로 하는 씨족이 존재했으며, 용에 대한 숭배가 매우 성행했다는 사실을 알려준다.

2. 중화민족의 조상 – 황제(黃帝)

헌원씨(軒轅氏)라고도 불리는 황제는 지금으로부터 약 5천 년 전에 황화 유역에서 생활했던 한 부족연맹의 수령이었다. 상고시기의 전설에서 황제는 위대한 영웅으로 묘사되어 있다. 그는 일찍이 부족을 이끌고 출정하여 남방의 치우(蚩尤)부족과 황하 상류의 염제부족을 물리쳤고, 후에는 염제부족과 함께 화하(華夏)연맹을 결성하여 오랫동안 황하 유역에서 생활하며 중화민족을 형성했다. 황제와 염제는 중화민족의 조상이다.

▌황제상(黃帝像)

황제는 중화민족 5천 년의 문명사를 연 인물이다. 그는 의관(衣冠)을 발명하고 집을 건축하고 수레와 배와 활과 화살을 만들었으며, 그의 처는 양잠(養蠶)을 발명했다. 그리고 그의 사관인 창힐은 문자를 만들었고, 대신들은 간지(干支) 역법을 창조했으며, 악관(樂官)은 악기를 제작했다. 이러한 기록들은 모두 중국이 황제시대에 이미 부계씨족사회에 진입했음을 말해준다. 한대 사마천(司馬遷)의 ≪사기(史記)≫에 기록된 중국의 역사는 황제에서부터 시작된다. 역사책에서는 요(堯), 순(舜), 우(禹), 하(夏), 상(商), 주(周)의 제왕들을 모두 황제의 자손으로 기록했다.

전설에 따르면 황제는 구리를 캐서 동정(銅鼎)을 만들고 그것을 국가의 상징으로 삼았다. 동정이 완성된 뒤에 황제는 용을 타고 교산(橋山)으로 갔고, 거기에서 하늘로 올라갔다. 사람들은 황제를 그리워하며 그의 의관과 활, 화살을 교산에 매장했는데, 이것이 바로 오늘날 섬서성(陝西省) 황릉현(黃陵縣)의 교산 위에 있는 황제능이다. 역사가 유구한 황제능은 산수가 에워싸고 있으며, 오래된 잣나무가 하늘을 뚫을 정도로 높이 솟아 있다. 경치가 아름답고 오래된 건축과 비석들도 많다. 황제능은 몇 천 년 동안 "염황(炎黃)의 자손"이 선조를 기념하는 성지였으며, "천하제일의 능"이라는 칭송을 받았다.

1 빈 칸에 알맞은 단어를 적으시오.

1. 중국에서는 처음 글자를 만들 때 직접 씨족의 _____ 표지를 채용했다.
2. 고고학자들은 중국의 용이 _____을 주체로 하는 _____ 종합물이라고 생각한다.
3. '華'자의 금문(金文)은 확실히 _____의 상형이다.
4. '示'는 매우 중요한 한자인데, 어떤 사람은 그것을 _____문자라고 부른다. 편방으로 쓸 때는 _____ 형태로 쓴다.
5. _____숭배는 중국에서 몇 천 년 간 흥성하여 오늘날까지 이르렀으며, 그 밖의 다른 신에 대한 숭배를 초월한다.

2 다음 중 잘못된 설명은 무엇인가? (   )

A. 갑골문 '龍'은 상형자이다.
B. 갑골문 '龍'은 형성자이기도 하다.
C. 갑골문 '鳳'은 상형자이다.
D. 갑골문 '鳳'은 형성자이기도 하다.

3 아래에 제시된 단어를 설명하시오.

토템숭배　　　　광종요조(光宗耀祖)

4 갑골문 '龍'자와 금문 '華'자를 써 보시오.

5 다음·질문에 답하시오.

1. 중국용의 형상은 우리에게 어떤 역사적 사실을 알려주는가?
2. 중국에는 거대한 석붕이 많은데, 석붕은 '示'자의 기원과 일정한 관계가 있다. 본문에 나오는 석붕의 그림을 참고하여 석붕과 관련된 지식을 말해보시오.
3. 아버지의 성씨를 따르는 중국인의 문화현상을 '祖'자의 측면에서 말해보시오.
4. '華'자가 '花'자와 서로 통하는 현상은 어떤 문화적 정보를 알려주는가?

제3절 한자에 들어 있는 중국 문명 경관 1

문자는 인류가 문명사회로 진입했음을 알려주는 중요한 표지이다. 한자는 형체로 의미를 나타내므로, 그림과 같은 한자의 자형은 중국문명의 발생과 발전의 각종 경관을 보여준다.

1. 한자를 통해 본 고대 물질문명의 진보

물질의 생산은 인류 문명의 기초이다. 상고시기에 중국사회는 일찍이 수렵에서 목축으로, 채집에서 농업으로의 발전 단계를 거쳤다. 그래서 몇몇 오래된 글자에는 각 단계의 형상적인 기록이 남아 있다.

어(yú)	갑골문	갑골문	갑골문	번체자

상고시기에 사람들은 채집과 농업으로 충분한 식물을 확보할 수 없었다. 그래서 수렵은 인간의 생존을 위한 가장 중요한 생산활동이었다. 서안(西安)의 반파(半坡) 유적지에서 6천 년 전에 제작된 채색도기가 출토되었는데, 이 채색도기에는 모두

▌상대의 낚시 그림
　갑골문 '漁(어)'자는 3천 년 전의 세 가지 물고기 잡는 방식
을 보여준다.

▌물고기 네 마리가 물속에서 헤엄치는
　것을 묘사한 갑골문 '漁(어)'자

예쁜 물고기가 그려져 있었고, 어망과 어구 등의 낚시도구도 발견되었다. 갑골문이 출토된 은허(殷墟)에서도 많은 물고기뼈가 출토되었는데, 그 중에는 잉어, 초어 (草魚), 청어 등 여러 종류의 어류가 있었다. 이것들은 모두 당시 사람들이 일상적으로 먹었던 물고기들이다. 그래서 갑골문에는 자연히 물고기나 낚시와 관련된 글자들이 많이 남아 있다. 예를 들어 '魚', '漁', '罔(망)', '魯(로)'자 등은 3천 년 전의 상대에 이미 어업 생산이 비약적으로 발전했음을 알려준다. 갑골문 가운데 가장 재미있는 글자는 '漁'자이다. '漁'의 본래의미는 "물고기를 잡다"인데, 현재는 '水'와 '魚'로 구성된 형성자이지만, 갑골문에서는 여러 개의 자형을 가진 회의자였다. 위의 그림에 있는 세 개의 갑골문 '漁'자는 당시에 물고기를 잡는 방식이 적어도 세 가지 이상이었음을 보여준다. 그것은 즉 손으로 물고기를 잡는 것, 낚시로 물고기를 잡는 것, 그물로 물고기를 잡는 것이었다. 그림의 맨 마지막 글자는 물속에서 헤엄치는 물고기를 묘사한 것인데, 갑골문에는 이런 '漁'자가 많다. 그 중 어떤 글자는 특이하게 네 마리의 물고기가 헤엄치는 것을 묘사하여 한 폭의 생생한 그림을 구성하고 있다. 갑골문 '漁'자를 감상하다보면 인류의 초기 포획활동 방식을 이

해할 수 있다. 그러나 그보다 더 중요한 것은 지금으로부터 3천 년 전에 이미 물고기가 사람들의 중요한 음식물이었고, 어업이 보편적인 생산활동이었다는 정보를 제공해 준 것이다.

축(zhú)　　　갑골문　　　금문　　　소전

▌'逐'자의 창조
사냥꾼이 야생돼지를 뒤쫓아가 죽이다.

▌상고시기 청해(淸海)의 암각화
소를 뒤쫓아 가 활로 쏘는 그림

　동물 사냥은 초기인류의 가장 중요한 생산활동이었다. 그 때에는 야생동물의 사냥이 생활의 주요 공급원이었다. 중국과 서양의 상고시기 동굴벽화는 그런 상황을 잘 보여준다. 갑골문에는 회의자인 '逐'이 있다. 글자의 본래의미는 "뒤쫓다"이다. 글자의 윗부분은 한 마리의 돼지이고 아랫부분은 사람의 발이다. 이 자형은 야생돼지 한 마리가 도망가고 사냥꾼이 바짝 뒤쫓는 장면을 매우 생동적으로 표현하고 있다. 사냥꾼이 야생돼지를 뒤쫓는 것은 야생동물을 뒤쫓아가 잡는다는 뜻이다. 갑골문에는 이밖에도 동물 사냥을 묘사한 글자가 많다. 예를 들어 손에 그물

(후에는 함정이 되었다)을 들고 맞은편에서 야생돼지를 잡는 '敢(, 감)'자와 야생돼지를 뒤쫓아가 함정에 빠뜨리는 '隊(추)'자, 그물로 곰을 잡는 '罷(파)'자, 그물로 새를 잡는 '羅(라)'자, 손으로 새를 잡고 있는 '獲(획)'자 등이 있다. 갑골문에서는 또 초기에 사람들이 사냥한 사슴, 돼지, 호랑이, 곰, 개, 토끼, 쥐, 새 등의 동물들을 확인할 수 있다. 갑골문에 동물을 묘사한 글자가 많다는 것은 고대인과 동물의 밀접한 관계를 설명해준다.

▌동물을 묘사한 갑골문

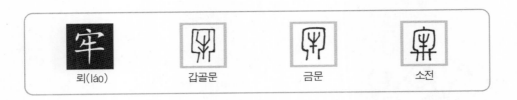

수렵활동이 발전하면 필연적으로 목축업이 탄생하게 된다. 상고시기에 사람들은 사냥한 야생동물의 일부를 기르기 시작했다. 이렇게 해서 사람들은 언제든지 동물을 먹을 수 있게 되었다. 고대의 "육축(六畜)", 즉 소, 양, 돼지, 개, 닭, 말 등은 초기에 인류가 기른 여섯 가지 동물이다. 많은 한자들이 고대 목축업의 상황을 반영하고 있는데, 예를 들어 회의자인 '牧(목)'은 사람이 나무 가지를 들고 소(혹은 양)를 치는 모습을 묘사한 것이고, 회의자 '牢'는 우리에 동물을 가두어 기르는 모습을 묘사한 한 폭의 그림과 같다. 성어 "망양보뢰(亡羊補牢)"의 '牢'는 동물을 기르는 우리를 가리킨다. 갑골문 '牢'자는 여러 종류의 형체가 있다. 보통 바깥쪽에

'牢'자의 창조
동물을 기르는 우리

그린 것이 우리의 난간이고 안에 있는 것이 동물인데, 어떤 것은 안에 있는 동물이 소이고 어떤 것은 양이며 또 어떤 것은 말이다. 이것은 당시에 이미 집에서 소, 양, 말 등을 길렀음을 의미한다. 고고학자들은 상대 유적지에서 많은 지하실을 발견했다. 그 중 어떤 것은 장방형이었고 어떤 것은 타원형이었으며, 또 어떤 것은 지하로 향하는 비탈길이 있었는데, 모두 갑골문 '牢'자의 우리의 모양과 매우 유사했다.

채(cǎi)	갑골문	금문	소전

뽕 따는 그림 (전국시기)

농업이 출현하기 이전에는 야생식물의 채집이 음식물 공급의 주요 방법이었다. 이 때문에 당시에는 채집활동이 매우 왕성했다. 중국의 고대신화 ≪신농상백초(神農嘗百草)≫는 "신농이 온갖 풀을 맛보았고, 하루에 72번 중독된 적도 있었다"[1]고 전하는데, 이 이야기는 바로 상고시기의 채집활동을 묘사한 것이다. ≪시경≫에도 생생한 채집활동 장면을 묘사한 작품이 많다. 당시 사람들은 다양한 식물을 채집했다. ≪설문해자≫에는 식물과 관련된 한자가 1,097개나

---

1) 신농은 염제(炎帝)이다. 전설에 따르면 신농은 백성들을 위해 개인의 안위를 돌아보지 않고 각종 식물과 샘물을 맛보느라 자주 중독되었다. 심지어 72번이나 중독된 날도 있었다. 결국 신농은 "난장초(爛腸草)"라고 불리는 식물을 맛본 뒤 중독되어 죽었다.

있는데, 온갖 풀을 맛보았다는 신농이 먹어본 품종은 아마도 이보다 더 많았을 것이다. 그렇지 않다면 어떻게 하루에 72번이나 중독될 수 있었겠는가! 신농과 같은 사람이 용감하게 온갖 풀을 먹어보고, 먹을 수 있는 것과 그렇지 않은 것을 알려주었기 때문에 사람들이 생존할 수 있었다. 갑골문 '采'자는 회의자이다. 윗부분은 손이고 아랫부분은 과실이 달린 나무이다. 두 개의 자형으로 "(과실을) 따다"라는 의미를 나타냈다. 금문에서는 나무 위의 과실을 생략했다.(갑골문 중에도 과실이 보이지 않는 자형이 많다.) 해서의 모양은 소전에서 유래했다.

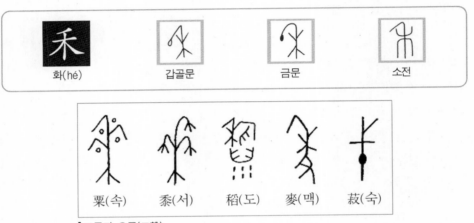

| 화(hé) | 갑골문 | 금문 | 소전 |

粟(속)　黍(서)　稻(도)　麥(맥)　菽(숙)

▌고문자 오곡(五穀)

초기의 농업은 야생식물의 채집에서 곡물재배의 단계로 발전하면서 출현했다. 중국인들은 7천 여 년 전에 이미 장강 유역에서 논벼 재배를 시작했고, 6천 여 년 전에 황하 유역에서 생활했던 사람들은 좁쌀을 주요 식물로 삼았다. 그리고 3천 여 년 전의 상주시기에는 중국의 북방에서 보리가 널리 재배되었다. 이 시기에 중국은 전면적으로 농업을 위주로 하는 시대로 접어들었고, 후세의 주요 식량작물이 기본적으로 다 갖추어졌다. 갑골문과 금문에 모두 농작물에 관련된 글자들이 있는

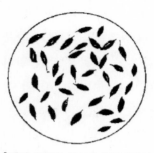

▌장강 유역의 하모도 유적지에서 출토된 벼
7천 년 전의 이 벼는 세계에서 가장 먼저 인공적으로 재배된 벼이다.

데, 그 중 '禾'는 매우 중요한 상형자이다. '禾'는 벼의 낟알이다. '禾'자는 뿌리와 잎이 있고 이삭이 아래로 늘어져 있는 전형적인 농작물의 형상이다. '禾'는 중요한 부수로서, 농작물과 농업활동에 관련된 글자들은 '稻(도)', '秫(출)', '秸(갈)', '秧(앙)', '稷(직)', '秀(수)', '稼(가)', '種(종)', '季(계)' 등과 같이 대부분 '禾'자를 편방으로 가지고 있다. 고대에는 "오곡(五穀)"의 개념이 있었다. 일반적으로 오곡은 벼, 수수, 조, 보리, 콩 등의 다섯 가지 주요 화본(禾本) 식량작물을 가리킨다. 갑골문과 금문에서는 이 다섯 종류의 화본 식량작물을 매우 생생하게 묘사했는데, 그 중 금문 '稻'자가 매우 재미있다. '稻'는 회의자이다. 위의 '禾'는 논벼과 벼뿌리식물임을 나타낸다. 그리고 옆에 손이 있고 아래에 곡식을 담은 절구가 있는 것은 손으로 벼 종류의 곡식을 절구 안에 넣고 찧어 쌀로 만드는 광경을 표현한 것이다. 가장 아래에 있는 여섯 개의 작은 점은 껍질을 제거한 쌀알이다. 전체 자형이 껍질을 벗겨 쌀을 만드는 가공 과정을 멋지게 표현했다.

农(nóng)	갑골문	금문	소전	번체자

중국은 농업대국으로, 농작물의 품종이 풍부할 뿐 아니라 정성스럽고 꼼꼼하게 경작하는 우수한 전통을 가지고 있다. 농기구의 사용과 경작 방법, 전답의 관리, 작물 재배 등의 여러 방면에서 세심한 경작의 전통을 볼 수 있으며, 오래된 한자

들에 이런 상황이 반영되어 있다. 한자 중에는 네모난 토지와 비슷한 '田(囲, 전)'자가 있고, 또 땅을 갈아엎는 농기구와 비슷한 '耒(耒, 뢰)'자와 '耜(耜, 사)'자가 있다. 또 칼로 벼를 베는 것을 나타내는 '利(利, 리)'자가 있고, 소로 쟁기를 끌게 하는 '犁(犁, 리)'자도 있다. 손으로 쟁기를 쥐고 힘써 땅을 가

▌《농업수확도》 (동한의 화상 벽돌 탁본)

는 '耕(耕, 경)'자도 볼 수 있고, 여러 사람이 협력하여 땅을 가는 '協(協, 협)'자와 도랑을 통해 물을 끌어와 밭에 물을 대는 '留(留, 류)'자도 볼 수 있다. 두 손으로 묘목을 심고 있는 '藝(藝, 예)'자는 고대인들이 식수활동을 일종의 기예와 능력으로 간주했음을 말해준다. 그러면 농업의 '農'자는 무슨 뜻을 나타내는 것일까? 본래 '農'자의 의미는 김매기 혹은 수확이다. 갑골문 '農'자는 회의자이다. 위는 벼를 나타내고 아래는 '辰(진)'자인데, 바로 두 손으로 돌낫을 들고 있는 그림이다.2) 금문에서는 초목 사이에 '田'자를 더하여 글자의 의미를 더욱 분명하게 만들었다. 즉 사람이 밭에서 손에 돌낫을 들고 풀을 베거나 혹은 곡식을 거두는 것이다. 이것이 바로 농업 생산활동에 종사하는 것이 아니고 무엇이겠는가? 예서로 변화된 이후에는 글자의 윗부분이 '曲'자로 합쳐져 '農'의 형태로 쓴다. 돌낫은 상고시기의 제초 혹은 수확의 도구이다. 이로부터 '農'자의 출현이 매우 이르다는 것을 알 수 있다.

---

2) [역자주] 農의 아래 부분을 구성하는 辰은 조개껍질을 상형한 글자이다. 고대중국에서는 날카로운 조개껍질을 농기구로 활용했다는 기록이 있다. 저자가 돌낫이라고 설명한 부분은 모두 조개껍질로 이해하는 것이 좋겠다.

■ 농업활동을 묘사한 갑골문

 田(전) : 네모반듯
한 밭의 모양

井(정) : 입구가
네모난
우물의 모양

 耒(뢰) : 앞쪽
끝이 갈라진
흙 뒤집는
농기구

 耜(사) : 삽
모양의 흙
뒤집는
농기구

 力(력) : 머리가
뾰족한 흙
뒤집는 농기구

刀(도) : 나무를
베는 기구

斤(근) : 도끼
모양의
나무를 베는
기구

 耕(경) : 두 손으로
쟁기를 들고
흙을 뒤집는
모양

 彊(강) : 활로
밭을 측량함

 苗(묘) : 밭 안에서
벼 싹이
자라남

焚(분) : 불을 놓아
황무지를
태우는 모양

 楚(초) : 숲으로
들어가
나무를 베는
모양

 藝(예) : 한
사람이 두
손으로
묘목을 심음

協(협) : 세 개의
농기구가
합작하여
공동으로
파종함

 封(봉) : 손으로
벼 싹을 쥐고
땅 속에 심음

秉(병) : 손으로 한
줌의 벼 싹을
쥔 모양

 秦(진) : 두 손으로
절구공이를
들고 벼를
찧는 모양

 利(리) : 칼로
농작물을
거두어 들임

 奉(봉) : 두
손으로
묘목을 든
모양

 留(류) : 도랑을
파서 물을
끌어다 밭에
물을 줌

년(nián)	갑골문	금문	소전

'年'은 중국인들이 좋아하는 글자 가운데 하나이다. 중국인은 구정을 지내는 것을 "과년(過年)"이라고 말한다. '年'은 농업과 직접적인 관계가 있는 글자이다. 갑골문과 금문의 '年'은 회의자로, 아래는 사람이고 위는 벼이다. 한 사람이 곡식을 짊어지고 있는 모습과 비슷하며, 농작물을 풍부하게 수확했다는 의미를 나타낸다. (현대한자'年'은 독체자로 간주한다.) '年'에 대한 ≪설문해자≫의 해석은 "벼가 익었다[禾穀成熟]"이다. 이것은 '年'의 본래의미가 "수확"이라는 사실을 알려준다. 상주시기에 사람들은 일 년의 노동을 통해 얻은 풍작을 "수년 (受年)"이라고 했다. 당시에는 곡물을

▌"과년(過年)"은 상대의 납제에서 기원했다.

▌천단의 기년전(祈年殿)

일 년에 한 번 수확했기 때문에, 여기에서 "해(歲)"라는 뜻이 파생되었다. 한 번의 수확이 곧 한 해인 것이다. 이것들은 상주시기에 중국이 이미 농업사회로 진입했음을 알려준다. 그렇다면 "過年", 즉 "춘절(春節 : 중국의 구정)"은 또 무엇인가? "過年"은 3천 여 년 전 상나라의 "납제(臘祭)"에서 기원했다. '臘'은 고대 제사의 명칭

이다. 이것은 농업에 종사하는 백성들이 힘겨운 경작을 통해 풍부한 수확을 거두고 한 해의 끝인 납월(음력 12월)에 천신, 지신, 조상신에게 거행한 제사활동이다. 춘절은 중국의 가장 오래된, 또 가장 큰 전통 절기로서 농업문화의 특색을 분명하게 드러낸다. 북경의 천단은 명청시기의 황제들이 하늘에 제사하던 곳이다. 황제들이 하늘에 제사를 드린 이유는 첫째, "군주의 권리는 신이 부여한 것임"을 나타내기 위해서였다. 즉 내가 황제가 된 것은 하늘이 나로 하여금 황제가 되게 만들었기 때문이라는 것이다. 둘째, 비바람이 순조로워 풍작을 거둘 수 있기를 간구하기 위해서였다. 천단에는 "기년전(祈年殿)"이라고 부르는 주요 건축물이 있는데, "기년"은 곡물의 풍작을 기원한다는 뜻이다. 다시 말해서 하늘이 우리에게 풍성한 수확을 주시기를 간구하는 것이다.

1. 신농이 온갖 풀을 맛보다

염제(炎帝)라고도 불리는 신농은 중국의 고대전설에 나오는 태양신으로, 소의 머리에 사람의 몸을 가졌다고 전해진다. 그는 오곡을 재배하고 차와 각종 한약재를 발견했으며, 사람들에게 농기구의 제작과 우물을 파서 물을 얻는 방법, 오곡을 재배하는 방법 등을 가르쳤다. 채집단계에서 농경단계로 발전한 상고시기의 대표적인 인물이다. "신농이 온갖 풀을 맛보았다"는 이야기는 널리 전해지는 전설이다. 이 전설에 따르면 농경단계에 막 진입했을 때 사람들은 여전히 들풀과 야생과일, 작은 벌레들을 먹고 샘물을 마셔 병에 걸리는 일이 많았다. 그러자 신농은 위험을 무릅쓰고 각종 식물과 샘물을 맛본 뒤에 사람들에게 어느 식물이 먹을 수 있는 것이고 어느 식물이 먹을 수 없는 것인지, 또 어떤 물은 마실 수 있고 어떤 물은 마실 수 없는 지 알려주었다. 일부 농작물의 품종과 차, 한약재 등은 신농이 직접 맛을 보고 발견한 것이다. 신농은 일찍이 하루에 72번이나 식물에 중독된 적이 있으며, 결국 독초 때문에 죽었다. 그는 매우 아름답지만 독성이 강한 "난장초(爛腸草)"를 맛보다 장이 타서 죽었다고 한다. 이 때문에 사람들은 신농을 황제와 마찬가지로 숭배하고 존경하며 상고시기의 위대한 영웅으로 칭송한다. 사람들은 그를 중화민족의 조상으로 존중하고, 자신들을 "염황의 자손"이라고 자부한다.

2. 중국농민

예로부터 황하와 장강 유역에 거주한 중국농민들은 조상 대대로 땅에서 경작하고 수확하며 생활해 왔다. 그들은 해가 뜨면 일하고 해가 지면 쉬며, 우물을 뚫어 물을 마시고 밭을 갈아 밥을 먹었다. 자급자족으로 생활하며 자기의 토지와 고향을 떠나는 사람이 거의 없었다. 성실한 농민들은 현재의 농업수확과 농사경험에 관심이 많았고, 내세와 농사 이외의 일에는 그다지 관심을 두지 않았다. 그들은 다만 해마다 비바람이 순조롭고 풍족하게 먹고 입으며 안정된 생활을 할 수 있기를 희망했다. 이 때문에 그들은 부지런하고 성실했으며 공상하는 일이 거의 없었다. 이것은 실제적인 것을 중시하고 경험을 중시하며, 성실하게 일하고 자강불식(自强不息)하는 중국인의 민족성을 형성했다. 이런 민족성은 중국문화에 매우 깊은 영향을 끼쳤다.

1 빈 칸에 알맞은 단어를 적으시오.

1. '漁'자의 본래의미는 _____이다.
2. 옛날의 '牢'자는 _____를 묘사한 한 폭의 그림이다.
3. 중국의 초기농업은 7천 년 전에 장강 유역에서 _____를 재배하고, 6천 년 전에 황하 유역에서 _____을 재배하고, 3천 년 전의 상주(商周)시기에 북방에서 광범위하게 _____를 재배한 사실을 통해 알 수 있다.
4. 농작물에 속하는 글자들은 대부분 _____자 편방을 가지고 있다.
5. '農'자의 본래의미는 _____이다.

2 다음 중 잘못된 설명은 무엇인가? (   )

A. '禾'자는 전형적인 농작물의 형상이다.
B. '年'자는 전형적인 농작물의 형상이다.
C. "過年"은 3천 년 전 상대(商代)의 "납제"에서 기원했다.
D. "過年"은 농업문화의 특색을 선명하게 보여준다.

3 아래에 제시된 단어를 설명하시오.

禾(고한자)　　　年(고한자)　　　망양보뢰(亡羊補牢)

4 본문의 삽화를 모방하여 동물을 묘사한 갑골문자 5개를 써 보시오.

5 다음 질문에 답하시오.

1. 갑골문 '漁'자는 3천 년 전에 존재한 어떤 고기잡이 방식을 알려주는가?
2. 일반적으로 고대의 "오곡"은 어떤 식량작물을 가리키는가?
3. 고한자는 "세심한 경작"이라는 고대 중국 농업의 우수한 전통을 반영하고 있다. 이런 전통을 반영하는 한자 다섯 개를 말해보시오.
4. "過年"은 어떻게 "새해를 맞다"라는 의미가 되었는가? '年'자와 결합하여 설명해보시오.

제4절 한자에 들어 있는 중국 문명 경관 2

2. 한자를 통해 본 고대의 혼인과 가정

혼인과 가정은 인류 문명의 중요한 내용이다. 한자는 이 방면에 관한 많은 지식과 역사적 사실을 보존하고 있다.

| 여(nǚ) | 갑골문 | 금문 | 소전 |

갑골문 '女'자는 두 손을 교차한 채 바닥에 꿇어 앉아 있는 한 여자의 형상이다. 글자를 만든 고대인들은 화가처럼 간결하고 세련된 두 개의 선으로 여성의 신체적 특징과 성격까지 그려냈다. 위쪽의 교차된 둥근 선은 여인의 풍만한 가슴을 표현한 것이고 아래쪽의 굽은 선은 여인의 비대한 둔부를 그린 것으로 매우 유순하고 안정되어 보인다. 3,000년 전에 이미 이렇게 고차원적인 추상화 능력이 존재했다는 사실이 놀라울 뿐이다. '女'자는 고대인이 창작한 가장 훌륭한 예술품이라고 말해도 과언이 아니다.

우리는 기나긴 인류의 역사에서 먼저 여성이 자신의 아이들을 이끌고 힘겹게 노동하며 문명의 서막을 열었다는 것, 즉 인류가 모계 씨족사회에 진입했다는 사실을 알아야 한다. 모계씨족사회에서 씨족의 흥성은 여성의 생육에 달려있었고, 식생활은 주로 여성들이 채집한 식물과 사육하는 가축에 의존해야 했다. (당시에는 수렵활동을 통한 남성들의 수확을 매번 기대할 수 없었다.) 그래서 당시에 여성은 매우 존중받았으며 지위도 높았다. 농경시대가 도래하면서, 신체적으로 더 건장한 남성이 주요 생

▌'女'자의 창조
두 손을 교차한 채 무릎을 꿇고 앉아 있는 여인의 형상

산자가 되고 여성은 집으로 물러나게 되었다. 이렇게 해서 인류는 부계씨족사회로 진입했다. '女'자는 아마도 이 시기에 만들어졌을 것이다.

'女'자는 중요한 부수자이다. '女'자로 구성된 글자는 그 수가 매우 많은데, '好(호)', '嬌(교)', '妙(묘)', '娟(연)'자 등은 아름다움과 여성에 대한 찬미를 나타내고, '奴(노)', '婪(남)', '奸(간)', '妖(요)'자 등은 여성에 대한 비하를 나타낸다. '女'자는 이처럼 아름다움을 나타내기도 하고 비하하는 감정을 나타내기도 하는 신기한 글자이다.

姓	𡣩	𡜌	𤯪
성(xìng)	갑골문	금문	소전

'姓'은 회의자이다. 갑골문 '姓'의 왼쪽은 '女'자이고, 오른쪽은 초목이 자라는 것을 묘사한 '生(생)'자이다. 두 형부(形符)의 뜻을 합하면 여인이 아이를 낳는다는 뜻

■ '姓'은 모계씨족사회 후기에 기원했다

이 된다. 성씨는 원시모계씨족사회 후기에 기원했다. 그 때에는 서로 다른 모계씨족 간에 혼인이 이루어졌고, 씨족 내부에서는 결혼할 수 없었다. 당시 사람들은 모두 어머니를 중심으로 생활했으며, 혼인 관계는 다른 씨족의 남자가 여자의 집에 오는 형식이었는데 남자는 정해지지 않았다. 그래서 태어난 아이는 자신의 어머니가 누구인지는 알지만 아버지가 누구인지는 모른다. 따라서 아이는 자기 어머니의 성을 쓸 수밖에 없었다. 그 때의 '姓'은 확실히 동일한 여성조상의 후손임을 표시했으며, 이것으로 가족과 혈연을 나타냈다. 그 목적은 혈연을 구별하여 동성(同姓) 간의 결혼을 피하기 위해서였다. '姓'자의 출현은 당시 사람들이 이미 씨족 내의 혈연군혼(血緣群婚)이 후대에 해를 가져온다는 인식이 있었다는 것과, 원시군혼과 씨족 내 혈연군혼에서 족외군혼(族外群婚)의 단계로 발전했음을 알려준다.[1]

'姓'은 또 형부 '女'와 성부 '生'으로 구성된 형성자이기도 하다.

---

1) 씨족 내의 혈연군혼은 모계씨족사회 전기의 혼인형식으로, 혈연이 같은 씨족 내에서 항렬이 같은 남녀가 부부로 맺어질 수 있었다. 예를 들어 형제자매는 항렬이 같으므로 결혼하여 부부가 될 수 있었다. (전설에서 부부로 맺어진 복희와 여와는 남매간이다.) 원시군혼과 비교하면 혈족내 혈연군혼은 한 단계 진보한 형태이다. 하지만 후대에 끼치는 심각한 해악 때문에 혈연군혼은 반드시 족외군혼의 단계로 발전할 수밖에 없었다. 모계씨족사회 후기의 족외군혼은 대우혼(對偶婚)이라고도 한다. 이 단계에서 아이는 어머니만 알고 아버지는 모른다.

안(ān)

갑골문

금문

소전

'安'은 회의자이다. 갑골문 '安'자의 바깥은 방인데, 안에는 한 여인이 꿇어 앉아 있다. 여인이 방에 조용히 꿇어 앉아 있는 모습은 사람들에게 일종의 안정과 평안을 느끼게 한다. 이런 안정과 평안이 바로 '安'자의 본래의미이다. 방안에 여인이 있는 것은 이미 결혼하여 가정을 이루고 안정되게 생활하고 있다는 의미로 해석할 수 있다. 그러나 이 글자를 다른 각도에서 살펴보면 조금 다른 사실을 알 수 있다. '安'자는 아주 오래된 글자이다. 이 글자는 "어머니는 알지만 아버지는 모르는" 상고시기 모계씨족사회 후기의 혼인 상

▌'安'자의 창조
한 성인 여자가 조용히 자기의 방에 앉아있는데 마음이 매우 평안하다.

황을 반영하고 있다. 모계씨족사회 후기의 혼인은 족외군혼이었다. 성인 여성은 씨족 안에서 다른 씨족의 남자를 접대해야만 했고, 그러려면 반드시 자기의 방을 가지고 있어야 했다. 성인 여성이 자기의 방을 가지면 자기의 "집"을 가진 셈이 되므로 심리적 안정을 누릴 수 있었고, 이렇게 해서 전체 씨족도 안정될 수 있었다.

혼(hūn)

갑골문

소전

'婚'자의 창조
해가 진 뒤에 무력으로 부인을 강탈하는 행동

갑골문에서는 결혼을 의미하는 '婚'자를 '昏(혼)'으로 썼다. '昏'은 '人(인)'과 '日(일)'로 구성된 회의자로서, 태양이 사람의 팔뚝 아래로 떨어지고 날이 이미 저물었음을 나타낸다. 상고시기에 결혼이 어두워진 후에 진행된 것은 그것이 일종의 "강탈혼"이었기 때문이다. 모계씨족사회가 부계씨족사회로 전환되던 시기에, 남자는 부계의 연속성을 보장하기 위해 더 이상 여자의 씨족으로 가지 않고 여자가 남자의 집에 거주하기를 요구했다. 이렇게 하면 여자가 낳은 아이가 확실히 자기의 아이일 것이고, 장래에 재산을 상속하기에도 유리할 것이다. 그러나 여자의 입장에서는 남자의 집에 가서 살면 모계씨족사회에서의 권리와 지위를 잃는 것이므로, 자연히 혼인에 대한 반항 현상이 생겨났다. 이런 반항에 대처하기 위해서 남자는 무력으로 강탈혼을 감행했던 것이다. 강탈혼이 성공하려면 날이 어두울 때 진행하는 것이 좋다. 그래서 해가 진 뒤에 부인을 강탈하는 행동을 '昏'이라고 불렀다. 나중에는 의미를 더 명확하게 표현하기 위해 형방으로 '女'자를 첨가하여, '昏'이 성방인 형성자 '婚'자를 만들었다. 현재의 '婚'자는 이미 원래의 의미를 잃었고, 결혼은 매우 경사스러운 일이 되었다.

취(qǔ)

갑골문

소전

남자가 여자를 자기의 집에 받아들여 결혼하는 것을 '娶'라고 한다.[2] 갑골문에서는 '娶'를 '取(取, 취)'로 썼고, ≪설문해자≫에서도 "娶는 아내를 取하는 것이다[娶, 取婦也]"라고 했다. 이로부터 처음에는 "아내를 취하다"라는 뜻을 '取'자로 썼음을 알 수 있다. '取'는 회의자이다. 왼쪽은 '耳'이고 오른쪽은 '手'이다. 한 손에 귀 하나를 가지고 있는 형태이며, 그 의미는 "무력으로 획득하다"이다. 원래 고대에는 전쟁 중에 포로를 잡거나 혹은 적을 사살하면 적의 왼쪽 귀를 잘라서 공적의 증거로 삼았다. 남자가 여자를 자기 집에 받아들여 결혼하는 것에 이렇게 무시무시한 '取'자를 썼다는 것은 당시의 결혼이 무력으로 부인을 강탈하는 것, 바로 강탈혼이었음을 말해준다. 후에는 의미를 명확하게 표현하기 위해 '取'자에 형방 '女'를 첨가하여 형성자로 만들었다. 그러나 지금은 '婚'자와 마찬가지로 경사스러운 글자가 되었다.

처(qī)

갑골문

금문

소전

---

2) 중국어에는 "娶親(취친 : 장가들다)", "娶妻(취처 : 아내를 맞다)", "娶媳婦兒(취식부아 : 며느리를 보다)", "娶老婆(취노파 : 마누라를 얻다)" 등의 단어가 있다.

■고문 '妻'자 감상　　　　'妻'자의 창조　한 손으로 여자의
　　　　　　　　　　　　　머리카락을 잡고 있는 모습

　'妻'는 회의자이다. 갑골문 '妻'자의 아랫부분은 여자이고 윗부분은 한 손으로 그
녀의 긴 머리카락을 움켜쥔 모습이다. 이것은 바로 고대 약탈혼 풍속의 생생한 묘
사이다. 머리카락을 쥐고 있는 무시무시한 손은 해서(楷書)에서도 여전히 찾아볼
수 있다. 아내는 강탈해 오는 것이므로 자연히 가정과 사회에서 지위가 낮았다. 고
대에는 일반 백성의 배우자만 "처(妻)"라고 불렀고, 관원의 정식 배우자는 "부인(夫
人)", 제왕의 정식 배우자는 "후(后)", 또는 "황후(皇后)"라고 불렀다. 현재 중국에서
부인을 부르는 호칭은 "媳婦(식부)", "老婆(노파)", "夫人(부인)", "愛人(애인)", "內人(내
인)" 등이며, 그 중 "愛人"은 남편을 호칭할 수도 있다. 중국인의 가정과 결혼생활
은 비교적 안정적이다. 이것은 대개 유순하고 현명하며 고생을 잘 참는 부인이 있
는 것과 밀접한 관계가 있다. 중국에서 부인은 바로 가정의 "반쪽 하늘(半邊天)"3)이
다.

---

3) 반변천(半邊天) : 오늘날 여성을 찬미하는 중국어 단어. 여성들은 하늘의 절반(하늘의 또 다른
　절반은 남성)을 떠받칠 수 있는 능력이 있음을 비유한다. 이 단어는 널리 부녀자를 가리키며,
　어떤 때는 부인을 가리킨다.

가(jiā)

갑골문

금문

소전

'家'자 역시 아주 오래된 회의자이다. 자형은 '宀(면)'의 아래에 '豕(시)'가 있는 구조이다. 즉 집에 돼지 한 마리가 있는 것이다. 상고시기에 사람들은 한 곳에 정착해 살면서 수렵과 농업을 발전시켰고, 이로부터 더 많은 사냥감과 잉여양식이 생겨나면서 동물을 기르기 시작했다. 그때 사람들은 소, 양, 돼지, 개, 닭, 말 등의 동물을 길렀는데, 이것이 바로 옛 사람들이 말하는 "육축(六畜)"이다. 돼지는 당시

▌'家'자의 창조
집 안에 돼지 한 마리가 있다.

에 가장 많이 사육된 중요한 동물이었다. 돼지는 사람들의 주요 음식물 가운데 하나였으며 재산과 지위의 상징이었다. 그래서 집이 있고 돼지가 있으면 바로 가정을 가지게 되었다. 고고학자들은 상고시기의 유적지에서 위에는 사람이 살고 아래에서는 돼지를 기르는 집을 많이 발견했다. 거주할 수 있고 또 음식물도 있는 곳이 바로 집이다.

▌돼지 도자기 (신석기시대)
절강성 여요 하모도문화유적지에서 출토. 돼지는 7,000년 전 하모도인들이 가장 많이 길렀던 동물이다.

중국인에게 집은 세상에서 가장 중요한 곳이다. 집은 사람들에게 따뜻함과 힘을 가져다줄 수 있으며, 개인의 모든 행위는 가정의 행복을 위해서일 때가 많다. 가정을 중시하는 중화민족의 이런 태도는 세계 어느 민족과 비교해도 뒤지지 않을 것이다.

| 호(hǎo) | 갑골문 | 금문 | 소전 |

'好'는 회의자이다. '女'와 '子'로 구성되었다. 여인이 아이를 낳아 기를 수 있어서 좋다는 의미이다. 상고시기 사람들이 볼 때 아이를 많이 낳으면 씨족이 강대해지고 대대로 혈통을 이어갈 수 있다. 그래서 아이를 낳아 기르는 것이 가장 좋은 일이고, 아이를 낳아 기르는 여인이 가장 좋은 여자이다. 고대중국인들은 자녀가 많은 복을 숭상하여 모든 가정이 다 "사세동당(四世同堂 : 4세대가 한 집에서 생활함)"할 수 있기를 희망했으며, 또 "불효에는 세 가지 종류가 있는데 후사가 없는 것이 가장 큰 불효이다[不孝有三, 無後爲大]"[4]라고 생각했다. 이를 통해 아이를 낳아 기르는 것이 여자에게 얼마나 중요한 일이었는지 짐작할 수 있다. 고대에 여자에 대한 평가는 자식을 낳아 기를 수 있는지 없는지가 우선적인 기준이었다. 이런 관념은 일부 지역에서 오늘날까지도 여전히 영향을 미치고 있다.

현재 중국에서 시행하는 "가족계획"[5] 정책은 세계의 인구 증가를 억제하는 데

---

4) 이 구절은 ≪孟子≫에 나온다. 불효에는 세 가지가 있는데, 그 중 후대가 없는 것이 가장 큰 불효라는 뜻이다.
5) 중국의 가족계획은 계획생육(計劃生育)이라고 한다. 즉 중국정부가 인구의 증가를 억제하기 위해 국민들의 생육에 대해 규정하고 제한하는 정책과 조치이다. 계획생육은 중국의 국책이지만 세계의 인구 증가를 억제하는 데에도 크게 공헌하였다.

에도 크게 공헌하였다. "한 쌍의 부부는 한 명의 아이를 낳는 것이 좋다[夫妻只生一個好]"는 구호에 쓰인 '好'자는 '好'의 본래 의미와 전혀 다르다. 어떤 사람은 농담으로 '好'는 "어머니 한 명과 아이 한 명으로 구성된 글자로서, 한 쌍의 부부는 한 명의 아이를 낳는 것이 좋다는 의미를 나타낸다"고 말한다.

▌'好'자의 창조
여자가 아이를 낳아 기르는 것이 바로 好이다.

1. 중국의 성씨(姓氏)

중국의 성씨는 모계씨족사회 후기에 기원했으며, 그 기능은 혈연관계를 구별하는 것이었다. 중국의 성씨는 일종의 복잡한 문화현상으로, 심도 있는 문화적 내용을 포함하고 있다. 어떤 사람은 연구를 통해 중국의 성씨 중에는 상고시기의 황제와 염제에게까지 거슬러 올라갈 수 있는 성씨가 많다고 주장했고, 또 민간에는 "성이 같은 사람들은 500년 전에 모두 한 식구였다"는 말이 전해 내려온다. 이것은 모두 중국 성씨의 문화적 동원성(同源性)을 드러낸 것이다.

중국에는 모두 몇 개의 성이 존재할까? 송대의 ≪백가성(百家姓)≫이라는 책에는 모두 494개의 성씨가 기록되어 있다. 이 책의 시작부분에 나오는 성은 趙(조), 錢(전), 孫(손), 李(이), 周(주), 吳(오), 鄭(정), 王(왕)이다. 조씨 성이 가장 먼저 나오는 것은 조씨 성을 가진 사람이 가장 많기 때문이 아니라 송나라 황제의 성이 '趙'였기 때문이다. 많은 학자들이 중국 성씨에 대한 통계 조사를 진행했으며, 2006년에 중국과학원(中國科學院)의 연구원들은 전국 범위의 조사를 통해 중국에 모두 4,100개의 성씨가 존재한다고 공식 발표했다. 앞쪽에 배열된 성씨는 李, 王, 張(장), 劉(류), 陳(진) 등인데, 이들은 인원수가 많은 성씨들이다. 그 중에서도 李씨 성을 가진 사람들이 가장 많다. 연구원들은 또 역사상 24,000여 개의 성씨가 출현했고, 대략 20,000개의 성씨가 없어졌다고 발표했다. 그리고 현재의 성씨는 대부분 상용한자를 사용한다는 사실도 지적했다.

중국의 성은 단성(單姓)과 복성(複姓)의 두 종류가 있는데, 단성이 많고 복성이 적다. ≪백가성≫에는 모두 434개의 단성과 60개의 복성이 들어 있다. 자주 보이는 복성으로는 제갈(諸葛), 구양(歐陽), 사마(司馬), 단목(端木), 공손(公孫), 황보(皇甫) 등이 있다.

일반적으로 중국인은 아버지의 성을 따르지만, 일부는 어머니의 성을 따르기도 한다. 여자는 결혼한 후에도 계속 원래의 성을 사용하고 성을 바꾸지 않는다.

2. '孝(효)'자의 창조

효는 고대 봉건사회에서 숭상한 도덕 표준 가운데 하나이다. 효는 부모와 웃어른을 공경하고 잘 봉양하는 것으로, 효순(孝順)이라고도 말한다.

'孝'는 재미있는 회의자이다. 갑골문 '孝'자의 아랫부분은 '子'이고 윗부분은 노인의 성성한 머리카락으로, 글자의 의미가 분명하게 드러나 있지 않다. 하지만 금문 '孝'자는 의미가 분명하다. 글자의 윗부분은 등과 허리가 굽고 머리가 성성한 노인의 모습이고 아랫부분은 어린아이이다. 아이가 노인을 부축하거나 혹은 업고 걸어가는 것을 나타내고 있다. 이것은 노인을 존경하고 돕는 행동을 표현한 것으로 효순, 즉 '孝'자의 본래의미를 나타낸

▌'孝'자의 창조
한 아이가 노인을 부축하고 길을 걷고 있다. 그림의 오른쪽에 고문자 '孝'가 있는데, 위에 있는 것은 금문이고, 아래에 있는 것은 갑골문이다.

것이다. 오늘날에도 부모에게 효도하고 웃어른을 공경하는 것은 여전히 아름다운 행동이며, 사회의 중요한 도덕 표준이다. 중국에서 부모와 웃어른에게 효도하지 않는 사람은 존경받지 못한다.

1 빈 칸에 알맞은 단어를 적으시오.

1. 인류의 역사에서 자녀들을 이끌고 힘겹게 전진하며 문명의 선하를 연 것은 ＿＿＿＿이
   다.

2. '姓'은 원시 ＿＿＿＿ 후기에 기원했다.

3. '姓'은 회의자이고 또 ＿＿＿＿이기도 하다.

4. 고대의 무시무시한 강탈혼의 상황을 보여주는 한자는 ＿＿＿＿이다.

2 다음 중 잘못된 설명은 무엇인가? (　　)

A. '女'자는 모계씨족사회 시기에 만들어졌다.

B. '女'자는 부계씨족사회 시기에 만들어졌다.

C. '安'자는 모계씨족사회 후기의 역사적 상황을 반영한다.

D. '婚'자는 모계씨족사회가 부계씨족사회로 변하는 시기의 역사적 상황을 반영한다.

3 아래에 제시된 단어를 설명하시오.

육축(六畜)　　　"하늘의 반쪽"

4 한자 쓰기

1. 고문자 '女', '姓', '妻', '好', '家'를 써 보시오.

2. '女'자는 중요한 부수자이다. 사전 없이 '女'자를 편방으로 삼은 한자 5개를 써 보시오.

5 다음 질문에 답하시오.

1. 본문에서 '女'자가 고대중국인들이 창작한 훌륭한 예술품이라고 말한 이유는 무엇인가?

2. '姓'의 문화적 의미를 말해보시오.

3. '婚'자는 어떻게 만들어졌으며, 어떤 역사적 상황을 반영하는가?

4. '好'자가 '女'와 '子'로 구성된 최초의 함의는 무엇인가?

3. 한자를 통해 본 고대의 전쟁

전쟁은 무서운 단어이다. 인류사회의 긴 역사 속에서 전쟁은 매우 빈번하게 발생했다. 고대중국에도 일찍이 무수히 많은 전쟁이 있었다. 그 중에는 씨족의 전쟁도 있었고 통치집단 내부의 전쟁도 있었으며, 백성과 통치자의 전쟁, 농경민족과 유목민족의 전쟁도 있었다. 한자는 전쟁의 참혹함을 기록했고, 무시무시한 장면을 묘사했다.

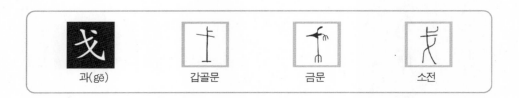

| 과(gē) | 갑골문 | 금문 | 소전 |

'戈'는 3,000년 전인 상주시기에 일상적으로 사용하던 무기이다. 갑골문 '戈'는 이 무기의 형상을 매우 사실적으로 묘사하고 있다. 기다란 자루의 위쪽에 있는 긴 횡선은 창머리이다. 금문 '戈'는 더 구체적이다. 긴 장대 위의 창머리는 칼과 비슷하고, 장대의 하부에 있는 갈퀴는 땅에 창을 꽂을 때 사용한다. 창은 매우 이른 시기

에 만들어졌다. 고고학자들은 이미 신석기시대 후기 유적지에서 많은 돌창을 발견했다. 아마도 동물을 잡을 때 사용했을 것이다.

▌청동 창 (춘추시기)

▌'戈'자가 들어 있는 한자 감상

해서체	실물그림	갑골문	금문	자형해석
戊 (무)				넓적한 날을 가진 긴 자루의 전쟁용 도끼
戉 (월)				큰 도끼 모양의 고대 무기 혹은 형구. 목을 자르는 데 사용했으며, 나중에는 '鉞(월)'로 썼다.
戎 (융)				창과 방패가 하나로 합쳐진 것으로 무기와 군대를 나타냈다.
戒 (계)				두 손으로 창을 들고 있는 모습으로 경계함을 나타냈다.
戍 (수)				사람이 창 아래에 있는 모습으로 수비하고 있음을 나타냈다.
戌 (술)				평평한 날을 가진 짧은 자루의 전쟁용 도끼
成 (성)				큰 도끼로 내리찍는 것으로 사람을 죽였음을 나타냈다.
我 (아)				톱 모양의 고대 무기. 후에 가차되어 1인칭 대명사로 쓰였다.
國 (국)				창으로 지키는 한 구역. 나중에 사면에 네모 형태의 경계선을 더해 '國'이 되었다. 간화자는 '国'이다.

상주시기 및 춘추전국시대에는 대부분 창머리를 청동으로 만들었다. 또 창의 종류는 자루의 길이에 따라 짧은 창과 긴 창 두 종류가 있었다. 자루가 짧은 창은 보병이 근거리 전투에 사용했고, 자루가 긴 창은 전차에서 사용했는데, 장대의 길이가 3m에 달할 정도로 길었다. '戈'는 서한 이후로 점차 전쟁터에

▌손에 창을 든 진시황릉의 무사용(武士俑)
무사용의 수중에 있던 창은 이미 소실되었지만 손에 창을 든 자세는 여전하다.

서 사라졌고, '矛(모)'가 그 자리를 대체했다.

'戈'는 상용하던 무기인데다 또 매우 일찍 출현했기 때문에, 무기나 전쟁과 관련된 한자들, 예를 들어 '戊', '戉', '戌', '戒', '戎', '戍', '成', '我' 등은 거의 모두 '戈'로 구성되었다. 갑골문에서 '戊', '戉', '戌'은 모두 큰 도끼의 형상이고, '戒'는 두 손으로 창을 들고 경계하는 모습이며, '戎'은 창과 방패를 들고 있는 형상이다. '戍'는 사람이 창 아래에서 지킨다는 뜻이고, '成'은 큰 도끼로 내려쳐 사람을 죽인다는 뜻이다. 그리고 '我'는 본래 톱니모양의 살인 무기였는데, 나중에는 '나'를 나타내는 인칭대명사로 차용되었다. '戈'는 자전의 부수이며, 앞에서 언급한 글자들 뿐 아니라 '戰(전)', '武(무)', '戚(척)', '伐(벌)'과 같은 많은 글자들을 구성했다.

伐	갑골문	금문	소전
벌(fá)			

갑골문 '伐'자는 의미가 분명히 드러나는 회의자이다. 오른쪽은 '戈' 왼쪽은 '人'

장평(長平)의 전투 (중국화)
"장평의 전투"는 기원전 260년에 발생했다. 이 전쟁은 전쟁터에 시신이 뒹굴고, 흘러나온 피에 방패가 떠다닐 정도로 대단히 참혹했다.

으로, 창머리로 사람의 목을 베는 형상이다. '伐'자의 본래의미는 "베어 죽이다"이다. 즉 사람의 머리를 베어 죽인다는 뜻이다. 나중에는 "공격하여 치다, 토벌하다, 정벌하다" 등의 뜻으로 확대되었다.

'伐'자의 창조
창으로 사람의 머리를 자르다.

전국시기에 진(秦)나라는 조(趙)나라를 정복하기 위해 산서(山西) 장평에서 조나라와 전쟁을 했는데, 양측 모두 손실이 막중하여, 전쟁터에는 시신이 가득하고 병사들이 흘린 피에 방패가 떠다녔다고 한다. 죽은 사람이 너무 많아 사방이 모두 시체였고, 시체에서 흘러나온 피가 강을 이루어 그 속에서 방패가 떠다녔다는 것이다. 이것이 바로 중국 역사상 가장 참혹한 것으로 알려진 "장평의 전투"이다. 통계에 따르면 이 전쟁에서 적어도 60만 명의 사람이 창에 베여 죽었다고 하는데, 이것이 바로 '伐'이다.

'伐'은 동사로 쓰일 때는 항상 "나무를 베다(伐木)", "숲의 나무를 채벌하다(采伐林木)", "수목을 베다(砍伐樹木)"처럼 "나무를 베다"의 의미로 사용된다.

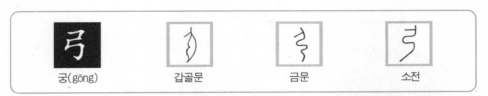

弓	갑골문	금문	소전
궁(gōng)			

┃《익사도(弋射圖)》 (전국시기 청동기 도안)
궁수가 가는 선을 매단 화살로 나는 새를 쏘아 죽이다.

┃《사렵도(射獵圖)》 (상고시기 암각화)
활과 화살을 사용하여 동물을 사냥하
는 장면은 상고시기 암각화에 자주 나
타난다.

활과 화살은 오래된 원거리 사격무기로서 살상력이 매우 크다. 고고학자들은 산
서성 삭현(朔縣)에서 구석기시대의 돌화살을 발견하여, 중국에서 활과 화살을 사용
한 역사가 적어도 28,000년에 이른다는 사실을 증명했다. 갑골문 '弓'자는 상형자로
서 완전한 활의 모습이다. 굴곡이 있는 왼쪽 선은 활자루고, 비교적 곧은 오른쪽
선은 활의 현이다. 활자루 위에 있는 선은 활의 위쪽에 가는 선을 묶고 선의 또

활과 화살을 든 병마용 (진대)
활과 화살을 든 진시황릉의 병마용. 활을 잡고 있는 자세가 매우 생동적이다.

다른 쪽은 화살의 꼬리에 묶어 활을 쏘고 나서 다시 화살을 거둘 수 있게 한 것을 나타낸다. 이런 활과 화살을 '弋(익)'이라고 부르는데, 주로 수렵활동에 사용했다. 갑골문에 있는 또 다른 '弓'자는 나중에 만들어진 문자와 같이 활자루만 있고 현이 없다. 활과 화살은 대부분 대나무로 만들어졌다. 그래서 '箭(전)'자의 형방이 '竹(죽)'이다.

고대인들은 화살을 '矢(시)'라고 불렀다. '矢'도 역시 상형자이다. 갑골문에서는 '矢' 형태로 썼다. 이 글자의 앞쪽 끝은 화살의 머리 부분을 나타내고 아래의 교차된 두 선은 화살의 꼬리 깃털을 나타낸다. 화살의 꼬리 깃털은 화살대의 균형을 잡는 기능을 하여 쏜 화살이 더욱 안정적이고 정확하게 날도록 만든다.

고대중국에서는 활쏘기가 매우 중시되었다. 공자의 시대에는 활쏘기를 "육예(六藝)"에 포함시키고, 국가를 위해 일하는 모든 남자가 반드시 할 줄 알아야 하는 여섯 가지 기능 중 하나로 여겼다. 활과 화살은 고대 전쟁터에서 매우 큰 역할을 담당했고, 활과 화살로 적을 물리친 전투도 매우 많았다. 오늘날에는 일찍이 전쟁에서 퇴출되었지만, 활쏘기를 좋아하는 사람들도 여전히 많다. 몽고족에는 "신들린 궁수"가 많고, 올림픽에도 활쏘기경기가 있다.

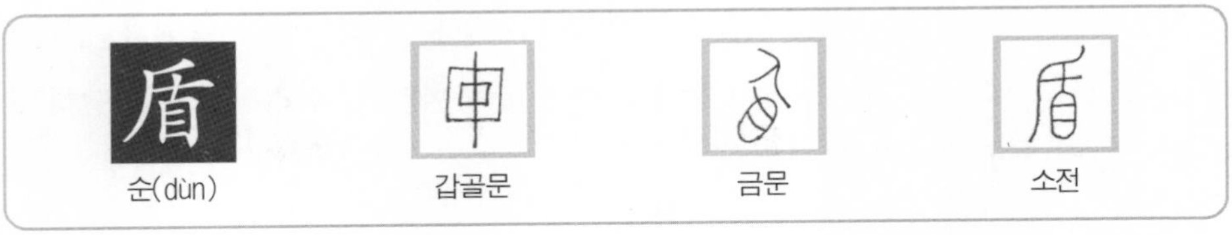

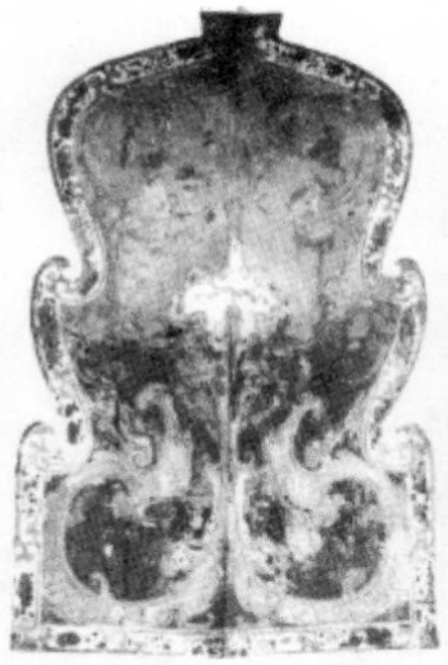

▌청동 방패 (진대)

▌만리장성 고대 군사 방어의 큰 방패라고 할 수 있다.

옛사람들은 수비에 능하지 않으면 공격도 할 수 없다는 이치를 잘 알고 있었다. 옛사람들의 수비는 자기의 머리를 방어하는 것에서 시작되었다. 한자 '胄(주)'는 머리를 보호하는 모자이며, 갑골문에서는 '[illegible]' 형태로 썼다. 옛사람들이 신체를 보호할 때 사용한 것은 '甲(갑)'이다. 진시황릉의 병마용에는 갑옷을 입은 몇 천 개의 병사 인형이 있다. 고대에 가장 활발하게 사용한 방어 무기는 "방패"였다. 방패는 손에 드는 무기로, 전쟁시에 한손에는 '戈'(혹은 '矛', '刀', '斧' 등)를 들고 다른 손에는 방패를 들면, 공격도 하고 수비도 할 수 있어서 전투력이 증강된다. 방패는 이 때문에 가장 대표적인 고대의 방어무기가 되었다. 갑골문 '盾'자는 상형자로서, 방패의 형상을 그린 것이다. 금문 '盾'자는 회의자로 변하여 위는 사람이고 아래는 방패이다. 사람이 방패를 들고 자기를 보호함을 나타낸 것이다.

고대중국에는 만리장성이라는 일종의 거대한 방패가 있었다. 만리장성은 중국의 북방에 건축되어 2,000여 년 동안 북방 유목민족의 침입을 방어하고 황하 유역

농경민족의 농업생산과 안정된 생활을 보장하는 중요한 역할을 담당했다. 만리장성은 공격을 위한 건축이 아니라 방어를 위한 건축이었다. 만리장성은 확실히 고대중국의 커다란 방패였다고 할 수 있다.

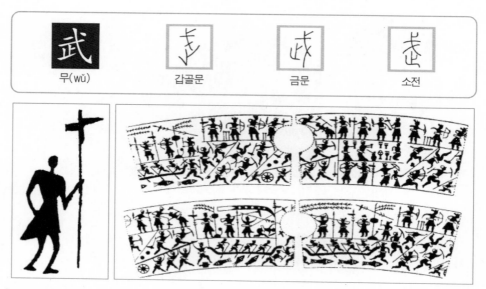

武	岜	戌	杏
무(wǔ)	갑골문	금문	소전

■좌 : '武'자의 창조 손에 창을 들고 적을 정벌하러 가는 사람의 모습
우 : 《수륙공전도(水陸攻戰圖)》 (전국시기 청동거울 도안) 고대중국의 가장 뛰어난 전쟁장면 묘사 작품. 많은 병사들이 육지와 수상에서 격렬한 전투를 벌이고 있다. 혹은 도끼를 휘두르고, 혹은 활을 쏘고, 혹은 공격하고, 혹은 방어하며 손에 땀을 쥐게 하는 장면을 연출했다. 이 청동거울은 현재 대만(臺灣) 대북(臺北)의 고궁박물원(古宮博物院)에 소장되어 있다.

갑골문 '武'는 회의자이다. 위쪽의 '戈'는 무기를 나타내고, 아래쪽의 '止'는 걷는 동작을 나타낸다. 무기를 들고 적을 정벌하러 가거나, 적을 향해 위엄을 드러낸다는 뜻이다. '武'자의 본래의미는 "위엄, 용맹"이다. 그러나 '武'자에는 "전쟁을 그치게 하는 것이 '武'이다[止戈爲武]"라는 또 다른 해석이 있다. 즉 무기의 사용을 제지할 수 있는 것이 '武'라는 것이다. 문자학의 각도에서 보면 이 해석은 옳지 않다.

'武'자를 구성하는 '止'의 본래의미는 "발"이다. 그래서 "제지하다"라는 뜻이 아니라, "가다, 행동하다" 등의 뜻을 나타낸다. 의미의 측면에서도 이 해석은 '武'자의 본래의미에 맞지 않는다. '武'는 무기를 사용해서 정벌하거나 혹은 위엄을 나타내는 것인데, 어떻게 무기의 사용을 제지하는 것이 될 수 있는가?

그러나 고대중국인의 전쟁관으로는 "전쟁을 그치게 하는 것이 '武'이다"라는 해석도 일리가 있다. 중국은 농업국가로서 평화롭고 안정적인 생활환경을 필요로 했기 때문에 전쟁을 대단히 싫어했다. 일찍이 전국시대에 묵자(墨子)[1]는 "공격하지 말라"고 주장하며, 각국이 다른 나라를 공격하거나 전쟁을 일으키지 말고 서로 사랑하기를 희망했다. 고대의 군사가들도 만약 전쟁을 한다면 "전쟁하지 않고 적의 군사를 굴복시키는 것"[2]이 가장 이상적이라고 생각했다. 이것은 전쟁이라는 방법을 통하지 않고 승리를 거둔다는 말이다. 이렇게 하면 사람들이 다치거나 죽는 것을 피할 수 있고 사회의 파괴를 막을 수 있다. 그래서 전쟁을 거치지 않는 '武'가 진정한 '武'가 될 수 있는 것이다. 또 불가피하게 무력을 사용할 때에도 그 목적은 전쟁을 멈추게 하기 위한 것이라고 생각했다. 이것이 바로 "전쟁을 그치게 하는 것이 '武'이다"라는 해석이다. 이런 '武'는 고대중국인의 전쟁관과 세계와 조화를 이루려는 중화민족의 열망을 보여준다.

---

1) 묵자(墨子) : 묵적(墨翟, 기원전 468~376 경으로 추정) 전국시기의 송(宋)나라 사람. 묵가학파의 창시자이며 공자 이후로 비교적 영향력이 컸던 사상가이다. 묵자는 "겸애(兼愛)"를 주장했는데, 겸애는 차별 없이 모든 사람을 사랑하자는 것이다. 또 "비공(非攻)"을 주장하여 일체의 불의한 전쟁을 반대했다. 묵자의 사상은 하층노동자들의 이익과 요구를 대변하고, 귀족의 권익을 부정하는 정신을 가지고 있다. 그의 사상은 ≪묵자≫에 보존되어 있으며, 이 책은 모두 53권으로 구성되었다.

2) 춘추시기 손무(孫武)의 ≪손자병법(孫子兵法)·모공편(謀攻篇)≫에 나오는 말이다. 원문은 "이 때문에 백번 싸워 백번 이기는 것이 가장 좋은 것이 아니라, 싸우지 않고 남의 병사를 굴복시키는 것이 가장 좋은 것이다"이며, 전투에서 매번 승리를 얻는 것이 가장 좋은 용병술이 아니라, 전쟁하지 않고도 승리를 얻는 것이 가장 위대하다는 의미이다. 전쟁도 하지 않고 적병을 굴복시키는 것이야말로 가장 뛰어난 용병의 경지라고 할 수 있다.

1. 《손자병법(孫子兵法)》

《손자병법》은 고대중국의 유명한 병법서(兵法書)일뿐 아니라, 전 세계적으로 가장 먼저 출현한 병법서이다. 이 책은 춘추말기 제(齊)나라의 뛰어난 군사전문가 손무(孫武)가 지었다. 《손자병법》은 <계편(計篇)>, <작전편(作戰篇)>, <모공편(謀攻篇)>, <지형편(地形篇)>, <화공편(火攻篇)> 등 모두 13편(원래는 82편이었다), 7천 여 자로 구성되었다. 이 병법서는 전략전술의 원칙을 날카롭게 해설하고 진공(進攻)과 방어의 관계를 분석했으며, 전쟁의 승패는 천명(天命)에 달린 것이 아니라 사람의 노력에 달렸다고 분석했다. 또 전쟁을 할 때는 "남을 알고 자기를 알아야 한다"고 주장했다. 즉 무엇보다 자기의 상황을 잘 파악하고 상대방의 상황을 잘 이해하는 것이 필요하다는 것이다. 병력을 집중하여 적에게 타격을 입히는 것의 중요성을 역설했고, 전쟁을 하려면 "군사행동은 신속한 것이 중요하며", "예상하지 못할 때 공격해야 한다"는 등의 의견을 제시했다. 손무는 또 전쟁을 중시해야 하지만 경솔하게 전쟁을 일으켜서는 안 된다고 지적하며, "전쟁하지 않고 적의 병사를 굴복시키는 것"이야말로 가장 좋은 용병술이라고 주장했다.

《손자병법》은 변증철학이 충만하고 지혜가 번뜩이며 성숙한 고대중국의 군사관을 상징한다. 이 책은 중국의 군사 분야뿐 아니라, 세계적으로도 중대한 영향을 미쳤다.

전국시기에 중국에는 또 하나의 유명한 병법서 《손빈병법(孫臏兵法)》이 출현했다. 이 병법서는 손빈이 쓴 것으로 모두 30편, 1만 여 글자로 구성되었다. 손빈 역시 제나라 사람이다.

2. 두보(杜甫)의 ≪전출새(前出塞)≫

挽弓當挽彊, 활을 당기려면 활을 단단하게 해야 하고
用箭當用長. 화살을 쏘려면 마땅히 긴 화살을 써야 한다.
射人先射馬, 적을 쏘아 죽이려면 먼저 적의 말을 쏘아 넘어뜨려야 하고
擒賊先擒王. 도적을 멸하려면 먼저 적의 수령을 잡아야 한다.
殺人亦有限, 사람을 죽이는 것 또한 한계가 있고
列國自有疆. 각 나라는 모두 자기의 지경을 가지고 있다.
苟能制侵陵, 진실로 적의 침략과 괴롭힘을 막는 것이
豈在多殺傷. 어찌 살상을 많이 하는 것에 달렸겠는가!

◻ 감상

두보는 "시성(詩聖)"으로 칭송받는 고대중국의 위대한 시인이다. 이 시는 "전쟁을 멈추게 하는 것이 '武'이다"라는 관점을 형상적으로 설명하고 있으며, 전쟁에 대한 시인의 정확한 인식과 평화에 대한 갈망을 잘 보여준다.

연습문제

1 빈 칸에 알맞은 단어를 적으시오.

1. 상주(商周)시기에는 ________라고 하는 청동무기를 자주 사용했다.
2. 무기나 전쟁과 관계있는 한자들은 거의 모두 ________ 자형을 가지고 있다.
3. '伐'자의 본래의미는 ________이다.
4. 중국 역사상 가장 참혹했던 전쟁은 전국시기의 ________이다.
5. 공자의 시대에는 활쏘기를 ________ 가운데 포함시켰다.

2 다음 중 잘못된 설명은 무엇인가? (　　)

A. '戈'는 비교적 일찍 출현한 전쟁무기이다.
B. 활과 화살은 매우 오래된 원거리 사격무기이다.
C. 고대중국에서 가장 활발하게 사용된 방어무기는 '冑'이다.
D. 고대중국에서 가장 활발하게 사용된 방어무기는 '盾'이다.

3 아래에 제시된 단어를 설명하시오.

지과위무(止戈爲武)

4 '戈'는 중요한 부수자이다. '戈'자로 구성된 한자 5개를 써보시오.

5 "섬멸(殲滅)"은 적을 소멸시킨다는 뜻이다. 갑골문에서 '殲'은 회의자이다. 글자에 '戈'자가 들어있고 '' 형태로 썼다. 갑골문 '伐'자의 자형을 참고하여 '殲'의 본래의미를 추측해보시오.

6 다음 질문에 답하시오.

1. 무기나 전쟁과 관련된 한자들이 거의 모두 '戈'로 구성된 이유는 무엇인가?
2. '我'는 원래 톱 모양의 살상무기인데, 발음이 [wǒ/아]이기 때문에 나중에 '나'를 나타내는 1인칭 대명사로 쓰였다. 이것은 문자학에서 어떤 글자 사용 방법에 속하는가?
3. '武'자에 대해서는 두 가지 해설이 있다. 하나는 무기를 들고 정벌하거나 위엄을 나타낸다는 것이고, 다른 하나는 무기의 사용을 그치게 하는 것이 '武'라는 것이다. 이 가운데 어떤 해석이 더 타당하다고 생각하는지 자신의 견해를 말해보시오.

4. 본문에서 "중국 제일의 거대한 방패는 바로 만리장성이다"라고 했는데, 이 말은 어떻게 이해할 수 있는가?

4. 한자를 통해 본 고대인의 일상생활

한자는 대부분 고대인의 일상생활에 근원을 두고 창조되었다. 의식주(衣食住)와 이동은 일상생활의 가장 기본적인 수요이다. 그래서 한자 중에는 고대인의 일상생활을 기록한 것이 매우 많다.

| 의(yī) | 갑골문 | 금문 | 소전 |

'衣'는 상형자이다. 갑골문, 금문, 소전의 '衣'자는 모두 고대의 상의(上衣)를 형상적으로 묘사한 것이다. 옛 자형의 윗부분은 옷깃이고 양쪽의 빈 부분은 소매이며 아래의 두 선은 서로 연결된 옷자락이다. 현대중국어의 "의상(衣裳)"은 "옷"을 의미하는 하나의 단어지만 고대에 '衣'는 상의를, '裳'(옛날에는 '常'으로 썼다.)은 치마를 가리켰다. 옛날 말 중에 "상의하상(上衣下裳)"은 남녀를 불문하고, 심지어 왕 조차도 모두 위에는 소매가 큰 긴 옷을 입고, 아래에는 치마를 입었다는 뜻이다. 당시에는

또 상의와 치마가 하나로 연결된 "심의(深衣)"라는 복장도 있었다. 한족(漢族)의 복장에는 본래 바지가 없었다. 바지는 전국시기에 조나라의 무령왕(武靈王)이 유목민족의 옷을 입고 말을 타며 활을 쏜 후에 출현했다. 따라서 바지는 북방의 유목민족이 한족에게 전해준 선물이라고 할 수 있다. 유목민족은 초원에서 말을 타며 생활했기 때문에 바지가 더 적합한 복식이었는데, 한족도 역시 바지의 장점, 즉 치마처럼 통이 넓지 않아서 일상생활에 더 편리하다는 장점을 느끼게 되었다. 바지의 출현은 중국의 복식문화사에서 하나의 혁명과 같은 일이었다.

갑골문시대부터 청대까지 고대중국의 복식은 풍부하고 다채로운 양식을 가지고 있었지만, 기본적으로는 '衣'자가 묘사하고 있는 그런 모양이었다. '衣'자 형태의 복장이 3천 년이나 중국 복식의 조류를 이끌어 왔다고 말할 수 있다.

▌ 서한의 깁옷(장사(長沙) 마왕퇴(馬王堆)의 한 나라 무덤에서 출토) 2천 년 전의 이 깁옷은 '衣'자가 묘사한 바로 그 모양이다.

▌ 상의하상을 입은 송대(宋代) 여인 (북송의 진흙 채색조각) 산서(山西) 태원(太原)의 진사(晉祠)에 진열되어 있다.

식(shí)

갑골문

금문

소전

▌상고시기에 음식을 익히는 그림

백성은 먹는 것을 하늘로 여긴다. 예로부터 중국에서는 먹는 일이 가장 중요했다. 중국은 세계적인 음식문화 대국이라고 말할 수 있는데, 먼저 '食'자의 창조를 살펴보자.

'食'은 회의자이다. 갑골문 '食'자의 아랫부분은 음식물이 가득 담긴 식기이고, 윗부분의 두 점은 음식물이 많아서 밖으로 넘치는 모습이며, 맨 위의 삼각형은 뚜껑이다. 이 식기는 쌀, 수수, 좁쌀 등을 담는 그릇이었다. 그래서 '食'자가 명사로 쓰여서 먹는 것을 나타낼 때는 "양식(糧食)", "주식(主食)", "냉식(冷食)" 등과 같이 주식(主食)을 가리키고, 동사로 쓰일 때는 먹는 동작을 나타낸다. "절식(絶食)", "육식동물(肉食動物)" 등의 '食'이 그런 예이다. '食'은 부수자이다. '食'을 편방으로 사용한 글자들, 예를 들어 '飯(반)', '餠(병)', '飮(음)', '餓(아)', '飽(포)' 등은 대부분 음식물 혹은 먹는 것과 관계있다. 중국의 음식문화는 원시인류가 익힌 음식, 즉 구운 고기를 먹는 것에서 시작되었다. 예를 들어 고한자 '炙(炙, 자)'는 위는 '肉(육)'이고 아래는 '火(화)'이다. 불을 사용하여 고기를 굽는 장면을 재현한 것이다. 갑골문시대에 이미 음식문화가 발달했다. 청동기물을 예로 들면, '鼎(정)'은 고기를 삶는 솥이고, '甑(증)'은 음식을 찌는 솥이며, '簋(궤)'는 주식을 담는 큰 그릇이고, '尊(준)'은 술을 담는 그릇이고, '爵(작)'은 술을 마시는 잔이다. 이런 기물을 나타내는 글자들이 갑골문에 모두 존재한다. 갑골문에는 '食', '火', '禾(화)', '米(미)', '酉(유)', '皿(명)'

을 편방으로 삼은 글자들이 많으며, 그것들이 다양한 음식 관련 글자들을 구성했다. 이것은 중국 음식문화의 원류가 장구함을 설명해주고, 또 중국이라는 농업대국의 중요한 이념, 즉 "백성들은 먹는 것을 하늘로 삼는다[民以食爲天]"는 이념을 잘 설명해준다.

住
주(zhù)

소전

중국의 건축은 역사가 유구하고 민족적 풍격이 농후하여, 세계건축사에서 중요한 위치를 차지하고 있다. 상고시기 남방 하모도(河姆渡)문화유적지의 난간식집과 북방 반파(半坡)유적지의 반지하식집에서부터 명청시기의 고궁(故宮) 건축에 이르기까지, 고대중국의 건축은 이미 7,000년의 역사를 가지고 있다. 고대중국 건축의 특징은 대체로 목조구조와 큰 지붕, 평면구조 배치라고 말할수 있다. 북경의 고궁은 이런 특징을 잘 구현한 건물이다. 중국건축의 이러한 특징이 한자에 형상적으로 기록되어 있다. '木(목)'을 형방으로 삼은 글자들, 예를 들어 '樓(루)',

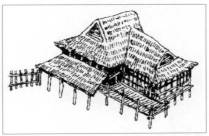

▐ 하모도의 난간식집

▐ 반파의 동굴식집

'柱(주)', '梁(량)' 등은 대부분 목조건축 구조, 혹은 목재를 사용한 것과 관계있고, 건축과 관련된 글자 가운데 '土(토)'를 형방으로 사용한 글자들, 예를 들어 '墻(장)', '城

(성)', '塔(탑)' 등은 일반적으로 흙이나 돌 구조와 관계있다. '宀(면)', '穴(혈)', '土', '木', '广(엄)', '戶(호)' 등을 형방으로 삼은 글자들은 대부분 건축과 관련이 있다. '宀'은 양쪽에 나무기둥이 있고 위로 뾰족한 지붕을 가진 집의 외형이다. 그래서 집을 나타내는 글자들, 예를 들어 '家(가)', '宅(택)', '安(안)', '室(실)', '宿(숙)', '寓(우)', '宇(우)' 등은 대부분 '宀'을 형방으로 사용했다. '广'은 옥상이 있는 큰 집이나 담장이 없는 집의 복도를 나타내며, '廟(묘)', '府(부)', '庭(정)', '庫(고)', '廊(랑)', '店(점)' 등의 글자들이 '广'으로 구성되었다. 이런 글자들이 나타내는 것은 대부분 뾰족한 지붕이나 큰 지붕이 있는 건축물이다.

▌북경 고궁의 태화전(太和殿)
　태화전은 목조구조와 큰 지붕의 전형적인 건축물이다. 고궁의 건축물들은 또한 평면 배치 건축의 전형이다.

　건축물과 관련된 글자들 가운데 살펴볼만한 가치가 있는 것은 '宮(宮, 궁)'자이다. 이것은 큰 지붕과 방이 많다는 것을 표현했고, 또 평면 배치의 특징을 드러냈다. 측면에서 보면 윗부분의 '宀'은 큰 지붕 꼭대기의 형상이고, 아랫부분의 두 개의 네모는 창문 같다. 그런데 위에서 아래로 내려 보면 이 글자는 마치 한 장의 건축

평면도처럼 보인다. 아래의 네모 두 개는 방이 많음을 나타낸다. '宮'자 하나를 묘사하는데 두 개의 관찰 각도를 사용하여 고건축물의 큰 지붕과 평면배치의 특징을 모두 표현한 것이다.

行	갑골문	금문	소전
행(xing)			

사람은 살면서 걷는 행위에서 벗어날 수 없다. 옛사람들은 마땅히 길 위에서 걸어야 한다고 생각했고, 그런 의미를 나타내는 글자를 만들었다.

'行'은 상형자이다. 갑골문과 금문의 '行'은 흔히 보이는 사거리와 비슷하다. 그래서 '行'의 본래의미는 큰 길이다. 길은 사람이 걸어 나오는 곳이고, 또 사람에게 걸을 장소를 제공하는 곳이다. 그래서 '行'은 또 "걷다", "걸어가다"의 뜻을 나타낸다.

▌'行'자의 창조
사람들이 걸어 다니는 사거리

▌공자가 수레를 타고 먼 곳에 가는 그림

중국은 국토가 넓고 산과 강, 호수, 산림, 초원, 사막 등이 많다. 그래서 옛날사

■현장(玄奘)이 걸어서 불경을
가지러 가는 그림

람들은 늘 이동이 어렵다고 탄식했다. 가까운 지방을 갈 때는 걸어갈 수 있지만, 먼 곳에 갈 때는 배를 타거나 거마(車馬)를 이용해야 했다. 거마는 가장 먼저 출현한 교통수단으로, 고대에는 먼 곳에 갈 때 반드시 거마를 탔다. 예를 들어 춘추시대에 공자[1]는 여러 제후국을 돌며 그의 정치적 주장을 선전할 때 마차나 우차(牛車)를 탔고, 진시황은 중국을 통일한 후 여러 지역을 방문할 때 마차를 탔다. 서안의 진시황릉에서 두 개의 청동마차가 출토되었는데, 진시황이 유람할 때 타던 차가 바로 그와 같았다고 한다. '舟(주)', 즉 배도 역시 상형자이다. 갑골문 '舟'자는 작은 나룻배의 모습이 분명하다. 기원전 1,300년에 상나라의 왕 반경(盤庚)은 백성들을 데리고 황하를 건너 곡부(曲阜)에서 안양(安陽)으로 도읍지를 옮겼다. 강을 건너는 이런 대규모의 이동에 이용된 것은 큰 나무배였을 것이다. 당나라의 저명한 스님 감진(鑒眞)[2]이 일본에 건너가 불경을 전할 때나, 명나라의 정화(鄭和)[3]가 서쪽바다를 통해 남아시아와 서아시아, 아프리카를 방문할 때도 역시 큰 배를 이용했다.

---

1) 공자(孔子, 기원전 551~479) : 공자의 성은 공(孔)이고 이름은 구(丘)이며, 자는 중니(仲尼)이다. 춘추시기의 노(魯)나라 사람으로, 고대중국의 위대한 사상가이자 교육가이다. 공자의 핵심사상은 "인(仁)", 즉 사람을 사랑하는 것이다. 인은 거의 모든 미덕을 포괄하는 개념이다. 공자의 "수신달인(修身達仁)", "효제충서(孝悌忠恕)", "인본(人本)", "중용(中庸)" 사상은 2천 년간 중국사회에 커다란 영향을 미쳤다. 공자의 사상은 ≪논어(論語)≫ 등에 잘 보존되어 있다.
2) 감진(鑒眞, 688~763) : 감진은 당(唐)의 승려이다. 일찍이 일본승려들의 요청을 받고 일본으로 건너가 널리 불법을 전파했다. 그는 다섯 번의 실패 끝에 여섯 번째에 마침내 배를 타고 동쪽바다를 건너 일본에 도착했는데, 그때는 이미 두 눈이 모두 먼 상태였다고 한다. 감진은 10년 동안 일본에 머물며 일본의 종교, 건축, 의학, 예술에 크게 공헌했고, 일본에서 세상을 떠났다.
3) 읽기자료 3 참조.

그러나 마차나 배를 타지 않고 먼 길을 여행한 사람도 있다. 가장 유명한 사람은 당대(唐代)의 승려 현장(玄奘)[4]이다. 그는 장안(長安, 지금의 서안)에서 출발하여 옛 인도까지 걸어가서 불경을 가지고 다시 당으로 돌아왔다. 신화소설 ≪서유기(西遊記)≫[5]는 바로 현장의 이야기에 근거하여 쓴 책이다. 또 다른 사람은 명대(明代)의 여행가 서하객(徐霞客)이다. 그는 여러 곳을 돌아다니며 ≪서하객유기(徐霞客游記)≫[6]를 썼다. 현장과 서하객은 노정이 수만리에 달했지만, 두 사람 모두 걸어서 갔다가 걸어서 돌아왔다.

---

4) 현장(玄奘, 602~664) : 현장은 당나라의 유명한 승려이자 번역가, 여행가이다. 불교를 깊이 연구하기 위해 629년에 홀로 장안을 출발하여 천축(天竺, 지금의 인도)에 갔다가, 645년에 다시 장안으로 돌아왔다. 그는 16년 동안 5만 여 리를 걸으며 100여 개의 나라와 지역을 방문했고, 마침내 675부의 불경을 가지고 중국으로 돌아왔다. 후에는 불경 번역에 전력하였고 여행을 통해 얻은 견문을 ≪대당서역기(大唐西域記)≫로 엮어냈다. 현장은 명대의 장편 신화소설 ≪서유기≫에 등장하는 당나라 스님의 원형이다.

5) ≪서유기≫는 명대의 유명한 장편 신화소설로, 오승은(吳承恩, 1499~1582)의 작품이다. 작가는 이 책에서 당나라의 승려와 사제 4인이 온갖 어려움을 겪으며 경전을 구하는 이야기를 생생하게 묘사했다. 특히 이 책에 등장하는 손오공의 형상은 사람들의 큰 사랑을 받았고, 불후의 예술전형이 되었다.

6) 서하객(徐霞客, 1587~1641)은 명나라 사람으로, 뛰어난 지리학자이자 여행가이다. 22세 때부터 여행을 시작하여 죽을 때까지 지속했다고 한다. 그가 쓴 ≪서하객유기≫는 여러 지역을 여행하며 고찰한 성과를 일기체형식으로 기록한 지리서이다. 이 책에는 중국 서남부 석회암지대의 각종 특징을 관찰한 내용이 최초로 기록되어 있다. 이 때문에 그는 과학적으로 석회암지대를 고찰한 세계 최초의 선구자가 되었다.

1. 조나라 무령왕이 오랑캐 옷을 입고 말을 타며 활을 쏘다

지금으로부터 2천 여 년 이전의 전국시기에 북방의 유목민족은 황하 유역의 농경민족을 자주 침범했다. 끊임없는 전쟁 중에 중원지역의 조나라 무령왕(재위 기원전 325~299)은 호인(胡人, 유목민족에 대한 당시의 호칭)의 수준 높은 말타기와 활쏘기 기술이 그들이 착용하는 꼭 끼는 바지와 관계있다는 사실을 발견했다. 몸에 꼭 끼는 바지는 행동하기가 편해서 사람들의 움직임을 매우 민첩하게 만들었다. 무령왕은 군사개혁을 단행하여 호인의 말타기와 활쏘기를 학습하게 하고, 군사들이 호인들의 바지를 입도록 했다. 그는 전국의 백성들에게 호복(胡服)을 입게 하고 자신도 솔선하여 호복을 입었다. 이로부터 한민족의 지역에 바지가 생겼다. 오랑캐옷을 입고 말을 타며 활을 쏘는 일이 조나라 군사들의 실력을 향상시켰고, 동시에 중국의 첫 번째 복장혁명을 이끌었다.

2. 중국의 6대 민가(民家)

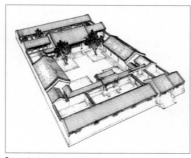
▌북경의 민가 – 사합원

▌초원의 민가 – 게르

민가는 최초의, 그리고 가장 많이 사용하는 건축양식이다. 중국은 지역이 광활하고 인구가 많은데, 서로 다른 지리환경과 생활방식은 형식과 풍격이 다른 주택양식을 형성했다. 중국의 6대 전통민가는 북경(北京)의 사합원(四盒院), 서북(西北)의 요동(窯洞), 안휘(安徽)의 휘파민택(徽派民宅), 객가(客家)의 토루(土樓), 태가(傣家)의 죽루(竹樓), 북방 초원의 몽고포(蒙古包), 즉 게르이다. 이 밖에 강남(江南)의 관상대택(官商大宅), 산서(山西)의 진상대택(晉商大宅), 귀주(貴州) 호남(湖南)의 묘가조각루(苗家弔脚樓), 신강(新疆) 위루르의 정원(庭院) 등도 모두 특색 있는 민가양식이다.

3. 정화가 서양에 가다

정화(鄭和, 1371~1435)의 성은 마(馬)이고, 이름은 삼보(三保)이다. 명나라의 유명한 항해가이다. 그는 1405년부터 27,000여 명의 인원을 인솔하고 외교사절로 서양(남송 때부터 중국 남해의 서쪽 해양 및 연해지역을 서양이라고 불렀다.)을 방문했는데, 이 때 약 200여 척의 큰 해양선을 이용했다. 정화는 1433년까지 차례로 일곱 번을 항해하여 아시아와 아프리카의 30여 개 국을 방문했으며, 그 중 가장 멀리 방문한 곳은 아프리카 동해안과 홍해 연안이었다. 정화는 어떤 지역에 도착할 때마다 그곳 사람들과 우호적으로 왕래하며 물품을 교환했는데, 주로 금, 은, 비단을 향료나 진주와 교환했다. 지금까지도 많은 지역에 정화 일행의 유적이 보존되어 있다. 정화의 선원들은 중국과 아시아, 아프리카 각국의 우호사절이 되었고, 여러 국가의 국왕과 사신들도 정화의 배를 타고 중국을 방문하여 명정부의 융숭한 접대를 받았다.

정화의 항해는 세계 항해 역사상 전례가 없던 최초의 사건이었다. 이것은 당시 중국의 항해기술과 조선기술이 고도로 발달했음을 알려준다. 정화의 항해는 전세계적으로 유명한 콜롬부스나 다가마의 해상활동보다 반세기 이상 앞서며, 선박과 선원의 규모도 그들보다 컸다. 정화의 서양원정은 세계항해사의 서막을 연 위대한 사건이었다.

1 빈 칸에 알맞은 단어를 적으시오.

1. 바지는 전국시기 _____ 후에 비로소 출현했다.
2. 갑골문과 금문의 '行'은 흔히 볼 수 있는 _____이다.
3. 농업국가인 중국의 가장 중요한 이념은 _____이다.
4. '宀', '穴', '土', '木', '广', '户' 등을 형방으로 삼은 글자들은 거의 대부분 _____과 관계 있다.
5. 당나라의 승려 _____은 장안에서 인도까지 걸어가서 불경을 가지고 돌아 왔다.

2 다음 중 잘못된 설명은 무엇인가? (   )

A. '衣'자는 고대의 상의에 대한 형상적인 묘사이다.
B. '衣'자는 고대의 치마에 대한 형상적인 묘사이다.
C. 바지는 북방의 유목민족이 한민족에게 가져다 준 선물이다.
D. 바지는 사람들의 일상생활과 노동을 더욱 편리하게 만들었다.

3 아래에 제시된 단어를 설명하시오.

상의하상(上衣下裳)   민이식위천(民以食爲天)

4 한자 쓰기

1. 음식물을 나타내거나 먹는 동작과 관련된 글자들 중에는 '食'을 형방으로 삼은 경우가 많다. '食'을 형방으로 삼은 글자 5개를 써보시오.
2. 방을 나타내거나 방과 관계있는 글자들 중에는 '宀'을 형방으로 삼은 경우가 많다. '宀'을 형방으로 삼은 글자 5개를 써 보시오.

5 다음 질문에 답하시오.

1. 본문에서 '衣'자 형태의 복식이 3천 년간이나 중국 복장의 조류를 이끌었다고 말한 것은 무슨 의미인가?
2. 갑골문에 '食', '火', '禾', '米', '酉', '皿'을 편방으로 삼은 글자들이 많다는 사실은 무엇을 의미하는가?

3. 한자는 중국의 고건축에 대한 형상적인 기록이라고 말할 수 있다. 이것을 예를 들어 설명해보시오.
4. 당대(唐代)의 승려 현장은 옛 인도까지 약 5만 여 리를 걸어가서 불경을 가지고 돌아왔다. 명대(明代)의 장편소설 ≪서유기≫에 나오는 당나라 승려의 원형이 바로 현장이다. ≪서유기≫에 대해 자신이 알고 있는 내용을 말해보시오.

5. 한자를 통해 본 고대의 문화생활

고대의 문화생활은 그 내용이 풍부하고 다채롭다. 고대인의 문화생활을 기록한 한자도 매우 많은데, 아래에서 중요한 상용한자 몇 개를 살펴보자.

중국은 음악을 좋아하는 국가이다. 중국에서 음악은 매우 일찍 기원했으며, 또 특수한 문화적 기능을 가지고 있었다.

'樂'은 회의자이다. 갑골문 '樂'자의 아래는 나무이고, 위는 현악기의 줄이다. 전체 자형은 옛 거문고의 모양과 비슷하다. 금문에서는 현악기의 줄 가운데 '白(백)'자와 비슷한 성분을 더했는

▌'樂'자의 창조 옛 거문고의 형상

데, 이것은 아마도 현악기의 줄을 켤 때 사용한 도구인 것 같다. 따라서 '樂'의 본래의미는 옛날의 "거문고"였음을 알 수 있다. 나중에 '樂'은 모든 악기의 총칭이 되었고, 또 널리 음악을 가리키는 글자가 되었다.

▌옛 거문고
옛 거문고는 칠현금(七絃琴)이며, 현재 세계비물질문화유산(世界非物質文化遺産)으로 등록되어 있다.

중국은 음악을 좋아하는 국가이다. ≪시경(詩經)≫에는 금(琴), 고(鼓), 부(缶), 경(磬), 종(鐘)과 같은 옛날의 악기와 악곡이 70여 종이나 기록되어 있다. 고대에 음악은 춤이나 노래와 긴밀하게 결합되어 있었다. 그래서 가락이 있으면 곧 춤이 있었고, 시가 있으면 곧 노래가 있었다. ≪시경≫의 시는 당시에 모두 노래로 불렸고(그래서 중국어에는 "시가(詩歌)"라는 명사가 존재한다.) 옛날부터 전해지는 ≪악무도(樂舞圖)≫라는 그림은 우리에게 당시의 악무 활동이 얼마나 성행했는지 짐작할 수 있게 한다.

고대에는 음악의 교육효과를 매우 중시하였다. 옛사람들은 좋은 음악이 사람들의 성정을 변화시키고,

▌고대의 춤추는 도자기 인형 (오대)
음악이 있으면 춤도 있는 법이다. 여인이 리듬에 맞추어 즐겁게 춤을 추고 있다.

사람들이 선(善)을 향해 나아가도록 만든다고 생각했다. 공자도 일찍이 좋은 음악에 대해 "아름답고도 선량하구나!"라고 감탄한 적이 있다. 서주와 춘추시기의 "육예(六藝)", 즉 예(禮), 악(樂), 사(射), 어(御), 서(書), 수(數)는 학생들이 반드시 배워야 하는 여섯 가지 기능이었는데, 여기에도 음악이 들어 있다.

일찍이 공자는 제(齊)나라에서 대단히 아름다운 음악을 듣고 전심으로 학습한 적이 있었는데, 약 3개 월 간 고기의 맛을 몰랐다고 한다. 이것은 제나라의 음악을 학습하는 3개 월 동안 미묘한 음악에 빠져 매일 먹는 밥이 무슨 맛인지 몰랐다는 말이다. 음악은 사람을 유쾌하게 만든다. 그래서 '樂'은 "쾌락(快樂)", "환락(歡樂)", "낙원(樂園)" 등의 단어를 구성하며 "기쁘다", "좋아하다" 등의 의미로 확대되었다. 이때의 '樂'은 '악[yuè]'으로 읽지 않고 '락[lè]'으로 읽는다.

무(wǔ)　　갑골문　　금문　　소전

초기 중국의 음악예술은 시가(詩歌), 무용과 긴밀하게 결합되어 있었다. 시가는 부를 수 있어야 했고, 노래하며 춤출 수 있어야 했다.

'舞'는 처음에 상형자였다. 갑골문 '舞'자는 한 사람이 두 손에 나뭇가지나 소꼬리를 들고 춤을 추는 모습과 비슷하다. 이 글자의 본래 의미는 "춤을 추다"이다. 금문에서는 글자의 아래에 두 개의 발을 더하여 글자의 의미를 더욱 명확하게 만들었다. 춤을 출 때 사람들은 즐거워하며 [wūwū] 하는 소리를 낸다. '舞'자의 발음은 아마도 이런 소리에서 기원했을 것이다.

▌좌 : 손에 소꼬리를 들고 춤을 추며 비가 오기를 구했다고 기록한 갑골문 (상대) '舞'자와 '雨'자를 분명하
게 볼 수 있다.
▌중 : 화산 암벽화의 웅장한 무도 장면 (전국시기)
▌우 : 무도문채도분(舞蹈紋彩陶盆) (마가요문화) 청해성(靑海省) 대통현(大通縣)에서 출토되었다.

　고대인들은 보통 가무로 마음속의 감정과 소망을 표현했다. 그리고 가무를 통해
조상, 신령과 소통하고 그들의 도움을 희망했다. 당시의 제사 혹은 무술(巫術) 활동
에는 항상 가무가 있었다. 청해성에서 출토된 5,000년 전의 "무도문채도분(舞蹈紋彩
陶盆)"에는 안쪽 면에 15명이 춤을 추는 도안이 그려져 있다. 그들은 5명이 한 조를
이루어 손에 손을 잡고 즐겁게 집체무(集體舞)를 추고 있는데, 분위기가 매우 뜨거
워 보인다. 아마도 이들 원시씨족의 구성원들은 사냥감을 얻은 것을 축하하거나
모종의 주술활동에 참가하고 있는 중일 것이다. 광서(廣西) 화산(花山)의 암벽 위에
도 1,900명이 함께 춤추는 장면이 그려져 있는데, 그 기세가 매우 웅장하다. 화산
암벽화는 산신과 바다신에 대한 여러 차례의 제사활동을 기록한 것이다. 붉은색을
칠하고 춤을 추는 이들이 사람들을 오래되고 신비한 세계로 이끌었을 것이다. 고
대인들은 적당한 바람과 비를 위해 신에게 제사할 때도 항상 춤을 췄다. 고대의
악무(樂舞)는 단순히 오락을 위한 것이 아니라 생활상의 수요가 가장 중요했다.

미(měi)

갑골문

금문

소전

■ 상고시기 암벽화에 그려진 깃털을 꽂은 남자

≪설문해자≫에서는 '美'자를 "맛이 좋다는 뜻이다. '羊'과 '大'로 구성되었다[美, 甘也. 从羊从代]"고 설명했다. 몇몇 문자학자들도 역시 "양은 몸집이 커야 맛이 좋다"고 했는데, 이것은 곧 살찐 양이 맛있다는 뜻이다. '美'는 확실히 회의자이고 "맛이 좋다"는 뜻이다. "미식(美食)", "미찬(美餐)", "미주(美酒)", "감미(甛美)", "선미(鮮美)" 등은 모두 맛이 좋다는 느낌을 준다.

그러나 또 다른 해석도 있다. 그것은 '美'를 상형자로 보고 글자의 본래 의미를 "아름답다"로 보는 것이다. 갑골문과 금문의 '美'자는 확실히 머리 위에 양 뿔 혹은 깃털을 꽂은 사람의 형상이다. 상고시기에 남자들은 사냥을 할 때 동물에게 쉽게 접근할 수 있도록 머리에 짐승의 뿔이나 깃털을 꽂았다. 나중에 사냥물의 획득을 축하하며 춤을 출 때는 머리에 꽂은 이 양 뿔과 깃털이 장신구가 되어 사냥의 성과 및 남성의 힘과 아름다움을 드러냈다. '美'는 또 "미덕(美德)"과 같이 아름다운 덕을 형용할 수 있고, "미경(美景)", "미불승수(美不勝收 : 훌륭한 것이 많아서 이루 다 감상할 수 없다)"와 같이 아름다운 경물을 형용할 수도 있다.

책(cè)	갑골문	금문	소전

'冊'은 고대의 책으로, 상형자이다. 종이가 발명되기 이전에 사람들은 글자를 귀갑이나 수골에 새겼고, 혹은 청동기 위에 주조하였다. 이것이 바로 갑골문과 금문이다. 또 사람들은 대나무와 나무 조각에도 글자를 썼는데, 이것은 죽간과 목간이다. 죽간은 비교적 가늘기 때문에 글자를 보통 한

▌목간책 (한대, 내몽고 거연 출토)

줄만 썼다. 글자가 많으면 여러 개의 죽간을 삼노끈이나 소가죽 끈으로 연결해야 했는데, 이렇게 하면 바로 책, 곧 간책(簡冊)이 된다. 고문자 '冊'은 간책의 모양과 비슷하다. 수직선은 죽간 한 조각 한 조각을 나타내고 한 바퀴를 두른 횡선은 죽간을 연결한 노끈이다. 해서(楷書) '冊'도 간책과 비슷한데, 단지 두 조각의 죽간과 노끈 하나로 간단하게 변했을 뿐이다.

≪상서(尙書)≫[1]에 "오직 은의 선인들에게는 책도 있고 법전도 있었다[惟殷先人, 有冊有典]"라는 기록이 있는 것으로 볼 때, 상나라 때에 이미 간책이 있었던 것으로 추정된다. 전국시대와 동한의 죽간, 혹은 목간 등은 이미 많이 출토된 상태이다.

---

1) ≪상서(尙書)≫ : 책이름이다. 중국 최초의 역사문헌총집으로 하(夏), 상(商), 주(周)의 역사를 기록했다. 전국시기에 책으로 만들어졌는데, 당시에는 서(書)라고 불렸고 한대에 처음으로 "상서"라고 불렀다. '尙'은 '上(상)'과 같은 뜻으로, 상고시대의 사서(史書)라는 뜻이다.

▌진시황은 날마다 120근의 간책을 훑어보았다.

예를 들어 전국시기의 묘지에서 출토
된 ≪죽서기년(竹書紀年)≫2)은 서명에
서 알 수 있듯이 죽간 위에 쓴 역사
서이다.

고대의 책인 "간책"은 매우 무거웠
다. 일설에 의하면 진시황은 매일 120
근의 공문(公文)을 읽어야 했다고 한
다. 중국에는 "학부오거(學富五車)"라는
성어가 있는데, 이것은 지식이 풍부하고 독서가 다양한
사람을 비유하는 말이다. 이 성어는 전국시기에 만들어
졌다. 전국시기에 혜시(惠施)라는 사람이 있었다. 그는
학문이 깊고 책읽기를 좋아해서 외출할 때마다 다섯 대
의 수레에 읽을 책을 실었다고 한다. 그 책들은 분명히
대나무 간책이었을 것이다.

▌갑골문 '典'자
두 손으로 간책을 받든 모
습으로, 간책을 중시하는 태
도를 나타냄

'典(전)'은 "경전(經典)", "전적(典籍)", "사전(辭典)" 등과
같이 중요한 문헌과 서적을 가리킨다. 갑골문 '典'자는
회의자이다. 두 손으로 간책을 받들고 있는 모습으로 간
책을 중시하는 태도를 보여준다. 중국은 고대의 전적을
가장 많이 보유하고 있는 나라 중 하나이다. 대량의 죽
간책 혹은 목간책과 백서(帛書), 필사본, 인쇄본 등의 서적들이 중국 전통문화의 풍
부한 성과를 기록 보존하고 있다.

---

2) ≪죽서기년(竹書紀年)≫ : 책이름이다. 전국시기에 고문자를 사용하여 죽간 위에 쓴 역사책이
   다. 상고시기부터 전국시기까지의 역사를 기록했는데 그 내용이 매우 풍부하다. 서진(西晉) 때
   에 급군(汲郡, 지금의 하남(河南) 급현(汲縣))의 전국시기 고분에서 출토되었다. ≪급총기년(汲
   塚紀年)≫이라고도 한다.

| 笔
필(bǐ) | ꑒ
갑골문 | ꑒ
금문 | 蕭
소전 | 筆
번체자 |

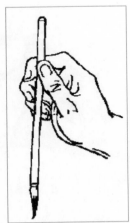

▌'聿'자는 손으로 붓을 쥐고 있는 모습을 상형한 것이다.

　갑골문에는 한손으로 아래에 털이 달린 가늘고 긴 나무 막대를 잡고 있는 모습의 상형자 '聿(ꑒ)'이 있는데, 손으로 붓을 잡고 글씨를 쓰거나 그림을 그리는 모습과 매우 비슷하다. 이 '聿(률)'이 바로 최초의 '筆(필)'자이다. 상대 사람들도 붓을 사용했다. 귀갑과 수골에 쓰인 문자 중에는 먼저 붓으로 쓰고 나서 칼로 새긴 것들이 많다. 사실 붓은 일찍이 신석기시대에 이미 존재했다. 지금으로부터 6천 여 년 전에 생활한 반파사람들은 채색도기 위에 헤엄치는 물고기나 달리는 사슴, 사람 얼굴의 물고기 도안을 그렸는데, 필획이 두껍고 매끄러우며 둥근 것으로 볼 때 틀림없이 이 붓과 같은 도구로 그린 것이다. 후에 소전에서는 '聿'자에 '竹'을 더하여 '竹'과 '聿'로 구성된 회의자 '筆'을 만들었다. 이를 통해 진대에는 대나무로 붓대를 만들어 사용했음을 알 수 있다. 옛 책에 "몽념(蒙恬)이 붓을 만들었다"는 기록이 있다. 진시황의 대장군인 몽념이 대나무관에 짐승의 털을 끼워 만든 붓을 발명했다는 내용이다. 오늘날 '筆'자는 '笔'로 간단하게 변했지만, 그래도 여전히 회의자이다. '竹'과 '毛'로 구성된 것은 대나무대 아래에 붓털이 있는 것으로, 매우 간단명료하고 형상적이다. 붓의 유구한 역사는 중국인의 유구한 서사 회화 예술의 역사이기도 하다. 서사 회화 도구에는 붓, 먹, 종이, 벼루 등이 있다. 이 것들을 문방사우(文房四友)라고 부르는데, 그 중 가장 먼저 나열된 것이 붓이다.

画 화(huà)	갑골문	금문	소전	번체자

■ '畫'자의 창조
붓을 들고 땅에 경계선을 그림

갑골문 '畫'자는 회의자이다. 위는 손에 붓을 쥐고 있다는 뜻의 '聿'이고, 아래는 두 줄의 곡선 도형이다. 전체 자형은 붓을 들고 땅에 경계선을 그리는 모습이며, 이것이 '畫'의 본래의미이다. 금문은 갑골문 아래에 '田'을 더했다. 이로써 밭의 경계를 나눈다는 의미가 생겼다. 나중에 소전은 '田'의 주위에 곡선의 도형을 더했고, 해서는 소전에 근거하여 '畫' 형태로 썼다. 간화자는 소전의 아랫부분을 취하여 '画'로 쓴다.

"땅에 경계를 그린다"는 의미로 볼 때 '畫'자는 노동생활에서 기원했지만, 나중에는 "그림을 그리다", "초상화를 그리다", "풍경을 그리다" 등과 같이 일반적인 그림을 그리는 동사로 사용되었다. 그리고 또 다시 명사로 인신되어 "중국화(中國畫)", "유화(油畫)", "연필화(鉛筆畫)" 등과 같이 "그림"을 나타내게 되었다.

学 학(xué)	갑골문	금문	소전	번체자

‘學’은 회의자이다. 갑골문 ‘學’의 윗부분은 두 손으로 4개의 작은 나무막대기를 배열하며 산수를 학습하는 모습이고, 아래는 집이다. 금문은 집 안에 다시 ‘子’자를 더하여 아이가 집에서 학습한다는 뜻을 나타냈다. 해서는 ‘學’으로 쓰지만 현재는 ‘学’으로 간화되었다. 글자의 본래의미는 “학습” 혹은 “학습하는 곳”이다. 고대에는 책을 읽고 학습하는 곳을 “學” 또는 “校(교)”라고 불렀다. 중국의 학교교육은 일찍이 하상주(夏商周) 시기에 시작되었다. 그러나 국가에서 관리하는 학교에는 오직 귀족 자제들만 입학할 수 있었다. 춘추시기의 위대한 교육자인 공자는 이것을 불공평하다고 여기고 처음으로 사학(私學)을 만들었다. 그의 학교에는 평민 자제들이 많았다. 공자의 학교는 중국 최초의 사립학교라고 할 수 있다. 한대에는 중국 최초의 국립대학인 태학(太學)이 있었다. 북경의 국자감(國子監)은 원명청(元明淸) 삼대의 국립대학으로, 당시의 최고 교육기관이었다. 태학과 국자감은 봉건국가를 위해 우수한 많은 인재를 양성했다.

‘學’자의 창조
한 아이가 집에서 작은 나뭇가지를 다루며 산수를 학습함

‘敎’자의 창조
손에 곤봉을 들고 아이들의 산수 학습을 지도함

고문자 중에는 ‘學’과 형체가 비슷한 ‘敎(교)’자가 있다. 고문자는 ‘𢼁’ 형태로 쓰며, 역시 회의자이다. 왼쪽은 한 아이가 산수를 배우고 있는 것이고, 오른쪽은 한손에 교편(곤봉)을 쥐고 있는 모습이다. 사람

이 손에 교편을 들고 아이들의 학습을 지도한다는 뜻인데, 이것이 바로 '敎'자의 의미이다. 해서는 '子' 위의 두 개의 교차된 도형을 약간 변화시켜 '敎'로 썼다. '敎'는 "교도하다", "교육하다"라는 의미이다.

1. 고금(古琴) 예술

고금은 칠현금(七弦琴)이라고도 부른다. 고금 예술은 중국의 가장 오래된 음악예술이다. 3천 년의 오랜 기간 동안 중국에는 미묘한 거문고 소리가 울려 퍼졌다. 고대중국에서 거문고(琴), 바둑(棋), 서예(書), 그림(畵)은 문인들의 고상한 취미 활동이었다. 문인들은 이것으로 심신을 수양하고 지조를 길렀는데, 특히 고금은 그 맑고 조화롭고 담담하고 우아한 품격 때문에 많은 문인과 고상한 선비들을 감동시키며 아름다운 이야기를 많이 남겼다. 공자는 음악을 매우 사랑했다. 제나라에서 거문고를 배우는 3개월 동안 그는 거문고에 도취되어 고기맛을 느끼지 못할 정도였다고 한다. 춘추전국시기의 유백아(俞伯牙)가 ≪고산유수(高山流水)≫의 거문고 소리로 지음(知音)인 종자기(鍾子期)를 찾았다는 이야기는 천고에 전해지는 미담이고, 위진(魏晉)시기의 혜강(嵇康, 224~263)이 형장(刑場)에서 연주한 ≪광릉산(廣陵散)≫은 목숨을 바친 절창(絶唱)이 되었다. 우아하고 조화로운 고금 음악은 오늘날에도 여전히 사람들의 사랑을 받고 있다. 2009년에 CCTV에서 주최한 민족음악대회에서 많은 청소년들이 고금을 연주했고, ≪고산유수≫는 지구의 음악을 대표하여 미국의 우주비행선 "여행자"의 도금레코드 안에 포함되었다.

현재 중국은 3,000여 개의 고금 악보를 수집, 보존하고 있는데, 오래된 이 악보들은 심미적 가치와 개발 가치가 풍부하다. 이 밖에도 고금은 그 자체로 감상할만한 예술적 가치가 충분한 공예품이다. 박물관에서 고대에 제작된 고금을 많이 볼 수 있는데, 그 중에는 수당시기에 제작된 "천년고금(千年古琴)"도 있다.

2003년 11월 7일에 고금은 유네스코의 ≪인류 구전 및 무형유산 걸작≫ 명단에 그 이름을 올림으로써 세계의 비물질문화유산이 되었다.

2. 중국화(中國畵)

≪발묵선인도(潑墨仙人圖)≫ (남송 양해(梁楷)
고대의 위대한 사의(寫意) 수묵인물화 가운
데 하나. 수묵이 선지에 스며드는 예술적 효
과를 충분히 표현하여 필묵의 재미를 살렸
다. (사의는 중국화의 전통 화법 가운데 하
나이다. 정교함을 추구하지 않고 간단한 선
이나 묵색 또는 채색으로 사람의 표정이나
사물의 모양을 묘사한다.)

처음에 '畵'자는 땅 위에 경계선 혹은 표지
를 표시하는 것이었다. 그러나 글자 사용의
측면에서 보면 '畵'자는 회화예술 방면에 더
많이 쓰인다. 중국의 전통회화는 "중국화(中國
畵)", "국화(國畵)"라고 부른다. 유구한 역사를
가진 중국화는 붓, 먹, 물감 등으로 선지(宣
紙), 혹은 비단 위에 그리는 그림이다. 중국화
는 필묵의 기교를 중시하고 외형과 정신의
겸비를 추구한다. 중국화에는 선이 가는 세밀
화법과 선이 두꺼운 사의화법(寫意畵法)이 있
는데, 사의화가 주류이다. 예로부터 지금까지
많은 화가들이 인물화(人物畵), 화조화(花鳥畵),
산수화(山水畵)를 그려왔다. 그들은 한자서예
의 운필 기교를 이용하여 시(詩), 서(書), 화
(畵), 인(印)을 하나로 결합시켰고, 필묵의 재
미를 마음껏 표현했으며, 자기의 사상과 감정
을 유감없이 드러냈다. 그래서 중국화는 중화
민족의 예술 특색을 갖춘 예술품이 되었다.
중국화는 중화민족의 독특한 예술 풍격을 드
러내며 세계 회화 분야에서 독자적인 체계를
이루었다.

1 빈 칸에 알맞은 단어를 적으시오.

1. '樂'의 본래의미는 _____인데, 나중에는 _____의 총칭이 되었다.

2. 중국의 고대 음악예술은 _____, 시가(詩歌), _____이 긴밀하게 결합되어 있다.

3. '美'의 본래의미에 대해서는 두 가지 해석이 있다. 회의자로 분석하면 _____이고, 상형자로 분석하면 _____이다.

4. ≪상서(尙書)≫의 기록에 따르면 _____시대에 이미 간책을 사용했다.

5. 고한자 가운데 자형이 '學'과 비슷한 글자가 있는데, 그것은 바로 _____이다.

2 다음 중 잘못된 설명은 무엇인가? (   )

A. 상대 사람들은 이미 붓을 사용했다.

B. 신석기시대에 사람들은 이미 붓을 사용했다.

C. 사람들은 진대(秦代) 몽념이 붓을 발명한 이후에야 비로소 붓을 사용하기 시작했다.

D. 진대 몽념의 붓은 대나무로 만들어졌다.

3 아래에 제시된 단어를 설명하시오.

삼월부지육미(三月不知肉味)   학부오거(學富五車)

4 고문자 '樂', '舞', '美', '册', '筆', '畵', '學', '敎'를 써보시오.

5 다음 질문에 답하시오.

1. '美'자의 의미에 대해서는 미각적 해석과 시각적 해석의 두 종류가 있다. 어떤 해석이 더 낫다고 생각하는가? 또 그 이유는 무엇인가?

2. '畵'자의 창조와 변천과정을 말해보시오.

3. 고문자 '學'과 '敎'가 나타내는 의미를 말해보시오.

6. 한자를 통해 본 중국인의 행복 추구

중화민족은 행복과 행운을 추구하는 민족이다. 사람들은 언제나 아름다운 생활을 희망했는데, 몇몇 한자들에 이런 심리가 표현되어 있다. 그래서 이런 글자들은 일찍이 중국인이 좋아하는 행운의 부호가 되었다.

| 상(xiáng) | 갑골문 | 금문 | 소전 |

중국인에게 '祥'은 "행운"의 뜻으로 '흉(凶)'과 반대되는 좋은 의미를 가진 글자이다. '祥'으로 구성된 "길상(吉祥)", "상화(祥和)", "상서(祥瑞)", "자상(慈祥)" 등의 단어는 모두 좋은 의미를 나타낸다. '祥'은 형성자로서 '示'와 발음성분인 '羊'으로 구성되었다. 그러나 회의자로 볼 수도 있다. '祥'자의 왼쪽은 제사와 점복을 나타내는 '礻(示)'이고 오른쪽은 길상을 나타내는 '羊'이다. 이 둘을 합하면 "아름답고, 상서롭다"는 뜻이 된다. 양은 고대인들이 매우 좋아한 동물이다. 성격이 온순하고 선량할 뿐

아니라 맛도 좋고, 가죽과 털은 따뜻하여 옷으로
만들어 입을 수 있다. 양이 있으면 곧 생활이 나
아질 수 있다. 그래서 양은 용이나 봉황과 마찬가
지로 사람들의 마음속에 상서로운 동물로 자리잡
았다. 이 때문에 아름다움을 나타내는 '美(미)'자,
선량함을 나타내는 '善(선)'자에 모두 '羊'이 들어
있다. 상주시기의 청동기 명문에는 종종 "대길양
(大吉羊)"이라는 단어가 보이는데, "大吉羊"은 사실
"대길상(大吉祥)"이다. 옛날에는 '羊'자와 '祥'자가
같은 글자였다. (≪설문해자≫ : 羊, 祥也.) '羊'자가 좀
더 일찍 출현했고, 나중에 '羊'자 옆에 '示(示)'를

'祥'자의 창조
길상을 나타내는 '羊'과 제사를 나타
내는 '示(示)'가 조합되어 아름다운
생활에 대한 간구를 표시함

더하여 '祥'자를 만들고 "기도하여 구하다", "제사하며 바치다"라는 의미를 더했는
데, 모두 행운에 대한 희망을 나타낸다. 중국인이 춘절을 지낼 때 집 안에 연화(年
畫)를 붙이고 문이나 창문 위에 춘련(春聯)과 창화(窗花)를 붙이는 것이나, 친척이나
친구를 만났을 때 "過年好([guòniánhǎo] : 새해 복 많이 받으세요)", "恭喜發財([gōngxǐfācá
i] : 부자 되세요)" 등의 말을 주고받는 것은 모두 행운을 기원하는 표현이다.

▌〈사양방준(四羊方尊)〉 (상대)
정교하고 아름다운 청동 술그릇 위에 양
네 마리가 달려 있다. 이것은 길상에 대한
상나라 사람들의 강렬한 간구를 표현한다.

▌〈사양방준〉의 양머리 조형 (상대)
마치 갑골문의 '羊'자를 보는 것 같다.

복(fú)

갑골문

금문

소전

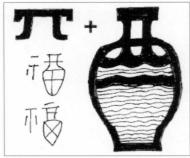

▌'福'자의 창조

술단지를 나타내는 '酉'가 변하여 '畐'이 되었다. "아름답고 풍성하다"라는 뜻을 나타낸다. 거기에 다시 제사를 나타내는 '礻'를 더하여 "복을 구하다"의 뜻을 나타냈다.

▌"복이 왔다(福倒(到)了)"

'福'은 회의자이다. 갑골문 '福'자의 왼쪽은 제단을 나타내는 '礻(示)'이고 오른쪽은 술단지를 나타내는 '酉(유)'이다. 이 두 글자의 뜻을 합하여 술로 조상신령에게 제사하고 그들이 복을 내려주기를 기도하여 구한다는 뜻을 나타냈다. '酉'자 안에 있는 횡선은 술이 가득함을 표현한 것인데, 소전에서 '酉'를 쪼개어 '畐'으로 만들면서 더 이상 술단지의 모양을 볼 수 없게 되었다. 후에 '畐'자는 "술이 가득하다"는 의미에서 "풍만(豊滿)", "미만(美滿)" 등의 의미로 확대되었다. "미만(美滿)"은 중국인이 일생동안 추구하는 행복이다.

그렇다면 복은 도대체 무엇인가? 고대중국에는 "오복(五福)"의 설이 있었다. 이 오복은 첫째가 장수, 둘째가 부유, 셋째가 건강, 넷째가 품덕(品德)이 좋은 것, 다섯째가 일생 평안한 것인데, 오복을 두루 갖추는 것은 매우 어려운 일이다. 사실 복은 행복, 또는 행운이다. 중국의 일반 백성들은 늘 "평안한 것이 바로 복이다[平平安安就是福]", "재난이나 병이 없는 것이 바로 복이다[無災無病就是福]"라고 말하는데, 모두 이치에 맞는 인식이다. 행복한 생활을 추구하기 때문에 중국에서는 사람들이 '福'자를 말하는 것을 자주 들을 수 있고, 또 곳곳에 '福'자가 쓰여 있는 것을 볼 수 있다. 춘절 때 사람들은 문이나 창문 위에 '福'자를 붙이고, 붉은 종이 위에 쓴 '福'자가 온 가족에게 행운을 가져다 줄 것이라고 생각한다. 재미있는 것은 이 '福'자가 거꾸로 붙어 있다는 것이다. 이렇게 하는 이유는 중국어에서 "뒤집히다"라는 뜻의 '도(倒)'와 "도달하다"라는 뜻의 '도(到)'의 발음이 똑같기 때문이다. 즉 사람들이 거꾸로 뒤집힌 '福'자를 보고 "복이 뒤집혔다[福倒了]"라고 말하면, 그게 바로 "복이 왔다[福到了]"라고 말하는 것처럼 들리는 것이다.

복은 재앙의 반대 개념이지만, 고대의 대철학가 노자(老子)[1]는 "재앙은 복이 의지하는 곳이고, 복은 재앙이 숨어 있는 곳이다"라고 말했다. 이것은 재앙 중에 행운이 숨어 있고, 행복 안에 재앙이 잠복해 있다는 의미이다. 복과 화(禍)가 서로 뒤바뀐다는 이런 인식은 매우 심오하게 느껴진다.

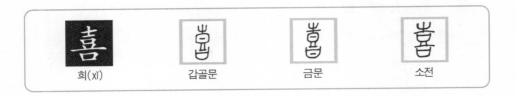

| 희(xǐ) | 갑골문 | 금문 | 소전 |

---

1) 노자(老子) : 노자의 성은 이(李)이고, 이름은 이(耳)이며, 자는 담(聃)이다. 노담(老聃)이라고도 부른다. 춘추시기 초(楚)나라 사람으로 고대중국의 위대한 철학가이자 도가(道家) 학파의 창시자이다. 노자사상의 핵심은 "도(道)"이다. "도"는 우주의 원시상태와 세계의 본원(本源)을 나타낸다. 노자는 "도법자연(道法自然)"을 주장하며 사람들에게 "모든 일에 자연을 따르고 자연의 규율을 위배하는 일을 하지 말라"고 훈계했다. 사물의 대립과 통일, 상호 전화(轉化) 등의 개념도 노자의 핵심사상이라고 할 수 있는데, 모두 소박한 변증법의 기미가 보인다. 노자는 5,000자로 이루어진 ≪도덕경(道德經)≫(≪노자≫라고 부르기도 함)을 지었다. 노자의 사상은 후세에 지대한 영향을 끼쳤다.

'喜'자의 창조
사람은 즐거울 때 입으로 북을 치는
것과 비슷한 소리를 낸다.

《격고도(擊鼓圖)》 (한대 화상 벽돌 탁본)

'喜'는 회의자이다. 갑골문 '喜'자의 윗부분인 '효(주)'는 북을 치는 모습을 상형한 것이고 아랫부분은 사람의 입이다. 전체 자형은 옛 사람들이 마음이 즐거울 때 입으로 북을 치는 것과 비슷한 소리를 낸 것을 표현했는데, 요즘 사람들이 즐거우면 자기도 모르게 노래를 하는 것과 비슷하다. 갑골문의 북 안에 있는 점과 금문의 '口' 안의 점은 모두 발성을 강조한 것이다. 소전에서는 점을 생략했고, 해서에서는 '喜'로 쓴다. 이렇게 보면 '喜'자의 본래의미는 "신난다", "즐겁다"이다. '喜'자의 아랫부분의 '口'는 북을 올려놓는 대이다. 그래서 '喜'자는 대가 있는 북을 묘사한 것이라고 말하는 사람도 있다. 사람들은 축하할 일이 생기면 북을 쳐서 마음속의 즐거움을 나타낸다. 그래서 북을 치면 즐거운 일이 있는 것이다. 이런 설명도 일리가 있다.

'囍(희)'자는 이미 중국의 결혼 경축 전용 부호가 되었다. 이 그림은 붉은 색종이로 용과 봉황과 두 개의 '喜' 자를 만든 현대 민간의 전지(剪紙) 공예 작품이다.

'喜'자는 "기쁘다[희환(喜歡)]", "좋아하다[희호(喜好)]", "사랑하다[희애(喜愛)]" 등의 동사와, "즐겁다[희열(喜悅)]", "경사스럽다[희경(喜慶)]", "기쁨으로 가득차다[희양양(喜洋洋)]" 등의 형용사, "경사[희사(喜事)]", "희극(喜劇)", "기쁜 소식[희신(喜訊)]" 등의 명사를 구성할 수 있다. 결론적으로 '喜'자는 모두 좋은 일, 기쁜 일을 표현하는 데 사용된다. 예를 들어 아이를 가진 즐거운 일을 중국에서는 "有喜[yǒuxǐ]"로 표현한다. 결혼은 인생 최대의 좋은 일이므로 역시 '喜'자를 사용하여 표현한다. 결혼은 남녀두 사람의 즐거운 일이라는 점에 착안하여, 사람들은 붉은 색 종이 위에 두 개의 '喜'자를 하나로 연결한 '囍'자를 써서 축하의 마음을 표현한다. 그래서 '囍'는 결혼의 경사를 나타내는 전용부호가 되었다. 그러나 그 밖의 기쁜 일에도 '囍'자를 사용할 수 있다. '囍'는 하나의 한자이므로, 중국어사전과 자전에 모두 수록되어 있다. 이 글자의 발음은 '희[xǐ]'이다.

| 수(shòu) | 갑골문 | 금문 | 소전 | 번체자 |

'壽'는 생명이 길다는 뜻이다. 장수는 모든 사람의 희망이라고 할 수 있다. '壽'자의 서사 방법은 매우 다양하다. 갑골문은 두 개의 '口'를 가지고 있는 S형의 부호이며, 이것은 [chóu]로 발음한다. 그런데 더 많은 고문자의 자형은 위쪽은 허리가 굽고 머리가 성성한 노인을 나타내는 '老(로)'이고 아래쪽은 [chóu]로 발음하는 이 부호로 구성되었다. 사실 갑골문 '壽'에 있는 S자 형은 도로가 굽이져 멀리까지 길게 이어진다는 뜻이다. 이 때문에 '壽'자는 회의자로 보는 것이 더 나은 것 같다. 즉 한 노인의 인생길이 매우 길고 곡절이 많다는 뜻을 표현한 것이다. 금문 '壽'자는 더 회의자 같다. 글자의 아랫부분에 '手'와 '口'를 더하여 손에 술잔을 들고 노

사람들이 좋아하는 장수 신

인에게 생신을 축하하는 장면을 연상시킨다. '手(寸)'는 오늘날의 간화자에도 보인다.

중국의 고서에는 "상수(上壽)는 100세이고, 중수(中壽)는 80세이다"라는 설이 있다. 그리고 60세, 70세, 80세, 90세 생일은 "수일(壽日)", "수진(壽辰)"이라고 부르며 비교적 큰 축하연을 연다. 중국인들은 생일을 지낼 때 모두 "장수면(長壽面)"을 먹는다. 여기에는 국수가닥처럼 수명이 길기를 바란다는 의미가 담겨 있다. "축건강장수(祝健康長壽)", "수비남산(壽比南山)"2) 등은 노인의 생신을 축하할 때 자주 사용하는 말이다. 민간의 길상화(吉祥畵) 중에는 머리가 크고 수염이 긴 노인 형상의 그림3)이 있다. 이 노인은 지팡이를 쥐고 복숭아를 든 채 만면에 미소를 띠고 있는데, 이 노인이 바로 "수성(壽星)"이다. "노수성(老壽星)" 혹은 "수성노아(壽星老兒)"라고도 부른다. 예로부터 수성노아는 장수의 상징으로 사람들의 사랑을 받았다. 민간에는 또 상고시기의 팽조(彭祖)라는 사람이 800세까지 살았다는 전설이 있는데, 아마도 팽조가 수성인 것 같다.

한자를 통해 중국의 문화를 이해하는 것은 정말로 재미있는 일이다. 왜냐하면 한자는 중국문화의 살아있는 화석이 되어 중화민족의 풍부한 역사 문화 내용을 기록하고 있기 때문이다. 한자를 더 많이 알게 되면, 한자에서 중국문화의 오묘함을 더 많이 발견할 수 있을 것이다.

---

2) "수비남산(壽比南山)"의 남산은 진나라의 종남산(終南山)이다. 이 성어의 의미는 "수명이 종남산처럼 그렇게 장구하기를 바란다."는 것이다. 장수를 축하할 때 종종 "복이 동해처럼 많고, 수명이 남산과 같이 장구하기를 바랍니다(福如東海, 壽比南山)"라고 말한다.

3) [역자주] 이 그림은 "남극노인성(南極老人星)" 별자리를 형상화한 것으로 예전부터 장수의 상징으로 삼았다.

≪백복도(百福圖)≫와 ≪백수도(百壽圖)≫

중국인들은 행복한 생활을 추구하고 건강과 장수를 희망했다. 이 때문에 ≪백복도≫와 ≪백수도≫가 많은 사람들의 사랑을 받았다. 아래는 그 중 두 개의 그림이다.

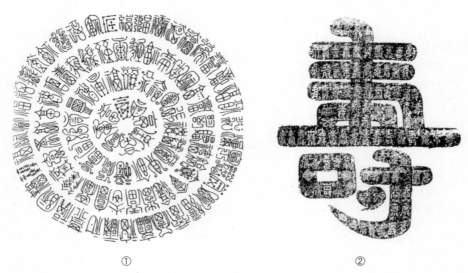

①   ②

▌① ≪백복도≫ 길상 도안
≪백복도≫는 서로 다른 백 종류의 전서체 '福'자로 구성되었다. ≪백복도≫는 민간에 여러 종류가 전해진다. 이것은 그 중 하나이다.(郁乃堯의 ≪漢字的故事≫에서 인용)

▌② ≪백수도≫ (남송) 길상 도안
암벽에 새겨져 있는 '壽'자로, 높이 1.75m, 넓이 1.48m의 예서이다. '壽'자의 필획 안에는 작은 '壽'자가 아주 많이 쓰여 있는데, 이것은 백 명의 장수 노인들이 쓴 것이라고 한다. 이 ≪백수도≫는 매우 유명하며, 현재는 광서(廣西) 영복현(永福縣) 수성향(壽城鄉) 부자암서측암벽(夫子巖西側岩壁)에 있다.(郁乃堯의 ≪漢字的故事≫에서 인용)

1 빈 칸에 알맞은 단어를 적으시오.

1. 중화민족은 행복을 추구하는 민족이며, 어떤 한자들은 이런 민속심리를 잘 보여준다. 현재 이 글자들은 중국인들이 좋아하는 _____ 부호가 되었다.
2. '祥'자의 왼쪽 편방인 '示'는 _____을 나타내고 오른쪽 편방인 '羊'은 _____을 나타낸다.
3. '喜'자의 본래의미는 _____이다.
4. '壽'자의 뜻은 _____이다.
5. '祥'은 길상을 의미할 때 _____과 상대적이고, '福'은 행복을 의미할 때 _____와 상대적이다.

2 다음 중 잘못된 설명은 무엇인가? (   )

A. 고대인은 양을 매우 좋아했다.
B. 고대인이 말하는 "대길양(大吉羊)"은 곧 "대길상(大吉祥)"이다.
C. 고대에 '羊'과 '祥'은 한 글자였다.
D. '祥'자는 '羊'자보다 일찍 출현했다.

3 아래에 제시된 단어를 설명하시오.

> 1. 오복(五福)
> 2. "화(禍)는 복(福)이 의지하는 곳이고, 복은 화가 숨어 있는 곳이다."

4 한자 쓰기

1. '囍'자를 쓰고 자형에 대해 설명하시오.
2. <백수도(百壽圖)>를 참고하여 서로 다른 모양의 '壽'자 5개를 써 보시오.

5 다음 질문에 답하시오.

1. 중국인이 '祥'자를 좋아하는 이유는 무엇인가? ('祥'자와 '羊'자의 관계를 고려하여 답하시오.)
2. 중국사람들이 문이나 창문 위에 '福'자를 거꾸로 붙이는 이유는 무엇인가?
3. 중국사람들은 결혼할 때 붉은 색의 '囍'자로 경축을 표시한다. 그 이유는 무엇인가?

4. 민간의 길상화(吉祥畵) 중에 이마가 크고 수염이 긴 노인의 그림이 있는데 이 사람은 누구이며, 중국인들이 그를 좋아하는 이유는 무엇인가?

제6장
───
한자 예술

한자는 일종의 예술이다. 이것은 다른 문자에서는 찾아 볼 수 없는 매우 독특한 현상이다. 한자예술은 주로 한자서예, 한자 미술자, 한자인장의 세 분야로 나타난다.

제1절 한자서예 예술

1. 독특한 선(線)의 예술

한자서예는 한자 서사 행위로서 한자에 생명을 불어넣는 서정적인 예술이다. 서예작품의 글자들은 필획에 힘이 있고 구조가 아름답다. 이런 글자들은 사람들이 작가의 정신을 느끼고 미적 향수를 얻게 만든다. 한자서예의 기본요소는 붓놀림, 구조, 배치이며, 한자서예는 이런 특징에 의지하여 작가의 감정을 드러낸다.

서예는 한자의 서사를 통해 감정을 표현하는 예술로서, 한자서예는 일종의 독특한 선(線)의 예술이다. 그림에서 기원한 선형구조가 한자서예를 위해 좋은 조건을 준비한 셈이다. 고대에 "글씨와 그림은 근원이 같다[서화동원(書畵同源)]"는 설이 있었는데, 그것은 서예와 회화가 모두 선을 이용하며, 선을 이용하여 표현하는 것 또한 자연계의 사물이라는 측면에서 서로 통한다

▎서화동원(書畵同源)

고문자 서예 <馬(마)>(현대, 한미림(韓美林)) (한미림의 <천서(天書)>에서 발췌함)

해서 〈구성궁예천명(九成宮醴泉銘)〉
(당대 구양순)
　〈구성궁예천명〉은 "천하제일의 해
서 서첩"이라 칭송받는다.

는 사실을 인식한 것이다. 서예는 글자를 "그리
는" 것이고, 회화는 곧 그림을 "쓰는" 것이다. 한
자서예의 아름다움은 주로 선의 아름다움이라고
할 수 있다. 한자는 필획으로 구성되었고 필획은
선으로 표현된다. 한자서예는 풍부한 선과 선의
조합에 힘입어 각양각색의 형체와 필묵의 재미
를 표현한다. 우리들은 선과 선으로 조합된 형체
에서 서로 다른 서체와 풍격을 볼 수 있고, 또 서
로 다른 미감과 정감을 얻을 수 있다. 일반적으로
두껍고 무거운 선은 힘이 있고, 가늘고 가벼운 선
은 아름답다. 또 막힘이 없고 매끄러운 선은 유쾌
한 느낌을 주고, 거칠거나 혹은 계속해서 끊어지
는 선은 초조함이나 비통한 느낌을 준다.

　　한자 서예예술의 역사는 매우 길다. 3천 년 전
에 상대 사람들이 칼로 귀갑과 수골 위에 갑골문(甲骨文)을 새기면서 처음 서예예술
이 시작되었다. 그 후 각 시대마다 서체와 풍격 면에서 서로 다른 성취를 이룩했고,
청동기 위의 금문(金文)이나 진대에 돌 위에 새긴 소전(小篆), 죽간과 목간 위에 쓴
한대의 예서(隸書) 및 후대의 석비(石碑), 혹은 종이 위에 쓴 해서(楷書), 행서(行書), 초
서(草書) 등 많은 우수한 서예작품들이 만들어졌다. 이와 동시에 소전을 쓴 진(秦)의
이사(李斯)와 "서성(書聖)"으로 불리는 동진(東晋)의 왕희지(王羲之), "해서사대가(楷書四
大家)"인 당(唐)의 안진경(顔眞卿)과 유공권(柳公權), 구양순(歐陽詢), 원(元)의 조맹부(趙孟
頫), "초성(草聖)"으로 불리는 당의 장욱(張旭) 등 뛰어난 서예가들이 등장했다. 한자서
예는 전반적으로 해서와 행서 위주였으며, 사람들은 오래 전부터 동진의 왕희지와
당의 안진경을 숭상했다. 왕희지의 글씨는 아름답고 매끄러우며, 안진경의 글씨는
웅장하고 힘이 있다. 두 사람은 한자서예의 양 대 유파를 형성했는데, 풍격은 서로

달랐지만 서예로 사상과 감정을 토로하고 작가의 희로애락을 표현했다는 점에서는 서로 통한다.

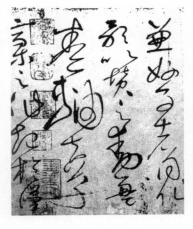

▌초서 〈자서첩(自敍帖)〉 (당대 회소(懷素))
필획에 힘이 있고 선이 춤추는 듯하다. 비록 완벽하게 알아볼 수는 없지만 이 글자들이 매우 아름답다는 것은 느낄 수 있으며, 또 마음이 즐거워진다. 이것이 바로 서예의 매력이다.

▌"문방사우(文房四友)"
중국에서 가장 유명한 "문방사우"는 호필(湖筆, 절강성의 호주에서 생산됨), 휘묵(徽墨, 안휘성의 휘주에서 생산됨), 선지(宣紙, 안휘성의 선주 부근에서 생산됨), 단연(端硯, 광동의 단주에서 생산됨)이다.

한자서예는 붓을 사용하는 독특한 서사 예술이다. 이런 예술을 감상하고 이해하려면 반드시 사용하는 도구, 즉 붓, 먹, 종이, 벼루를 알아야 한다. 사람들은 이 네 가지 도구를 "문방사우"라고 부른다. 이 서예 도구들은 서예의 표현 형식과 효과, 특징 등을 결정한다. 따라서 이들이 없으면 서예예술이 존재할 수 없고, 이들을 잘 사용하지 못하면 우수한 서예작품을 창작할 수 없다.

2. 유명 서예작품 감상

한자서예에는 갑골문, 금문, 소전, 예서, 해서, 행서, 초서 등 여러 종류의 서체가 있다. 아래에서 이 서체들 가운데 우수한 작품을 선별하여 감상해보자. 이를 통해 각종 서체의 예술적 특징과 한자서예의 대체적인 발전 상황을 이해할 수 있고, 나아가 한자서예의 예술미를 느낄 수 있을 것이다.

1) 갑골문 서예작품 ≪제사수렵우골각사(祭祀狩獵牛骨刻辭)≫

≪제사수렵우골각사≫ (상대)
필획이 가늘고 날카로운 갑골문의 특징을 잘 보여준다. 현재 중국국가박물관에 소장되어 있다.

갑골문은 중국 서예예술의 시작이다. 일종의 자각하지 못한 예술이기는 하지만 어느 정도의 예술적 성취를 보여준다.

이것은 소뼈에 새긴 매우 진귀한 우갑골각사로서, 상나라 왕의 제사와 수렵활동을 기록하였다. 우갑골의 정면과 뒷면에 모두 160개 정도의 글자가 남아 있으며, 글자의 내부는 붉은색으로 칠해져 있다. 필체가 또렷하고 아름다우며 일종의 질박한 아름다움을 보여준다. 이것은 갑골문의 대표작으로 지금으로부터 약 3,200년 전에 만들어졌다. 갑골문은 딱딱한 갑골 위에 칼로 새겼기 때문에 필획선이 가늘고 딱딱하며 꺾이는 부분도 대부분 각진 형태이다. 그래서 글자들이 매우 힘이 있어 보인다. 뼈 표면에 깊게 새긴 선이 바로 서예가들이 말하는 "힘이 종이의 뒷면을 뚫을 듯하다"라는 것이 아니겠는가! 구조의 측면에서 보면 글자는 대부분 장방형이고, 글자의 크기는 일정하지는 않지만 구조는 대칭과 균형을 이루고 있다. 글자의 배열은 세로로 보면 대체로 행을 이루고 가로로 보면 가지런하지 않아서 들쭉날쭉한 미감을 준다.

2) 금문 서예작품 ≪산씨반명문(散氏盤銘文)≫

청동기에 새긴 금문은 상주시기 서예의 고풍스러운 아름다움을 보여준다. 금문은 상대에 출현했으며, 서주(西周)시기에 최고의 예술적 경지에 도달했다. 서주 말기에 주조된 <산씨반>의 명문을 감상해보자.

≪산씨반명문≫ 탁본 (서주 말기)
소박하고 굳센 풍격을 가지고 있다. 현재 북경 고궁박물원에 소장되어 있다.

안쪽 바닥에 357자의 명문이 새겨진 이 청동 대야는 두 번째로 명문이 긴 고대의 청동기물이다. 명문의 내용은 주왕(周王)의 통치하에 있던 작은 두 나라의 첫 번째 국경 확정 사건을 기록한 것이다. 특이하게도 자형이 비스듬하고 들쭉날쭉하며, 필획선은 자유분방하고 소박하면서 굳세다. 구도는 세로로 보면 행을 이루고 가로로 보면 행을 이루지 못하지만 배열이 긴밀하다. 금문은 주조한 것이어서 필획이 두껍고 매끄럽다. 이것은 칼로 새겨 가늘고 딱딱할 수밖에 없었던 갑골문과는 확실히 다른 느낌을 준다. 금문서예의 풍격은 대체로 두 가지 종류로 나눌 수 있다. 하나는 수려하고 매끄러운 것이고 또 다른 하나는 소박하고 굳센 것인데, <산씨반> 명문은 후자에 속한다. 역대 서예가들은 대체로 후자의 풍격을 더 좋아했다. 서예애호가들은 전체(篆體)의 서법을 익힐 때 대체로 <산씨반> 명문을 임서(臨書)하는 것부터 시작한다.

3) 소전 서예작품 《역산각석(嶧山刻石)》

《역산각석》 탁본 (진대)
진대의 저명한 각석. 둥글게 꺾인 곡선미가 특징이다. 현재 서안(西安)의 비림(碑林)에 소장되어 있다.

앞에서 소개했듯이, 진시황은 중국을 통일한 이후에 일곱 지방을 돌며 가는 곳마다 자신의 공덕을 칭송하는 석비를 세웠다. 비문은 이사가 쓴 소전에 따라 제작되었는데, 《역산각석》은 그 중 하나이다.

《역산각석》의 원본은 일찍이 당대 이전에 훼손되었다. 지금 볼 수 있는 것은 송대 사람들이 원래 각석의 탁본에 근거하여 다시 제작한 것이다. 필체가 분명한 이 작품을 감상하다보면, 그 구도와 배열이 가로나 세로로 모두 행을 이루며 매우 정연하다는 사실을 알 수 있다. 글자의 구조 역시 반듯하고 대칭적이며, 위는 팽팽하고 아래는 느슨하여 균형이 잘 맞고 조화롭다. 특히 필획의 두께가 일정하고 곡선으로 둥글게 꺾이며 서사에 막힘이 없어서 일종의 곡선미가 느껴진다. 소전 서예작품은 일반적으로 모두 이런 특징을 가지고 있다. 소전은 매우 빠르게 예서로 대체되었지만, 소전의 아름다운 형체와 선은 오래도록 후대 서예애호가들의 많은 사랑을 받았다. 소전은 지금까지도 서예가들이 작품을 창작하고 인장을 새길 때 사용하는 글자체이다.

4) 예서 서예작품 《예기비(禮器碑)》

예서 서예의 최고 성취는 동한(東漢)의 비각(碑刻)에서 찾아 볼 수 있다. 동한의 비각 작품들은 풍격이 다양하여, 어떤 것은 질박하고 어떤 것은 웅장하고 아름다우며 어떤 것은 전아(典雅)하고 어떤 것은 분방하고 다채롭다. 《예기비》는 장중하고 아름다운 풍격을 대표하는 우수한 작품으로, 곡부(曲阜)의 공묘(孔廟)를 단장하고 예기를 제작한 일을 기록한 것이다. 이 작품에서 자형은 편방형이고 구조는 긴밀하며, 물결치는 듯한 필획의 기운이 뚜렷하다. 밖을 향해 펼쳐지는 필획이 확실히 글자를 기운 있어 보이게 한다. 특히 ≪예기비≫의 필획은 전반적으로는 가늘고 강경하지만, 위를 향해 올리는 필획은 두껍고 무겁다. 이렇게 하나는 가늘고 하나는 두꺼우며, 하나는 가볍고 하나는 무거운 필획이 전체 작품으로 하여금 강경함과 운율의 미를 발산하게 한다. ≪예기비≫의 예술적 특징은 후대에 큰 영향을 끼쳤다. 예를 들어당대의 저명한 해서 작품인 ≪안탑성수서비(雁塔聖數序碑)≫는 ≪예기비≫의 직접적인 영향을 받았다. 청대의 많은 서예가들도 ≪예기비≫를 좋아했으며, 그것을 "한나라 비각의 으뜸"이라고 칭찬했다.

▌≪예기비≫ 탁본 (동한)
동한의 저명한 비각. ≪예기비≫의 풍격은 장중하고 아름답다. 현재 산동성 곡부의 공묘에 있다.

5) 해서 서예작품 ≪안가묘비(顏家廟碑)≫

해서는 중국 서예 가운데 가장 전형적인 서체이다. 당대에는 해서 서예의 성취가 높았고, 구양순(歐陽詢), 안진경(顏眞卿), 유공권(柳公權) 등 유명한 해서 서예가들이 출현했다. 안진경은 자형이 방정하고 필획이 중후하며 기세가 씩씩한 서체를 창조했는데, 후대에는 그것을 "안체(顏體)"라고 부른다. "안체"는 민간의 서사 특징을 흡수하여 풍만하고 장중하면서도 단정한 미감을 가지고 있으며, 통속적이고 배우기 쉬워서 1,000년 이상 중국 서예예술에 가장 큰 영향을 끼친 서체가 되었다.

≪안가묘비≫는 안진경의 가족 상황을 기술한 것으로 그의 마지막 작품이다. 작

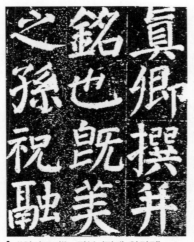

≪안가묘비≫ 탁본 (당대 안진경)
≪안가묘비≫의 풍격은 풍만하고 웅장하다. 현재 서안의 비림에 소장되어 있다.

품의 자형은 방정하고 속이 꽉 찼으며 웅건하다. 가로획은 약간 가늘게 쓰고 점(點), 수(竪), 별(撇), 날(捺) 획은 두껍게 써서 네모 가운데 원이 있고 곧음 가운데 굽음이 있으며, 힘찬 느낌이 충만하여 마치 모든 글자가 밖으로 확장되는 것 같은 힘을 가지고 있다. 안진경의 노년의 작품은 풍만하고 웅건한 아름다움을 표현했다. 그것은 일종의 힘으로 충만한 아름다움이며 아름다움의 또 다른 경계이다. 그리고 그것이 바로 "안체"의 전형적인 풍격이다. ≪안가묘비≫는 안진경의 대표작으로, 해서 학습을 위한 가장 좋은 모범본이다.

6) 행서 서예작품 ≪난정서(蘭亭序)≫

왕희지는 "서성(書聖)"으로 불리는 동진의 위대한 서예가이다. 왕희지의 각종 서예작품 가운데 가장 유명한 것이 ≪난정서≫인데, "천하제일행서"라고 칭송받는다. ≪난정서≫는 모두 28행, 324자로 구성되었다. ≪난정서≫를 감상하는 것은 일종의 미적 향유이다. 책을 펼치면 숙련된 행서가 한 행 한 행 눈앞에 나타나는데, 글자가 힘이 있고 수려하며, 즐거운 운치와 작자의 흥분된 감정을 막힘없이 모두 발산하고 있다. 전편(全篇)의 서사가 자연스럽고 위에서 아래까지 필의(筆意)가 이어져 있으며, 가는 필획도 있고 두꺼운 필획도 있는데, 그것이 글자의 경중을 형성하여 움직이는 것 같은 미감과 자연스럽고 평화로운 의경을 나타낸다. ≪난정서≫에 쓰인 글자들은 모두 다 대단히 뛰어나며, 같은 글자라도 변화무쌍하다. 예를 들면

전편에 쓰인 20개의 '之(지)'자는 형체와 서법에 있어서 서로 같은 것이 하나도 없다. 일설에 의하면 왕희지 자신도 이 작품을 매우 좋아해서 그 뒤로도 100여 차례나 이 문장을 썼지만, 모두 원작에는 못 미쳤다고 한다.

우리가 감상한 이 작품은 당대의 서예가가 모사한 것이

▌≪난정서≫ (동진 왕희지)
≪난정서≫의 풍격은 수려하고 유창하다. 이 모사본은 현재 북경 고궁박물원에 소장되어 있다.

고(온전한 작품은 320쪽에 있다), 진품은 왕희지를 좋아한 당태종(唐太宗) 이세민(李世民)의 부장품으로 무덤에 묻혀있다고 한다.

7) 초서 서예작품 ≪고시사첩(古詩四帖)≫

장욱(張旭)은 당대의 유명한 초서 서예가이며, ≪고시사첩≫은 장욱의 대표작이자 현재 볼 수 있는 장욱의 유일한 친필 작품이다. 이 작품은 일찍이 중국의 국보로 지정되었다. 사람들은 장욱의 글씨를 좋아하며, 그를 "초성(草聖)"이라고 부른다.

≪고시사첩≫은 네 편의 고시를 쓴 것인데, 작품을 감상하다보면 일종의 예술적 향수를 누리게 된다. 날아 움직이는 것 같은 글자들은 필획이 서로 연결되어 있고 막힘없이 단숨에 이루어져 그 기세가 대단하다. 자형의 변화도 비할 데 없이 기묘하여, 어떤 때는 두 글자가 한 글자인 것 같고, 또 어떤 때는 한 글자가 두 글자인 것 같아서, 초서를 모르는 사람들은 알아보기 어렵다. 광초(狂草)는 서예가의 격정을 표현한 예술이라고 할 수 있다. 일설에 의하면 장욱은 술을 좋아해서 술에 취할 때마다 소리를 지르며 붓을 휘둘러 초서를 썼다고 한다. 어떤 때는 붓을 가져

≪고시사첩≫ (당대 장욱)

≪고시사첩≫의 특징은 자유분방한 선에 있다. 현재 요녕성박물관(遼寧省博物館)에 소장되어 있다.

올 생각도 못하고 머리카락으로 썼는데, 깨어난 뒤에는 본인도 종이 위에 쓰인 분방한 글자가 어떻게 쓰였는지 몰랐다고 한다. 광초는 순수한 서예예술로 변했고 실용성을 상실했다. 초서는 선의 아름다움과 감정의 표현을 추구하므로, 감상하는 사람들에게 높은 예술성을 전달한다. 그래서 사람들을 종종 모종의 예술적 경지로 인도한다.

1. 글자와 종이의 절묘한 만남

한자는 매우 일찍 창조되었지만, 처음에는 종이가 없었기 때문에 글자를 어디에 쓸 것인가가 큰 문제였다. 사람들은 아주 오랫동안 귀갑(龜甲)이나 수골(獸骨) 위에 한자를 새기거나 청동기물 위에 주조하였고, 또 육중한 죽간이나 목간 위에 쓰거나 딱딱한 돌 위에 새겼다. 당시에는 글자를 쓰는 것이 얼마나 곤란한 일이었을지 상상하고도 남는다. 적어도 서한시대까지 사람들은 죽간과 목간을 사용했다. 사마천(司馬遷)의 ≪사기(史記)≫는 죽간에 쓰였는데, 내용이 52만 글자나 되므로 대체로 600여 권의 죽간이나 목간이 사용되었을 것이다. 이렇게 되면 거의 "대나무산"이라고 할 수 있을 정도이다.

종이 제조기술은 고대중국의 "사대발명(四大發明)" 가운데 하나이다. 서한시기에 사람들은 일종의 마지(麻紙)를 만들어냈지만, 지면이 거칠어 그 위에 글자를 쓰기가 쉽지 않았다. 서기 105년에 동한의 채륜(蔡倫)이 이전 사람들의 종이 제조 경험을 총결하여 나무껍질, 삼베, 찢어진 천, 옛날 그물 등으로 질 좋은 섬유 종이를 만들었다. 이 종이는 평평하고 가벼우며 사용하기에 좋았다. 또 가격이 저렴하고 원료의 생산지 또한 많아서 사람들의 열렬한 환영을 받았다. 이것이 바로 "채후지(蔡侯紙)"이다. 채륜은 이전의 제조 기술을 개선하여 종이를 만들었고, 이로써 고대중국의 위대한 과학발명품을 완성했다.

한자문화에서 종이의 출현은 대단히 중대한 사건이다. 왜냐하면 이로부터 글자를 쓰는 것이 쉬운 일이 되었기 때문이다. 사람들은 종이 위에 붓으로 빠르고 자유롭게 글자를 쓸 수 있게 되었고, 어떤 제약도 받지 않고 자기의 사상과 감정을 다 표현할 수 있게 되었다. 특히 후대 선지(宣紙)의 출현은 서예와 중국화(中國畵)의 창작을 위해 훌륭한 조건을 제공했다. 안휘성(安徽省)의 선주(宣州) 일대에서 생산되는 선지는 묵을 흡수하는 성질이 매우 강하다. 또 어떤 종이는 수묵이 스며드는 특성을 가지고 있어서 붓으로 글자를 쓰거나 그림을 그리기에 적합하다. 한자서예와 중국화는 희고 깨끗한 종이 위에 짙거나 옅은, 또는 건조하거나 물기가 많은, 또는 완전히 검은 풍부한 묵색을 표현해냈다. 이것이 우수한 서예작품과 회화작품의 생산을 촉진했다. 글자와 종이의 절묘한 만남이라는 말은, 종이가 없었다면 한자서예나 중국의 회화예술은 존재할 수 없었을 것이라는 뜻이다.

종이의 출현은 또 인쇄술의 탄생을 이끌었다. 그것은 바로 송대(宋代)에 떠오른 한자 인쇄술이다.

2. 고대중국의 대서예가

- 서성(書聖) − 왕희지(동진)
- 이왕(二王) − 왕희지, 왕헌지(王獻之) 부자(동진)
- 종왕(鍾王) − 종요(鍾繇, 삼국), 왕희지(동진)

▌장욱이 술에 취해 글씨를 쓰는 그림
장욱이 술을 마신 후에 쓴 광초. 선이 분방하고 신비롭다.

- 해서사대가(楷書四大家) − 안진경(당대), 유공권(柳公權, 당대), 구양순(歐陽詢, 당대), 조맹부(趙孟頫, 원대). "안유구조(顔柳歐趙)"라고 부르기도 한다.
- 초당사대가(初唐四大家) − 우세남(虞世南), 구양순(歐陽詢), 저수량(褚遂良), 설직(薛稷). "우구저설(虞歐褚薛)"이라고 부르기도 한다.
- 안유(顔柳) − 안진경과 유공권. 그들의 해서 풍격은 "안근유골(顔筋柳骨)" 혹은 "안비유수(顔肥柳瘦)"라고 말한다.
- 전장취소(顚張醉素) − 장욱과, 회소(懷素, 당대). "장전소광(張顚素狂)"이라고 부르기도 한다. 장욱은 "초성(草聖)"이라는 칭송을 받고, 회소는 "광초로 장욱을 계승했다"는 평가를 받는다.
- 송대사대가(宋代四大家) − 소식(蘇軾), 황정견(黃庭堅), 미불(米芾), 채양(蔡襄). "소황미채(蘇黃米蔡)"라고 부르기도 한다.
- 조동(趙董) − 조맹부와 동기창(董其昌, 명대)

3. 서안(西安)의 비림(碑林)

중국에서는 아주 일찍부터 중요한 일을 비석에 새겨 기록했고, 또 개인의 사적을 비석에 새기거나 전기로 써서 칭송하는 전통이 있었다. 그래서 고대인들이 새긴 석비가 대단히 많다. 우수한 석비를 잘 보존하기 위해 사람들이 석비를 한 곳에 모아 놓으면서 비림이 형성되었는데, 비림은 돌비석이 수풀처럼 많다는 뜻이다. 비림 중에는 서안의 비림이 가장 크다.

▌서안의 비림

▌먹으로 탁본을 뜬 비림의 옛 비석

서안의 비림은 송대 원우(元佑) 2년(1087)에 당대의 비각인 ≪개성석경(開成石經)≫과 ≪석태효경(石台孝經)≫을 보존하기 위해 세워졌다. 그 후로 각 시대마다 비각이 더해져 방대한 비림이 형성되었다. 현재 서안의 비림에는 6개의 비실(碑室)과 7개의 비랑(碑廊), 8개의 비정(碑亭)이 있고, 한대부터 청대까지의 유명한 비각 1,087개가 진열되어 있다. 국보급 비각도 19개나 되고 당대의 유명한 ≪개성석경(開成石經)≫도 볼 수 있다. ≪개성석경≫은 ≪십삼경(十三經)≫으로, 114개의 석비에 모두 합하여 65만자가 새겨져 있다. 이곳은 서예애호가들이 작품을 감상하고 학습하기에 좋은 장소이며, 왕희지, 안진경, 유공권, 구양순, 조맹부, 장욱, 회소 등 대서예가들의 친필 비각을 볼 수 있는 곳이다. 진대의 명비 ≪역산석각≫과 한대의 명비 ≪조전비≫, 당대의 명비 ≪현비탑비(玄秘塔碑)≫, ≪당삼장성교서비(唐三藏聖教序碑)≫, ≪대진경교유행중국비(大秦景教流行中國碑)≫ 등도 모두 이곳에 있다. 여기에서는 또 당 현종(玄宗)과 송 휘종(徽宗), 청 강희제(康熙帝) 등 황제들의 친필 비각도 감상할 수 있다. 서안의 비림은 서예예술의 보고이며 대형의 "석각도서관"이라고 말할 수 있다.

4. 왕희지 이야기

왕희지는 동진의 대서예가이며 "서성(書聖)"으로 불린다. 일찍이 우군장군(右軍將軍)을 역임했기 때문에 친근하게 "왕우군(王右軍)"이라고 부르기도 한다. 아래에서 왕희지에 관해 전해지는 두 개의 유명한 이야기를 소개하겠다.

〈거위를 좋아한 왕희지〉

▌왕희지가 거위를 보는 그림
왕희지는 거위가 물에서 노니는 모습을 자세히 관찰했다.

왕희지는 뼈를 깎는 노력으로 서예를 연마했다. 그는 평소에 길을 걸을 때도 손가락으로 손짓을 하며 글자를 연습했다. 그래서 시간이 지나면 옷이 다 긁혀 떨어졌다고 한다. 또 왕희지의 집 앞에는 작은 연못이 하나 있었는데, 왕희지가 글씨를 쓰고 나서 늘 그곳에서 붓을 씻는 바람에 나중에는 물이 검게 변했다고 한다. 왕희지는 또 흰 거위를 좋아했다. 그는 거위가 물에서 노니는 모습을 오랫동안 지켜보았는데, 한번 보기 시작하면 반나절 동안이나 계속 지켜볼 정도였다. 그는 어디에 거위가 있다는 말을 들으면 바로 그리로 달려갔고, 특히 마음에 드는 거위가 있으면 사가지고 집으로 돌아와 감상했다. 왕희지는 왜 이렇게 거위를 좋아했을까? 왕희지는 거위가 물속에서 발을 민첩하게 움직이는 동작을 관찰하고 싶었던 것이다.[1] 그는 이 동작을 서예에 응용하여 글씨를 쓸 때 손가락과 손목의 운필 기교를 개선

할 수 있다고 생각했다.

산음(山陰) 지방에 사는 도사 한 명이 왕희지의 글씨를 매우 좋아했다. 그는 왕희지에게 ≪도덕경(道德經)≫을 한 권 써달라고 청하고 싶었지만, 왕희지 같은 대서예가의 글씨를 얻는 것은 그리 쉬운 일이 아니었다. 그래서 도사는 아름다운 흰 거위 떼를 기르기 시작했다. 왕희지가 흰 거위를 좋아한다는 이야기를 들었기 때문이다.

도사의 집에 좋은 거위가 있다는 소식이 마침내 왕희지의 귀에 들어갔다. 왕희지는 거위를 보려고 도사가 있는 곳으로 달려갔고, 강에서 즐겁게 물살을 가르며 놀고 있는 거위를 보았다. 거위의 새하얀 깃털과 붉은 벼슬, 사랑스럽고 민첩한 발동작에 매혹된 왕희지는 정신없이 쳐다보며 발걸음을 돌리지 못했다. 왕희지는 사람을 보내 도사를 찾았고 자기에게 거위를 팔라고 부탁했다. 도사는 웃으며 "당신이 이토록 나의 거위를 좋아한다면, 전부 다 당신에게 드릴 수 있습니다. 그러나 조건이 하나 있습니다. 저에게 ≪도덕경≫ 한 권을 써주십시오." 이 말을 들은 왕희지는 즉시 붓을 들어 ≪도덕경≫ 한 권을 써주고 거위 떼와 함께 신나게 집으로 돌아왔다.

〈왕희지가 글씨를 쓴 부채〉

왕희지는 어느 날 시장에 갔다가 대나무부채를 파는 한 노파를 보았다. 한참동안 아무도 노파의 부채를 사지 않는다는 것을 알고 왕희지는 노파에게 다가가 이렇게 말했다. "할머니, 이 대나무부채에 그림도 없고 글씨도 없어서 잘 팔리지 않는데, 제가 몇 글자 써 드리면 잘 팔릴 겁니다." 노파는 왕희지가 누구인지 몰랐기 때문에 그의 말이 믿기지 않았지만, 그래도 대나무부채를 왕희지에게 넘겨주었다. 왕희지는 붓을 집어 들고 신속하게 모든 부채 위에 글씨를 썼다. 그러나 노파는 글을 알지 못했고, 또 왕희지가 쓴 글씨가 썩 마음에 들지도 않아서 도리어 기분 나빠했다. 그러나 왕희지는 웃으며 말했다. "조급해하지 마세요. 부채를 사는 사람들에게 이 글씨를 왕우군이 썼다고만 하

---

1) [역자주] 왕희지가 거위를 좋아한 이유는 거위의 목놀림과 움직임을 관찰하여 서법을 연구했기 때문이라는 것이 서예계의 정설이다.

시면 됩니다."

왕희지가 떠난 뒤 노파는 그가 시킨 대로 말했고, 시장에 있던 사람들은 왕희지의 서체를 알아보고 모두 부채를 사갔다. 광주리에 가득했던 부채는 순식간에 모두 다 팔려나갔다.

1 빈 칸에 알맞은 단어를 적으시오.

  1. 한자서예는 독특한 _____ 예술이다.

  2. 서예는 한자의 서사를 통해 _____을 표현하는 예술이다.

  3. 한자서예의 서체에는 갑골문, 금문, 소전, 예서, _____, 행서, _____ 등이 있다.

  4. 호필(湖筆)의 생산지는 _____이고, 휘묵(徽墨)의 생산지는 _____이다.

  5. "해서사대가"는 당대의 안진경, 유공권, _____, 원대의 _____이다. "초성(草聖)"은
    당대의 _____이다.

2 다음 중 잘못된 설명은 무엇인가? (   )

  A. ≪구성궁예천명(九成宮醴泉名)≫은 "천하제일의 해서 서첩"으로 칭송받는다.

  B. ≪난정서(蘭亭序)≫는 "천하 제일의 행서"라고 칭송받는다.

  C. 현재 우리가 볼 수 있는 ≪고시사첩(古詩四帖)≫은 장욱의 친필 광초이다.

  D. 현재 우리가 볼 수 있는 ≪역산각석(嶧山刻石)≫은 이사의 친필 소전이다.

3 아래에 제시된 단어를 설명하시오.

서화동원(書畵同源)   문방사우(文房四友)

4 다음 질문에 답하시오.

  1. 우리들이 평소에 쓰는 글씨는 서예라고 말하지 않는다. 그렇다면 어떤 글자를 서예라고
    말할 수 있는가?

  2. "한자서예는 독특한 선 예술이다"라는 말은 어떻게 이해할 수 있는가?

  3. 다음에 있는 왕희지의 행서 작품 ≪난정서≫를 감상하고, 이 작품이 주는 느낌을 말해보
    시오.

永和九年歲在癸丑暮春之初會于會稽山陰之蘭亭脩禊事也群賢畢至少長咸集此地有崇山峻領茂林脩竹又有清流激湍映帶左右引以為流觴曲水列坐其次雖無絲竹管弦之盛一觴一詠亦足以暢敘幽情是日也天朗氣清惠風和暢仰觀宇宙之大俯察品類之盛所以遊目騁懷足以極視聽之娛信可樂也夫人之相與俯仰一世或取諸懷抱悟言一室之內或因寄所託放浪形骸之外

雖趣舍萬殊靜躁不同當其欣於所遇暫得於己快然自足不知老之將至及其所之既倦情隨事遷感慨係之矣向之所欣俛仰之間以為陳迹猶不能不以之興懷況脩短隨化終期於盡古人云死生亦大矣豈不痛哉每攬昔人興感之由若合一契未嘗不臨文嗟悼不能喻之於懷固知一死生為虛誕齊彭殤為妄作後之視今亦由今之視昔悲夫故列敘時人錄其所述雖世殊事異所以興懷其致一也後之攬者亦將有感於斯文

제2절 한자 미술자(美術字)

한자 미술자는[1] 디자인을 거친 도안식 문자로서, 사물을 미화하는 기능을 가지고 있다. 한자 미술자가 표현하는 것은 한자 자체의 도안미(圖案美)이고, 필요한 것은 일종의 도안 장식효과이다. 상형한자는 그 자체로 예술성이 풍부하다. 그림과 비슷한 상형한자의 형체는 미술자의 창조를 위해 좋은 조건을 마련했다.

한자 미술자는 신비한 어떤 것이 아니라 도처에서 흔히 볼 수 있는 것들이다. 신문, 잡지, 서적의 크고 작은 인쇄체 글자와 광고, 포스터, 교통표지, 상품 등에 쓰인 형형색색의 글자체는 대부분 디자인을 거친 미술자들이다. 미술자는 사람들의 생활을 아름답게 만들어 준다.

1. 고대의 한자 미술자

한자가 생겨난 때로부터 바로 미술자가 있었다고 할 수 있다. 장식효과를 갖춘 이런 글자체들은 사물과 생활을 아름답게 만드는 데 중요한 역할을 담당했다. 고대의 한자 미술자는 주로 족휘(族徽)와 토템문자, 조충서(鳥蟲書), 소전(小篆), 송체자(宋體字) 등이다.

---

[1] [역자주] 미술자(美術字)는 대개 캘리그라피로 번역할 수 있지만, 더 넓은 의미를 나타내는 경우도 있기 때문에 본서에서는 중국어 단어 미술자를 그대로 용어처럼 사용하였다.

1) 가장 오래된 고대의 미술자－족휘와 토템문자

▌청동기 위의 미술자 '鹿(록)' (상대)

상주시기의 청동기에 보이는 족휘나 토템문자는 중국에서 처음으로 출현한 미술자로서 약 500년 동안 유행했다. 이들 문자가 보여주는 풍격과 원시시대의 소박한 정신은 후대의 미술자와 장식예술에 커다란 영향을 끼쳤다. 상대의 청동 정(鼎) 위에 주조된 도형문자 '鹿(록)'은 세심한 디자인을 거친 것이 분명하며 장식성이 매우 강하다. 이것은 씨족의 족휘 혹은 토템이었을 것이다. 이 도형문자는 씨족 표시의 기능을 가졌을 뿐 아니라 청동 정을 아름답게 만들었으므로, 중국 초기의 우수한 미술자라고 할 수 있다.

2) 고대의 특이한 미술자－조충서

▌아름다운 조충서 (춘추전국)

조충서는 새와 벌레의 형체로 문자를 아름답게 장식한 청동기 명문(銘文)의 일종이다. 춘추전국시기에 각 제후국의 청동기에 새, 짐승, 벌레, 물고기 등으로 장식한 이런 문자들이 출현했는데, 이는 당시 사람들의 심미 취향을 표현한 것이다. 조충서는 300여 년간 성행하다가 춘추전국시기 이후로 차츰 소멸되었다. 조충서와 같이 아름답고 신기한 미술자는 중국 미술자의 역사에서 빛나는 한 페이지로 남아 있다. 조충서는 자형이 가늘고 길며 선이 부드럽고, 생동적이고 활기차며 독특하고 재미있다. 조충서는 상주시기의 청동기 토템문자에 비해 더

성숙한 미술자이다.

3) 고대의 아름다운 미술자 - 소전

소전은 필획이 곡선적이고 아름다우며, 구조
가 안정되고 대칭을 이루어 도안 장식성이 풍부
한데, 이것이 바로 미술자가 필요로 하는 것들이
다. 구조의 균형과 대칭이라는 측면에서 보면, 소
전은 독체자이든 합체자이든 관계없이, 또 상하
구조의 글자이든 좌우구조의 글자이든 관계없이
늘 대칭적인 필획을 형성하여 전체 자형을 매우
균형감 있게 바꾸어 놓았다. 그래서 소전은 그
자체로 일종의 미술자이다. 도안 장식성이 대단
히 풍부한 소전은 진한시기에 석비와 와당(瓦當),
무기, 도장, 청동 화폐 등의 장식에 사용되었다.

▌와당에 쓰인 도안식 소전 (한대)
와당은 지붕 위에 얹는 기와이다.
한대의 와당 위에 쓰인 소전자
"永奉無疆(영봉무강)"은 강한 장식
성을 보여준다.

4) 고대의 중요한 미술자 - 송체자

고대에는 목판 위에 칼로 글자를 새겨 책을 인쇄했다. 이것이 바로 조판(彫版) 인
쇄술이다. 송대에는 더 발전된 형태인 활자(活字) 인쇄술이 출현했다. 신속한 조각
을 위해서 송대에는 빨리 새길 수 있으면서도 장식성을 갖춘 글자체가 빠르게 발
전하기 시작했는데, 이것이 바로 송체자이다. 송체자는 명청시기에 상당히 성숙한
수준이 되었다. 송체자는 반듯하고 보기에 아름다우며 사용범위가 넓어서, 현대
미술자의 시작이자 기초라고 할 수 있다. 오늘날 인쇄물에서 사용하는 글자체는
주로 송체자이다. 송체자는 고대 인쇄술의 산물이다.

송체자의 가로 필획은 평평하고 가늘며 세로 필획은 곧고 두껍다. 가로획의 거두는 부분에 삼각형의 장식이 있고, 필획이 꺾이는 부분에도 네모뿔 모양의 장식이 있다.(사실 이들 장식은 조판할 때 칼을 신속하게 사용하기 위해서 자연스럽게 형성된 것이다.) 또 하나의 글자는 필획의 다소에 관계없이 모두 동일한 크기의 네모 칸을 꽉 채워야 한다. 송체자의 아름다움은 진정한 정제미(整齊美)에 있다. 결론적으로 말해서, 가로는 평평하고 가늘며 세로는 곧고 두꺼운 필획과 네모뿔 모양의 필획 장식이 송체자의 주된 특징이다.

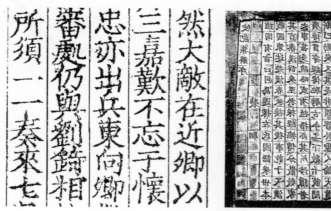
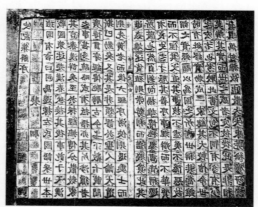

▌좌 : 조판 인쇄 서적 ≪충문왕기사실록(忠文王紀事實錄)≫ (남송)
▌우 : 활자 인쇄판 (북송)

한자를 하나하나 사각형의 진흙 덩어리 위에 반대로 새긴 뒤 자유롭게 배열하여 판을 만들고 책으로 찍어내는 활자 인쇄는 송나라의 위대한 발명이다. 조판인쇄술의 기초 위에서 발전한 활자인쇄술은 고대중국의 사대발명 가운데 하나이다. 2008년 북경올림픽 개막식에서 수천 명의 인원이 이 위대한 발명을 예술적 형상으로 연출했다.

2. 현대의 한자 미술자

현대의 미술자는 송체자의 기초 위에서 발전했으며, 송체미술자, 흑체미술자, 변형체미술자의 세 종류가 있다. 미술자는 인쇄체 외에 손으로 그리는 형식도 있다.

1) 송체미술자

송체미술자는 고대의 가장 중요한 미술자이며, 현대에도 여전히 가장 중요한 미술자이자 각종 미술자의 기초이다. 송체자는 반듯하고 세련되며 활기차고 아름답게 보인다. 또 정방형과 편방형 뿐 아니라 장방형으로도 쓸 수 있다. 송체미술자는 사용량이 가장 많으며 평상시에 우리가 가장 많이 보는 글자체이다. 서적이나 신문에서 사용하는 글자체는 대부분 송체의 인쇄체이다. 손으로 그리는 송체자도 사람들의 사랑을 받고 있다. 현대의 송체미술자에는 또 송체자를 모방한 일종의 "방송체미술자(仿宋體美術字)"라는 것이 있다. 이 글자체는 자형이 약간 길고 필획의 두께가 고르며 가로획이 오른쪽 위를 향해 약간 비스듬하게 올라가 매우 수려하게 보인다. "방송체미술자"는 현대의 미술자 중에서 가장 아름답고 우아한 글자체이다.

宋体美术字

▌**인쇄체 송체미술자** 가로 필획은 가늘고 세로 필획은 두껍다. 필획의 장식성이 분명하며 반듯하고 세련되고 활기차고 아름답게 보인다.

宋体美术字

❚ **필기체 송체미술자** 인쇄체와 마찬가지로 가로 필획이 가늘고 세로 필획이 두껍지만 필획의 장식에 변화가 풍부하여 활기차고 아름답게 보이며, 분명하고 명쾌한 운치가 있다.

仿宋体美术字

❚ **인쇄체 방송체미술자** 자형이 약간 길고 필획의 굵기가 일정하며, 가로획이 오른쪽 위를 향해 비스듬히 올라간다. 자형이 수려하고 우아하다.

2) 흑체미술자

흑체미술자는 송체자의 기초 위에서 형성되었다. 흑체자(즉 고딕체)는 송체자의 가로획을 두껍게 만들어 가로획과 세로획의 굵기가 같게 하고, 필획의 장식을 없앴다. 흑체자는 자형이 반듯하고 간단명료하며 필획이 두껍고 균일하여, 소박하고 시원스럽게 보인다. 또 중후하고 힘이 있어 눈에 잘 띤다. 흑체자는 쓰기에 편하고 사용범위가 넓어서 큰제목이나 표어, 서명, 광고 등에 자주 사용된다. 풍부하고 다채로운 현대의 미술자는 흑체자에 기초하여 가공해 만든 것이 많다.

黑体美术字

❚ **인쇄체 흑체미술자** 흑체자는 자형이 반듯하고 필획이 두꺼우며 중후하고 힘이 있다.

3) 변형체미술자

변형체미술자는 송체자와 흑체자의 기초 위에서 자형을 변화시키거나 장식을 더하여 만든 글자체이다. 흑체자는 구조가 고르고 자형이 간단명료하며 필획이 두껍기 때문에 쉽게 변형할 수 있다. 그래서 많은 변형체미술자들이 흑체자에서 나왔다. 변형체미술자는 생동적이고 형상적이고 활기차고 재미가 있으며, 강렬한 예술적 감화력을 가지고 있다. 변형체미술자는 사람들이 좋아하고 광범위하게 사용하는 미술자이다.

변형체미술자는 형식이 다양하다. 송체자와 흑체자에서 변화되어 온 것도 여러 종류가 있다. 예를 들어 송체자와 흑체자를 결합하여 쓴 "장미흑체자(長美黑體字)"와 흑체자 필획의 양 끝과 필획이 꺾이는 곳을 원형으로 쓴 "유원미술체(幼圓美術體)", 흑체자를 더 두껍게 변형하고 윤곽을 그려낸 "채운미술체(彩雲美術體)" 및 필획의 변화가 다채로운 각종 글자체가 있다.

▌손으로 그린 변형체미술자 "朮(술, 術의 간화자)"
형태가 다른 이 변형체미술자들은 모두 흑체자를 변화시킨 것이다.

▌변형체도형미술자 "永久牌(영구패)" (자전거 상표)
"永久" 두 글자가 자전거를 타는 사람의 형상으로 교묘하게 변형되었다.

변형체미술자에는 또 그림과 비슷한 성격의 글자체, 즉 변형체도형미술자가 있다. 이 글자체는 한자의 상형요소와 조형이 쉽다는 특징을 이용하여 도안이 형상적이고 생생하며 재미있다. 상형한자의 독특한 매력을 드러내기 때문에 사람들은 이런 변형체미술자들을 좋아한다.

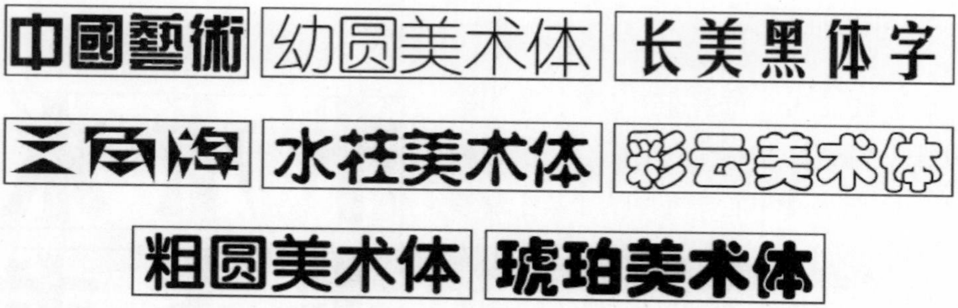

中國藝術 幼圆美术体 长美黑体字

三凤牌 水柱美术体 彩云美术体

粗圆美术体 琥珀美术体

▎다양한 형식의 변형체미술자

현대의 미술자 감상

"文化苦旅(문화고려)"라는 네 개의 큰 글자가 송체미술자로 쓰여 있다. 가로 필획은 평평하고 가늘며 세로 필획은 곧고 두껍다. 가로획을 마무리하는 곳의 삼각형 장식과 필획이 꺾이는 곳의 사각형 장식이 뚜렷하다. 반듯하고 시원스러우며 중후하고 힘이 있는 흑색의 글자체가 황토색 바탕 위에서 눈에 잘 띈다. 게다가 배경에 인쇄체 송체미술자로 조합된 글자들을 사용하여 이 표지를 고색창연하게 만들고, 일종의 인문학적 정취가 느껴지도록 했다.

■ 송체미술자로 설계된 서적의 표지 (현대 원은창(袁銀昌))

北国风光，千里冰封，万里雪飘。望长城内外，惟余莽莽，大河上下，顿失滔滔。山舞银蛇，原驰蜡象，欲与天公试比高。须晴日，看红装素裹，分外妖娆。

江山如此多娇，引无数英雄竞折腰。惜秦皇汉武，略输文采，唐宗宋祖 稍逊风骚。一代天骄，成吉思汗，只识弯弓射大雕。俱往矣，数风流人物。还看今朝。

沁园春 雪 一九三六年二月

■ 만년필 느낌의 필기체방송자 시사(詩詞) 작품(현대)

자형이 가늘고 길며 필획의 두께가 고르다. 가로획이 오른쪽 위를 향해 약간 비스듬하게 올라갔으며, 자형이 우아하고 아름답다. 정제되고 수려한 필기체방송자는 만년필로 쓴 이 시사 작품에 학자와 같은 풍격을 더했다.

흑체미술자로 설계된 서적의 표지 (현대 이명군(李明君))

"中國美術字史圖說(중국미술자사도설)"이라는 여덟 글자가 채택한 것은 흑체미술자이다. 단정하고 두꺼운 백색의 글자가 흑색의 바탕 위에서 매우 두드러진다. 또 글자 사이의 채색 줄은 표지에 색채감을 더했다. 이것은 매우 성공적인 표지디자인으로, 명쾌하고 간결하고 침착하고 고상한 것이 특징이다.

변형체도형미술자 '虎(호)' (우편 장식 현대)

변형체도형미술자 "卋(세)" (2010년 상해엑스포 휘장 현대)

갑골문 '虎(호)'자를 아름다운 미술자로 변형시켜 오래된 상형자가 현대적 예술 정취를 발산하게 만들었다.

변형체도형미술자인 '卋(세)'와 숫자 '2010'을 교묘하게 결합하여 박람회 휘장을 만들었다. 아빠와 엄마, 아이가 서로 안고 있는 행복한 가정의 모습과도 비슷하고, 나와 너, 그리고 그가 구성하는 인류를 상징하는 것 같기도 하다. 녹색의 도안이 기분 좋고 평온하고 진보적인 느낌을 주며, "이해와 소통, 즐거운 모임, 협력"의 이념을 나타낸다.

1 빈 칸에 알맞은 단어를 적으시오.

1. 한자 미술자는 예술적 디자인을 거친 _____ 문자로 사물을 미화하는 기능을 가지고 있다.

2. 고대한자 미술자는 주로 족휘와 토템 문자, 조충서, 소전, _____ 등이 있다.

3. 가장 아름다운 고대미술자는 _____이다.

4. 오늘날의 인쇄물에서 주로 사용하는 글자체는 _____자이다.

5. 현대미술자는 주로 송체미술자, _____, 변형체미술자 세 종류가 있다.

2 다음 중 잘못된 설명은 무엇인가? ( )

A. 가로획은 평평하고 세로획은 곧으며, 획의 굵기가 일정하고 장식이 있는 것은 송체자이다.

B. 가로획은 평평하고 가늘며, 세로획은 곧고 두꺼우며 장식이 있는 것은 송체자이다.

C. 모든 필획이 가늘고 가로획이 오른쪽 위를 향해 비스듬한 것은 방송체자이다.

D. 모든 필획이 굵고 중후하면서 힘이 있으며 장식이 없는 것은 흑체자이다.

3 아래에 제시된 단어를 설명하시오.

송체자(宋體字)　　　변형체미술자(變體美術字)

4 아래의 질문에 답하시오.

1. "美術(미술)" 두 글자를 송체자와 흑체자로 써 보시오.

2. 많은 변형체미술자는 흑체자에서 변화되어 왔다. 먼저 흑체자 '木(목)'을 쓴 뒤에 그것의 변형체미술자 2개를 써보시오.

5 다음 질문에 답하시오.

1. 송체자가 고대와 현대에 있어서 가장 중요한 미술자라고 말하는 이유는 무엇인가?

2. 본문에서 "많은 변형체미술자들이 흑체자에서 변화되어 왔다"고 말한 이유는 무엇인가?

3. 서적이나 신문, 잡지, 광고, 상표 등의 실례를 들어 변형체미술자를 설명하시오.

제3절 한자인장(印章) 예술

한자인장을 새기는 일을 두고 "인장을 판다"라고 말한다. 전자(篆字)를 많이 사용하기 때문에 전각(篆刻)이라고 칭하기도 한다. 이것은 칼로 옥이나 상아, 짐승의 뼈, 나무 및 구리, 금, 은 등의 재료 위에 한자를 새기는 예술이며, 독특한 풍격을 지닌 한자예술이다. 예로부터 인장은 사회에서 증빙의 근거로 광범위하게 사용되었다.

1. 인장의 출현

▌한대의 봉니인 ≪제철관인(齊鐵官人)≫
봉니 위의 볼록한 글자가 뚜렷하다.

진대와 한대 전기에는 아직 종이가 없었다. 그때의 공문서와 서신은 보통 죽간이나 목간 위에 쓰였다. 발송할 때 다른 사람이 훔쳐보거나 고치는 것을 방지하기 위해서, 주인은 죽간이나 목간을 노끈으로 잘 묶은 뒤, 노끈으로 묶은 곳을 작은 진흙덩어리로 봉하고, 그 위에 관청이나 개인의 신분을 나타내는 인장을 눌렀다. 그렇게 하면 진흙 위에 입체적인 인장 무늬가 나타나게 된다. 진흙덩어리는 마르고 나면 매우

단단해지는데, 이렇게 단단하고 입체적인 인장 무늬가 찍힌 진흙덩어리가 바로

"봉니(封泥)"이다. "니봉(泥封)"이라고 부르기도 한다. 만약 봉니가 깨졌다면, 그것은 누군가가 죽간이나 목간을 열어 내용물을 본 것이다. 이로부터 인장은 처음에 봉니 위에 눌러 찍는 것이었고, 신분을 검증하는 증거였음을 알 수 있다. 후에 비단과 종이가 생기면서, 사람들은 더 이상 봉니를 사용하지 않고 종이와 비단 위에 직접 인장을 찍었다. 고고학적 발견에 따르면 봉니에 사용한 인장은 거의 모두 "백문(白文 : 도장의 음각 글자)" 인장이었다. 그래서 인장의 글자가 모두 움푹 들어가 있었는데, 봉니 위에 인장을 눌러 찍고 나면 봉니 위에 나타나는 글자는 모두 볼록하게 튀어나왔다. 봉니의 출현은 인장의 발전을 촉진시켰다.

▌진대의 봉니 ≪성양후인(城陽侯人)≫
종이를 봉니 위에 놓고 탁본한 것이다.

▌돌 인장과 인주 (현대)
왼쪽이 돌 인장이고 오른쪽이 인주가 들어 있는 인주함이다. 인주는 인장을 찍을 때 사용하는 안료인데, 대부분 붉은색이다.

고대중국의 인장은 대체로 관인(官印)과 사인(私印) 두 종류로 나눌 수 있다. 관인은 지위와 권력의 상징으로, 황제 혹은 관청의 인장이다. 사인은 일반인의 이름 도장 등으로, 내용이 풍부하고 관인보다 형식이 훨씬 자유로웠다. 한대의 인장은 고대 인장 제작의 최고봉이며 관인과 사인 모두 잘 조각되었는데, 질박하고 생동감이 있으며 일종의 웅혼한 기세를 가지고 있다. 한대의 인장은 후대의 인장예술에 큰 영향을 끼쳤다.

처음에 사람들은 옥이나 구리, 금, 은 등을 사용하여 인장을 조각했는데, 재료가 딱딱하여 제작이 쉽지 않았다. 그래서 화가와 서예가들은 전문적으로 인장을 새기는 사람에게 부탁하여 인장을 제작했다. 원명(元明)시기의 몇몇 화가와 서예가들은 비교적 무른 돌에 칼로 직접 인장을 새겼다. 그들은 칼을 붓 삼아 작은 돌덩이 위에서 자신의 예술 능력을 발휘했다. 인장은 이렇게 예술의 세계로 진입했다.

2. 인장 지식

1) 인장을 새기는 형식

인장을 새기는 데에는 두 가지의 형식이 있다. 하나는 백문인장이고 다른 하나는 주문(朱文)[1]인장이다. 백문(속칭 "음문(陰文)") 인장은 돌 위에 직접 칼로 글자의 필획 선을 새기는 것이다. 글자의 필획선이 안으로 들어가 돌의 표면 아래에 있다. 만약 붉은색 인장을 사용한다면, 찍혀 나온 글자는 흰색이고 글자가 없는 곳은 붉은색이다.(≪옥연루(玉硯樓)≫를 보라.) 주문(속칭 "양문(陽文)") 인장은 칼로 글자의 필획선 이외의 돌 표면을 깎아 볼록하게 튀어 나온 필획 선만 남는 것으로, 찍혀 나온 글자가 붉은색이다.(≪강남포의(江南布衣)≫를 보라.)

인장의 아름다움은 서예와 조각, 구도의 정교함에서 나타난다. 전서나 해서, 예서 등의 글자체가 아름답게 표현되고, 각종 조각 수법이 예술적으로 드러나며, 좁은 공간 안에서 글자가 교묘하게 배치되어야 좋은 작품이다. 그 가운데 어느 것 하나라도 제대로 표현되지 않으면 작품 전체가 실패로 돌아가게 된다. 전각예술로서 인장 창작의 핵심은 조각기법에서 구체적으로 드러난다. 사람들은 종종 조각기법의 시각효과로 인장예술의 수준을 평가한다. 숙련되고 필획에 특수한 정취가 있는 조각 작품들이 사람들의 사랑을 받았다. 예를 들어 현대의 위대한 예술가 제백

---

1) 주문(朱文) : 인장의 돌출된 문자. 인장을 종이에 찍었을 때 붉은색으로 나타나기 때문에 붙여진 명칭이다.

석(齊白石)이 조각한 주문인장 ≪강남포의(江南布衣)≫는 질박하고 정교하며, 네 개
의 전서 글자가 서로 교차하고 의지하며 교묘하게 하나의 네모 형체로 조합되어
있다. 조각한 선에는 굵은 것도 있고 가는 것도 있으며, 연결된 것도 있고 끊어진
것도 있는데, 마치 단숨에 새겨 만든 것 같은 숙련된 조각기법을 보여준다.

▌좌 : 백문인장 ≪옥연루≫ (청대 황역(黃易))
▌우 : 주문인장 ≪강남포의≫ (현대 제백석)   제백석은 현대 전각예술의 대가이다. 그가 조각한 인장은 대
단히 정교하고 아름다워서 많은 사람들의 사랑을 받았다. 제백석은 많은 인장을 제작했고, 자신을 "삼백
석인부옹(三百石印富翁)"이라고 불렀다.

2) 초형인(肖形印)

인장 중에는 동물이나 사람의 도안을 새긴 "초형
인"이라는 것이 있다. 이런 그림 인장은 처음에 죽
간과 목간의 봉니 위에 찍혀 표시의 기능을 가졌고,
또 주인의 정취를 표현하는 데도 사용되었다. 그리
고 나중에는 차츰 감상을 위한 정교한 예술품이 되
었다.

▌초형인 ≪'鹿(록)'≫ (전국시기)

초형인은 도안의 아름다움을 표현한 인장으로 감
상적 가치가 높다. 초형인은 비교적 일찍 출현하여, 춘추전국시기에 이미 제작하
는 사람이 있었다. 한대 사람들은 특히 초형인을 좋아하여 많은 작품을 남겼는데,
내용이 풍부하고 질박하고 재미있고 기백이 웅대한 특징을 가지고 있다. 한대 이

후에는 초형인 새기는 것을 그리 좋아하지 않았다. 그러다가 현대에 들어 다시 초형인을 좋아하는 사람들이 생겨났고, 적지 않은 우수한 작품들이 출현했다. 2008년 북경 올림픽 위원회의 휘장－"중국의 인장·춤추는 북경"이 채용한 것이 바로 초형인 형식이다.

┃초형인 ≪작호(獵虎)≫ (한대)

┃"중국인(中國印)·무동적북경(舞動的北京)" (2008년 북경 올림픽운동위원회 휘장)
모두가 익숙한 이 도안은 한자인장 중 초형인의 형식에 속하는 작품이다. 이 도안은 전서와 비슷하며, 북경의 '京(경)'자를 교묘하게 변형시켜 앞을 향해 달려 나가 승리를 맞이하는 사람의 모양으로 만들었다. 이것은 인장 예술과 변체도형미술자가 교묘하게 결합된 작품이다. 그래서 "중국의 인장"이라고 부른다.

3. 유명 인장 감상

천 여 년 동안 중국의 서예가와 화가, 전각애호가들은 풍격이 독특한 인장을 제작해 왔다. 아래에 명청시기 이후의 우수한 전각 작품 12점을 선별하였으니, 즐겁게 감상하기 바란다.

▍≪문팽지인(文彭之印)≫ (명대 문팽)

▍≪시문심처(柴門深處)≫ (명대 하진(何震))

▍≪백인장서(伯寅藏書)≫ (청대 조지겸(趙之謙))

▍≪경신(敬身)≫ (청대 정경(丁敬))

▍≪강유유성(江有有聲), 단안천척(斷岸千尺)≫
　　(청대 등석여(鄧石如))

▍≪영석산장(靈石山長)≫
　　(청대 등석여)

▍≪매화무진장(梅花無盡藏)≫(청대 오창석)

▍≪파하정(破荷亭)≫(청대 오창석)

▌≪백석(白石)≫ (현대 제백석)

▌≪인장수(人長壽)≫ (현대 제백석)

▌초형인 ≪동물≫ (현대)

▌초형인 ≪虎(호)≫ (현대 진가가(陳可可))

　　서예와 미술자, 인장 등은 우수한 한자예술이며, 중화민족의 귀중한 문화유산이다. 오늘날에도 한자예술은 계속해서 발전하며 새로운 풍격과 새로운 표현 방식, 새로운 작품들을 끊임없이 생산하고 있다. 한자예술은 이후로도 중국문화를 위해 더욱 더 화려한 광채를 더할 것이다.

고대의 진귀한 인장 감상

중국역사에는 인장과 관계된 이야기가 많다. 오늘날까지 보존된 진귀한 인장들은 역사와 문화의 증인이라고 할 수 있다. 아래에서 몇 점의 진귀한 인장을 감상해보자.

동한의 광무제(光武帝) 때에 일본 왜노국(倭奴國)의 왕이 동한의 도성인 낙양(洛陽)에 사절단을 파견하자, 광무제가 왜노국의 왕에게 금으로 만든 ≪한왜노국왕(漢倭奴國王)≫ 백문 인장을 선물했다. 이 사건은 역사서에도 기록되어 있다. 이 금인의 문자는 웅장하고 힘이 있으며, 한대 전각의 웅대한 기백을 갖추고 있다. 이 금인(金印)은 18세기 후기에 일본에서 발견되었고, 현재 일본의 국보로 지정되어 있다.

■ ≪한왜노국왕≫ 금인 (동한)

동한 때에 북방 초원의 유목 민족인 흉노족의 일부가 황하 유역으로 내려와 한족(漢族)이 생활하는 지역에 정착해 농사를 짓고 살았다. 1977년에 청해(淸海)에 있는 동한의 한 고분에서 ≪흉노부귀의친한장(匈奴婦歸義親漢長)≫ 여덟 글자가 새겨진 백문인장이 발견되어, 1,900여 년 전 한족과 흉노족의 융합의 역사를 증명했다.

■ ≪흉노부귀의친한장≫인 (동한)

이 인장에 쓰인 문자는 한자와 만주문자와 티베트문자이다. 중국중앙정부는 청(淸) 순치(順治) 9년(1652)에 정식으로 티베트의 달라이라마를 책봉하기 시작했다. 이것은 중대한 역사적 사건이며, 청 정부가 달라이라마에게 수여한 이 금인은 매우 진귀한 유물이다.

■ 청 정부가 서장(西藏)의 달라이라마에게 수여한 금인 (청대)

■ 《황제지보》 금인 (청대)

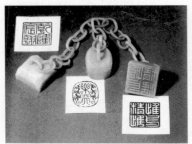

■ 건륭전황삼련장(乾隆田黃三連章) (청대)

이것은 청나라 황제의 금인이다. 소전체로 쓰인 "皇帝之寶(황제지보)" 네 글자의 형체가 풍만하고 아름답다. 오른쪽은 만주문자이다. 청나라 황제들은 금인을 매우 많이 가지고 있었으며, 이 인장은 그 가운데 하나이다. 현재 중국국가박물관에 소장되어 있다.

전황(田黃)은 매우 유명하고 진귀한 옥이다. 민간에 "전황 한 냥은 금 한 냥"이라는 말이 있을 정도이다. 청나라 건륭(乾隆) 황제는 만년에 전황으로 인장 세 개를 제작하고 고리로 연결했는데, 전각과 조각기술이 매우 정교하다. 그래서 이 인장은 값을 매길 수 없는 보물이며, 현재 북경 고궁박물원에 소장되어 있다.

1 빈 칸에 알맞은 단어를 적으시오.

1. 인장의 아름다움은 주로 서법, _____, 배치의 아름다움으로 표현된다.
2. 처음에 인장은 _____ 위에 눌러 찍는 것이었고 신분을 검증하는 증서였다.
3. 고대 인장 제작의 최고봉은 _____시대로, 웅혼한 기상을 가지고 있는 작품들이 많다.
4. 인장을 새기는 데에는 두 가지 방식이 있다. 하나는 _____ 인장이고, 또 다른 하나는 _____인장이다.
5. 2008년 북경 올림픽 휘장 "중국인·무동적북경"이 채용한 형식은 _____이다.

2 다음 중 잘못된 설명은 무엇인가? (　　)

A. 백문인장은 음문(陰文) 인장이라고 부르기도 한다.
B. 주문인장은 양문(陽文) 인장이라고 부르기도 한다.
C. 백문인장 위의 글자는 오목하고, 찍혀 나오는 글자가 흰색이다.
D. 주문인장 위의 글자는 볼록하고, 찍혀 나오는 글자가 흰색이다.

3 아래에 제시된 단어를 설명하시오.

봉니(封泥)　　　초형인(肖形印)

4 다음 질문에 답하시오.

1. 사람들이 한자 인장의 제작을 "전각(篆刻)"이라고 부르는 이유는 무엇인가?
2. 인장이 진정한 의미에서 예술의 세계로 진입한 것은 언제이며, 그 이유는 무엇인가?
3. "인장 창작의 핵심은 조각기법에 더 많이 구현되어 있다."고 한다. <3. 저명한 인장의 감상>에 소개된 12개의 인장 가운데 조각기법이 가장 좋은 작품 하나를 고르고, 어떤 점이 좋은지 말해보시오.

제1장   제1절   2. C

             제2절   2. 1) C 2) C

제2장   제1절   2. 1) C 2) A

             제2절   2. 1) D 2) D

             제3절   2. 1) D 2) A

제3장   제1절   2. 1) C 2) D

                     5. 火 門 冊 舟 网 气 瓜 心 齒 象 豹 眉

             제2절   2. 1) A 2) B

                     5. 看 美 炎 宿 學 祭 有 走 弄 字

                     6. 1. 籴 : 쌀을 사다   2. 粜 : 쌀을 내어 팔다

                     7.

目 (상형)	魚 (상형)	水 (상형)	手 (상형)	女 (상형)
刃 (지사)	本 (지사)	牧 (회의)	筆 (회의)	看 (회의)
災 (회의)	安 (회의)	湖 (형성)	情 (형성)	睛 (형성)
燃 (형성)	草 (형성)	花 (형성)	想 (형성)	菜 (형성)
妻 (회의)	鹿 (상형)	機 (형성)	園 (형성)	室 (형성)
車 (상형)	漂 (형성)	飄 (형성)	病 (형성)	療 (형성)

             제3절   2. 1) D 2) C

제4장   제1절   2. 1) C 2) B

             제2절   D

             제3절   2. 1) A 2) B

                     4. 1) 동음자 : 下夏, 终忠锺中(중국어음) 下夏, 終鍾(한국한자음)

                        다음자 : 中, 朝, 華(중국어음) 朝, 華(한국한자음)

             제4절   2. 1) C 2) C

                     6. 틀린 글자 : 建立, 学习, 房屋, 问题

                       다른 글자 : 作业, 练习, 幸福, 浪费, 打蓝球, 修理, 典型, 健康

                       이체자 : 解决, 山峰, 减少, 世界杯

부록 2 : 고대중국의 역사 연대표

원시사회	약 170만 년 전~4,000년 전
구석기시대(舊石器時代)	약 170만 년 전~1만 년 전
원모인(元謀人)	약 170만 년 전
북경인(北京人)	약 70만 년 전~20만 년 전
산정동인(山頂洞人)	약 18,000년 전
신석기시대(新石器時代)	약 1만 년 전~4,000년 전
배리강문화(裵李崗文化)	약 B.C. 6,000년 경
하모도문화(河姆渡文化)	약 B.C. 5,000년~3,300년
앙소문화(仰韶文化)	약 B.C. 5,000년~3,000년
대문구문화(大汶口文化)	약 B.C. 4,300년~2,500년
홍산문화(紅山文化)	약 B.C. 3,500년~3,000년
양저문화(良渚文化)	약 B.C. 3,300년~2,200년
마가요문화(馬家窯文化)	약 B.C. 3,000년~2,000년
용산문화(龍山文化)	약 B.C. 2,500년~2,000년
노예사회	B.C. 2,070~476년
하(夏)	B.C. 2,070~1,600년
상(商)	B.C. 1,600~1,046년
서주(西周)	B.C. 1,046~771년
춘추(春秋)	B.C. 770~476년
봉건사회	B.C. 475~A.D. 1,840년
전국(戰國)	B.C. 475~221년
진(秦)	B.C. 221~206년
서한(西漢)	B.C. 206~A.D. 24년
동한(東漢)	A.D. 25~220년
삼국(三國)	A.D. 220~265년
진(晉)[서진(西晉), 동진(東晉)]	A.D. 265~420년

남북조(南北朝)	A.D. 420~589년
수(隋)	A.D. 581~618년
당(唐)	A.D. 618~907년
오대십국(五代十國)	A.D. 907~979년
요(遼)	A.D. 916~1,125년
송(宋)[북송(北宋), 남송(南宋)]	A.D. 960~1,279년
서하(西夏)	A.D. 1,038~1,227년
금(金)	A.D. 1,115~1,234년
원(元)	A.D. 1,271~1,368년
명(明)	A.D. 1,368~1,644년
청(淸)	A.D. 1,644~1,911년

부록 3 : 주요 참고 서적

許愼[東漢], ≪說文解字≫, 北京 : 中華書局, 2004

段玉裁[清], ≪說文解字注≫, 上海 : 上海古籍出版社, 1981

湯可敬, ≪說文解字今釋≫, 長沙 : 岳麓書社, 1997

裘錫圭, ≪文字學槪要≫, 北京 : 商務印書館, 1988

劉又辛・方有國, ≪漢字發展史綱要≫, 北京 : 中國大百科全書出版社, 1988

高　明, ≪中國古文字學通論≫, 北京 : 北京大學出版社, 1996

郭沫若, ≪卜辭通纂≫, 北京 : 科學出版社, 2002

王宇信・徐玉華, ≪商周甲骨文≫, 北京 : 文物出版社, 2006

馬如森, ≪殷墟甲骨學≫, 上海 : 上海大學出版社, 2007

王宇信・楊升南・聶玉海, ≪甲骨文精粹選讀≫, 北京 : 語文出版社, 1989

劉志基, ≪漢字體態論≫, 南寧 : 廣西教育出版社, 1999

牟作武, ≪中國古文字的起源≫, 上海 : 上海人民出版社, 2000

謝光輝, ≪漢語字源字典≫, 北京 : 北京大學出版社, 2000

王宏源, ≪漢字字源入門≫, 北京 : 華語敎學出版社, 1993

谷衍奎, ≪漢字源流字典≫, 北京 : 華夏出版社, 2003

李樂毅, ≪漢字演變五百例≫, 北京 : 北京語言學院出版社, 1992

唐　漢, ≪漢字密碼≫, 上海 : 學林出版社, 2002

錢乃榮, ≪現代漢語≫, 北京 : 高等教育出版社, 1990

黃伯榮・廖序東, ≪現代漢語≫, 蘭州 : 甘肅人民出版社, 1983

林成滔, ≪字里乾坤≫, 北京 : 中國檔案出版社, 1998

呂必松, ≪漢字與漢字硏究論文選≫, 北京 : 北京大學出版社, 1999

≪漢字文化≫編輯部, ≪漢字文化≫

≪語言文字應用≫編輯部, ≪語言文字應用≫

孫均錫, ≪漢字和漢字規範化≫, 北京 : 教育科學出版社, 1990

高更生, ≪現行漢字規範問題≫, 北京 : 商務印書館, 2002

高更生, ≪漢字硏究≫, 濟南 : 山東教育出版社, 2001

馮天瑜・周積明, ≪中國古文化的奧秘≫, 武漢：湖北人民出版社, 1986

程裕禎, ≪中國文化要略≫, 北京：外語教學與研究出版社, 1998

李明君, ≪中國美術字史圖說≫, 北京：人民美術出版社, 1997

李祥石, ≪發現巖畫≫, 銀川：寧夏人民出版社, 2006

朱自新, ≪文物與語文≫, 北京：東方出版社, 1999

戴逸・龔書鐸, ≪中國通史≫, 鄭州：海燕出版社, 2001

中國歷史博物館, ≪中國通史陳列≫, 北京：朝華出版社, 1998

≪中華古文明大圖集≫編委會, ≪中華古文明大圖集≫, 北京：人民日報出版社, 香港：樂
　　　天文化公司, 臺北：宜新文化事業有限公司, 1992

韓美林, ≪天書≫, 天津：百花文藝出版社, 2008

南兆旭, ≪中國書法博物館≫, 鄭州：海燕出版社, 2003

韓鑒堂, ≪中國文化≫, 北京：國際文化出版公司, 1994//北京：北京語言大學出版社 1999

韓鑒堂, ≪走近中國傳統藝術≫, 北京：華語教學出版社, 2001

韓鑒堂, ≪中國漢字≫(人文中國書系), 北京：五洲傳播出版社, 2009

韓鑒堂, ≪圖說殷墟甲骨文≫, 北京：文物出版社, 2009

❑ 편저자 **한감당(韓鑒堂)**

천진사범대학의 대외한어교사이다. 1985년부터 외국인에게 중국의 언어와 문자 및 중국문화를
교육하고 연구하는 일에 종사하고 있다. ≪中國文化≫(1994), ≪中華文化≫(2003), ≪走近中國傳統
藝術≫(2001), ≪漢字文化圖說≫(2005), ≪中國漢字≫(2009) 등 다수의 저술과 논문을 발표했다. 미
술에도 조예가 깊어 다량의 삽화와 판화작품을 발표했고, 北京에 있는 中國美術館에 작품을 전
시했다.

❑ 역자 **문준혜**

이화여자대학교 중어중문학과에서 학부와 석사를 마치고, 서울대학교 중어중문학과 대학원에서
중국문자학 전공으로 박사학위를 받았다. 서울여자대학교 중어중문학과 초빙강의교수로 재직 중
이다. ≪說文解字翼徵整理與研究≫(2013, 공저), ≪중국 고전의 이해≫(2011, 공저) 등과 ≪說文解字≫
및 ≪說文解字翼徵≫에 관한 다수의 논문을 발표했다. 조선시대의 한자학과 한자 교육에 관심을
가지고 연구와 교육을 수행하고 있다.

한자문화

초판 1쇄 발행 2013년 8월 30일
재판 1쇄 발행 2017년 2월 28일
재판 2쇄 발행 2022년 2월 18일
편저자 한감당
역 자 문준혜
펴낸이 이대현
펴낸곳 도서출판 역락 ǀ **등록** 제303-2002-000014호(등록일 1999년 4월 19일)
주 소 서울시 서초구 동광로 46길 6-6(문창빌딩 2F)
전 화 02-3409-2058, 2060 ǀ **팩 스** 02-3409-2059 ǀ **이메일** youkrack@hanmail.net
역락홈페이지 http://www.youkrackbooks.com
ISBN 978-89-5556-075-6 93720